重塑语文课

结构化语文单元
教学设计

罗晓晖————

主编

湖南人民出版社 · 长沙

主　编：罗晓晖

副主编：冯胜兰　　游俊松　　袁　文

编　者：游俊松　　胡　丹　　肖　敏

　　　　陈智凯　　冯胜兰　　袁　文

　　　　彭　粒　　徐术根　　宋红琨

　　　　巫才伟　　李青霞　　牛仲毅

　　　　谢昀昭　　夏锐锋　　杨楠玲

　　　　罗晓彤　　陈　莉　　张　伟

　　　　寇凯华　　陈虹伊　　杨　洁

　　　　吕晓晶　　谭嘉慧　　丁中一

目录

1

第二单元 / 情感　　　　　　　　　　　101

第三单元 / 思想 185

第四单元 / 诗赋

前言

　　《重塑语文课：结构化语文单元教学设计》这本书，是根据我对课型分类的构想而编写的教学设计。近年来，在成都等地，一些语文教师据此构想实施教学，都取得了明显成效，这一结果也验证了课型分类的合理性与有效性。我相信，如果按照这种课型分类的思路对课堂进行改革，我们就有机会重塑语文课，使语文课更符合学科教学学理，从而全面扭转语文课堂教学的杂乱无章、"少慢差费"的尴尬局面。

一、课型分类：缘起和特点

　　去成都市教育科学研究院担任语文教研员之前，我已经在讲台上站了 23 年，我深感语文课堂教学的随意性太强，一堂语文课该怎么上，并无定准，不同的教师可以根据自己的想法处理教材文本，设置教学内容。说得好听一点，这叫"百花齐放"；说得难听一点，这叫不明学理，全凭感觉。一个显而易见的道理是，假如我们承认语文像数理化、政史地那样是一门学科，那么，教什么和怎么教，无论如何都不可能是随心所欲的。

　　不少教师认为，语文课堂上的阅读教学还是有章法的。讲一篇课文，从板书课文标题开始，依次有导入课文，介绍作家作品，标记自然段落，识别字音字形，初读感知大意，再读分析文意与技巧，三读概括文章中心，分组分析文章的思想情感，最后还可以进行读写结合或拓展学习。这样的课堂教学，实际上是把与课文有关的各种任务"一锅煮"，"煮"出的是一锅"大杂烩"。一个单元有若干篇课文，每篇课文都这样"煮"完，这个单元的教学任务就算是完成了。这种教法在内容上是面面俱到，但从效果上来说，很难令人满意。遍地开花却不结果，这恰好是语文课堂教学缺乏实效性的重要原因。

为了解决上述问题，我想到了课型分类。2014年，我提出了语文课型分类构想，把语文课分为七种课型。我曾就此构想，征求过四川省教育评估院研究员冯胜兰、成都七中原语文教研组组长刘朝纲等师友的意见。经过多年的思考，我确定了七种课型的名称和内容，如下表。

七种语文课型分类表

	预习课	在教师的指导下，学生进行自主学习。
基础性语文课（依托于单元）	文本分析课	分析单元内各篇课文，实现文意理解。
	评价鉴赏课	统整单元内各篇课文，进行评价、鉴赏。
	文学史课	学习单元内相关文学史知识，深化文学常识理解。
	训练课	本单元相关知识与能力的训练。
拓展性语文课（不受单元限制）	综合实践课	综合运用语文知识与能力，解决情境中的问题。
	学科阅读课	阅读与语文学科相关的著作，拓展学科视域，深化学科理解。

对上述课型分类的主要特点说明如下：

1. 基于课型分类确定教学内容

"课型"并不是一个新概念。传统的语文课型有多种分类方法，有的分为新授课、复习课、讲评课、测试课等，有的分为讲授课、讨论课、自学辅导课等，有的分为阅读课、写作课、综合实践活动课等。然而在我看来，这些课型的划分是毫无意义的，如果按照这些分类方式来教学，很可能连课堂教学内容都无法把握。在我的七种课型分类中，每一种课型该做什么事，都标注得非常清楚，课型主旨也相当明确。

2. 七种课型是结构化的

语文教材是按照单元编排的，依托于单元的"基础性语文课"是结构化处理单元教学的基本模式，包括预习课等五种不同功能的课型。按单元编排的文选式教材，是现代语文教材的主要体例。学生单靠这种体例的教材是很难学好语文的，因而我开设了"拓展性语文课"，包括综合实践课和学科阅读课，以此来拓展语文教学空间。这样就能形成结构化的单元教学与结构化的语文学习相互配合的语文教学体系。

3. 单元统整的五种课型的优势

单元教学显然需要单元统整，但这种统整须依循认知逻辑，且不同课型要有不同的学习目标——针对语文学科的知识与能力，侧重不同的教学任务。预习课是以单元为对象进行，在教师的指导下，学生自主学习，这是整个单元教学的基础；文本分析课是以单篇为对象进行，目的在于训练学生通过分析与综合来准确地理解文意，这是评价鉴赏课的基础；评价鉴赏课分为评价课（对文本观点和情感态度的评价）与鉴赏课（对文本言语形式的评价），通常是以多篇整合的方式进行的，其目的是训练学生的理性思辨力和审美判断力，进而实现思想的自我建构和审美品位的提升；文学史课要对单元内涉及的作家作品的文学史知识和文化常识进行整合性学习，并借由文学史框架来反观单元内各篇作品，目的是深化对单元内各文本的文学理解和文化理解；训练课主要针对本单元的语文知识与能力，通过例题示范和解题实践相结合的方式，将本单元相关的学习要求落实。

这种单元课型设计，兼顾了单篇学习和单元整合学习的要求，为不同课型的课堂教学划分出不同的教学内容，便于循序渐进地实施。它实现了单元教学的合理统整，避免了语文教学的无序，也避免了群文阅读可能出现的对单篇的忽略、大概念（大单元）教学可能出现的凌虚蹈空的空疏、学习任务群可能出现的实施路径模糊化等问题。

二、关于本书的编写

本书是根据我的课型分类构想编写的教学设计，宗旨是勾画结构化语文单元教学的大致面貌，以供全国语文教育同行参考。

以下是本书编写过程中的简要说明。

1. 单元的构拟

本书构想了四个教学单元。这四个单元，不是照搬现行教材或者过往教材，而是从教材中选择不会过时的经典名篇。单元不分初中阶段和高中阶段，只要是中学阶段均可通用。

四个单元的主题，分别是故事、情感、思想和诗赋。我个人的意见是，故事、情感和思想，对应着叙事、抒情和论理，能够完整地体现语文学习所要触及的人类生活和心灵的诸方面。说明类的实用性文本之所以不在所选之列，是因为这类文本所承载的实用知识，不宜尽由语文学科来承担，而应分散到与之相关的各个学科之中。我之所以安设诗赋单元，是因为诗赋最能体现文学语言的形式特征，它是语文学习中一个不可忽视的重要对象。

2. 教学设计的呈现

每个单元均呈现了预习课、文本分析课、评价鉴赏课和文学史课的教学设计。通过这些教学设计，读者可以看出基于这种课型分类的单元教学的主要特点和教学流程。

训练课涉及的例题教学、作业设计、作业评讲、试题质量控制和训练效果评价等复杂问题，不在本次呈现的课型之列。即便没有训练课的呈现，也不妨碍读者窥见单元教学的整体样貌。

语文的综合实践课和学科阅读课不在单元教学之列，暂不呈现。

3. 本书的编写人员

本书编写者都是认同我的这种课型分类观点的同行。近年来，不少编写者已经把课型分类构想应用于教学实践中，并认为这对优化课堂教学形态和提高教学效果有很大的作用。我担任本书的主编，对全书编写进行了必要的指导。其他编写者也都在扉页的编委名单中列明。

　　基于课型分类的语文教学还是一种新事物，我们还在不断地探究中，本书只是我们当前的研究成果，其不尽如人意之处在所难免，这是自不待言的。在此敬请学科专家和语文同行不吝批评指教，善意的批评就是有力的帮助。我们更欢迎全国各地的语文教师加入我们的队伍，以更广泛地汇集研究的智慧和实践的力量，在深化课型分类研究的同时，推动我国语文教学的改革。

罗晓晖

2023 年 7 月

第一单元

故事

一、预习课

第一单元预习课

长沙市怡海中学 · 谭嘉慧

预习目标

扫清阅读障碍，完成字词的积累；了解叙述的事件，梳理文章内容和结构，尝试探究文章主题；记录自己的理解与困惑，为后续学习打下基础。

预习准备

1. 不同颜色的笔（用黑笔批注，用蓝笔质疑，用红笔交流讨论）。

2. 工具书：《现代汉语词典》《古汉语常用字字典》。

3. 一个预习本。

预习任务

（一）扫清文字障碍

具体内容	1.通读课文，对生字词进行注音或补充注释。2.借助注释与工具书理解文言文的内容。
教师活动	1.提出阅读速度要求：每分钟400~500字； 2.提醒学生利用工具书查阅生字词； 3.告知学生勾画重点字词的标准。 （1）现代文：如文下注释的字词、重点字词和自己不熟悉的字词等。 （2）文言文：如文下注释的重点字词，词类活用，同义词的不同文言表达，古今异义词等。
学生活动	1.现代文：认真默读课文，按照要求标注段落、注音、注释。 2.文言文： （1）结合注释和工具书，梳理重点字词，将其释义写在预习本上。 （2）翻译（或口译）部分语句。 （3）文化常识的学习与积累。

举例	1. 预习现代文： 理解《从百草园到三味书屋》中"拥肿"与"臃肿"，"罢"与"吧"的关联。 2. 预习文言文： （1）同义词的不同文言表达。梳理《桃花源记》中同义词的不同文言表达，如"都"，意为皆，俱，咸。 （2）词类活用。归纳《促织》中的词类活用（名词作状语）。如"日与子弟角"的"日"，意为每天；"岁征民间"的"岁"，意为每年。 （3）古今异义词。梳理《子路、曾皙、冉有、公西华侍坐》中的古今异义词： ①"如会同，端章甫"中的"会同"，古义是诸侯相见、诸侯共同朝见天子，今义是跟有关方面会合起来（办事）。 ②"加之以师旅"中的"师旅"，古义是泛指军队，今义是军队编制单位。

（二）熟悉文本

具体内容	筛选信息并做好圈点勾画。
教师活动	1. 提出信息勾画的方向： （1）记叙的要素。 （2）文章的重点、难点或精彩点。 如小说中所构建的社会环境、细节描写等；如散文中作者的情感倾向等。 2. 示范厘清人物关系的方法： （1）首先，找出文章中出现的所有人物并圈画重点词语； （2）其次，以文章线索为脉络，厘清人物之间的关系。
学生活动	1. 跳读文本：学会根据勾画出来的文章重点进行选择性阅读。 2. 学会用不同符号圈点勾画出相关词语。 3. 尝试用"思维导图"的方法绘制人物关系图或人物对比图。

举例	1. 预习《孔乙己》时，梳理小说三要素。 （1）人物：孔乙己、掌柜、小伙计、酒客、丁举人。 （2）环境：鲁镇的咸亨酒店。 （3）情节：常在咸亨酒店喝酒的孔乙己在嘲笑中混时度日，他偷丁举人家的东西被打折了腿，最后悲惨死去。 2. 预习《子路、曾晳、冉有、公西华侍坐》时，梳理不同人物的理性追求。 （1）子路：治理中等大小的诸侯国，拯救国家于内忧外患之中，使百姓有勇气，知规矩。 （2）冉有：治理小国，使老百姓衣食富足。 （3）公西华：做宗庙祭祀、诸侯会盟及朝见天子时的司仪。 （4）曾晳：追求一个礼乐文明高度发展的太平盛世。 3. 预习《促织》时，梳理人物关系。 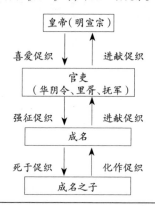

（三）文章内容梳理

具体内容	在概括各段大意的基础上，进行梳理、归纳、整合，划分文章的段落层次，梳理文章结构，最终画出文章结构图，尝试概括文章主旨。
教师活动	1. 示范理清文章结构的方法： （1）关注故事线索（时间、地点、情感等变化）； （2）关注表达方式的变化（尤其是议论抒情句段）； （3）关注总括句、过渡句。 2. 教师要在学生解决问题的过程中给予点拨。

续表

学生活动	1. 概括段落大意； 2. 合并意义单元； 3. 尝试用"结构图"绘制文本结构。
举例	1. 预习《猫》先概括段落大意，再合并意义单元。 第一段：介绍第一只猫的来历、外形、性格以及结局。 第二段：第一只猫死后，"我"的心里有一缕酸辛，并安慰三妹。两段描述对象都是第一只猫，可以合并为一个意义单元——我家养第一只猫的故事。 2. 绘制《猫》的文本结构： 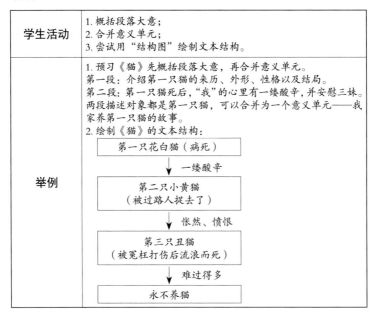

（四）精读文章句段

具体内容	按照要求精读文章，并简要批注。
教师活动	1. 提出批注角度： 人物细节描写处、环境描写处、抒情议论处、情节发展处（陡转、矛盾、冲突等）、表现手法处、心得或疑惑处等。 2. 教师要根据实际情况进行点拨。
学生活动	1. 按照要求完成阅读批注。 2. 记录疑惑和收获。
举例	《变形记》批注参考。 ①人物细节描写处：对第四段的主人公进行了详细的心理和动作描写。 ②情节发展处概括：主人公醒来后变成了一只甲虫，慢慢适应了自己的变化。 ③难以理解的句子：如在"发痒的地方布满白色小点"旁批注"为何作者会用这种方式来强调格里高尔的狰狞丑陋？" ④疑惑处：作者为何会反复提及虫子的恶心长相？

（五）质疑交流讨论

具体内容	交流预习过程中的疑难点，记录有价值的问题和困惑，为后续学习做准备。
教师活动	收集、汇总学生有价值的问题，为文本分析课做准备。
学生活动	1. 根据问题思考解决方案，尝试写出个人的感悟与思考。 2. 记录无法解决的问题和思维障碍。
举例	学生提出疑问。 1.《桃花源记》：为何渔人一开始能找到桃花源，并且做好标记出来，而太守和刘子骥却找不到桃花源呢？ 2.《台阶》：在文章的结尾处，为何父亲在修建好房子之后，感觉自己变老了？

二、文本分析课

《从百草园到三味书屋》文本分析课

教学目标

用对比分析和语言品读等方法，厘清文章的结构和思路，探究文章的主题。

教学过程

（一）整理预习结果，厘清文章脉络

整理预习结果，分别划分出"百草园"和"三味书屋"这两部分。并总结这两部分各自写了什么内容。

1. 本文的题目可以告诉我们哪些信息？

答案预设：地点（空间）的转换——从"百草园"到"三味书屋"。

2. 空间转换显而易见，我们先来厘清文章脉络，再一步步探究其内容。

答案预设：划分出文章的层次，我们不难看出，第9段是过渡段。前后场景分别为"百草园"和"三味书屋"。

3. 小组合作，概括两部分所写的主要事件。

答案预设：

百草园生活由三部分组成：百草园自然景观（第2段）、关于"美女蛇"的传说（第3—6段）、冬天百草园捉鸟（第7—8段）。

三味书屋生活也由三部分组成：拜师（第10—11段）、问怪哉虫（第12—15段）、上课（第16—22段）。

整体感知，指导学生学会从空间、事件等角度进行信息分组和信息概括。

设计意图：整体感知文意，厘清文章脉络。

（二）结构分析，整体把握情感

学生要仔细阅读"百草园"和"三味书屋"这两部分，并从中总结出不同的生活特点，从而整体把握作者所要表达的情感。

1. 阅读第1-8段，谈谈百草园这段生活给你带来了怎样的感受。

答案预设：学生进行小组合作，展示出答案。在教师的引导下明确阅读感受：肆意、放松、闲适、有趣。

① 以儿童视角看黄蜂"伏"在菜花上；

② 按住斑蝥的脊梁让其"放屁"；

③ 攀爬石井栏而致其表面光滑；

④ 在雪地上捕鸟的自在生活；

⑤ "美女蛇"故事的神秘。

无不照应开头这是"我的乐园"，这里的生活是自由、快乐、好玩的。

2. 相比之下，三味书屋的生活给你带来了怎样的感受？请仔细阅读原文并加以归纳。

答案预设：学生展示答案，并在教师的引导下明确其特征——强制、约束。学生要向先生行礼，不能随便问与学习无关的问题，有罚跪的规矩等，这些规矩无不显示这是一个"严厉"的书塾，这里的生活是以强制、约束、纪律、单一为核心的。

3. 学生齐读文章的第一段与最后一段，试着寻找作者想要传达的信息。

答案预设：文章开头写百草园的荒芜，文章结尾写绣像的消失，这两处描写的关键词是"失去"。首尾勾连的意图十分明显。

4. 总结

答案预设：从结构上看，百草园生活和三味书屋生活是文章的两个大板块。同时，文章的第一段和结尾处的最后两句也是首尾呼应的两个小板块。它们共同表达着作者童年趣味渐逝、人生乐趣渐少的人生感受。

方法点拨————————————◆

提升学生从整体上把握文章内容的能力。

设计意图：运用结构分析法，围绕主题展开初步探究。

（三）人物分析，探寻生命走向

学生分析文中人物描写的细节，总结不同人物命运相似的发展趋势。

1. 文中提到了几个人物？其中篇幅最多的是谁？他有何特征？

答案预设：

① 提到了先生、"我"的同窗和"我"。

② 主要人物是先生（或"我"）。

③ 学生不难归纳出先生严厉、方正、质朴、博学等特征。

此时教师要注意引导学生关注鲁迅在文章中引用李克用在三垂冈上摆酒庆贺盛况的一段赋文。

2.学生齐读这一部分，分析文中细致描写先生朗诵赋文的作用。

答案预设：

（1）从何处可以看出先生对这段赋文的态度？

"总是微笑""将头仰起""拗过去，拗过去"。

（2）教师相机补充李克用的故事。

李克用又号"独眼龙"，以勇猛刚健著称，智勇双全。他曾带领沙陀骑兵镇压黄巢起义军，进逼长安。后来他被任命为河东节度使，又被封为晋王，此后割据一方。其子李存勖建立后唐，李克用被尊为"太祖"。李克用，是一个王者，也是一个十足的胜利者。

（3）先生喜欢赋文，羡慕李克用，而此时的他却只是个社会底层的塾师。由此可见，先生有何感慨？

在旧时代，经世致用，名垂青史，是儒家知识分子的理想。先生对这篇赋文如此沉醉，恰好折射出他也曾胸怀大志，同时也暗示了如今的先生在潜意识里对建功立业的旧梦仍然难以忘怀。

（4）分析"我"和"我"的同窗的命运走向。

我：从自由、快乐、好玩的"乐园"到以强制、约束、纪律、单一为生活核心的"三味书屋"。

同窗：从以前对绣像的热爱到现在的"自己已经做了店主"以及"这东西早已没有了罢"。

（5）先生、"我"的同窗、"我"，这三者的人生有何相似之处？

如前所讲，地点的转换，暗示着童年趣味的消逝。曾经喜欢绣像的同窗也因"店主"的利益与"绅士"的地位而妥协了，这也意味着天真烂漫已经丢失了；曾经胸怀大志的先生沦落为没有半点功名在身的塾师：这些事情都昭示着梦想的幻灭。

作者写三人的故事时笔墨虽有详略，其人生的各个阶段也都各有所事，但其生命的走向几乎是一致的——生命原初的趣味、自由和梦想，终将离我们远去。

方法点拨————————————————————◆

区分信息特质，关注不同信息的同质性，提升语言品读和文本细读能力。

设计意图：通过对人物命运的品析，为下一环节得出主题结论做铺垫。

（四）语言细节分析，细微处见深意

品味语言细节，探究文章的主题结论。

1.本文是散文，主要的表达方式是叙述和描写，但文中的议论处也不容忽略，请找出文中的议论处，并试着分析其表达的含义。

答案预设：提问"怪哉"一事叙述完毕后，那段看似漫不经心的议论（第15段）。

"我才知道做学生是不应该问这些事的，只要读书，因为他是渊博的宿儒，决不至于不知道，所谓不知道者，乃是不愿意说。年纪比我大的人，往往如此，我遇见过好几回了。"

2.带领学生分析作者在此处议论所要表达的思想感情。

答案预设：作为成年人意识的代表，先生认为，读书就应该以考取功名为目的，私塾只能教授有助于学生考取功名的内容，这就是冷冰冰的现实。并且更大的悲哀在于，只要进了私塾，儿童们就不得不认可这样的"游戏规则"，即按照成年人的意愿去"读书"，快乐自由的童趣被压制了。这与前面的情感、主题都一脉相承。

3.归纳本文主题。

答案预设：人生是一个持续地社会化进程，而这一进程的趋势，就是失落和沉沦。

设计意图：通过对关键语句的品析，可以感知鲁迅言简意深的语言风格。

（五）布置作业，拓展延伸

黎巴嫩诗人纪伯伦在《沙与沫》中说过，我们今天的悲哀里最苦的东西，是我们昨天的欢乐的回忆。试想一下，《朝花夕拾》因何得名？课外阅读《朝花夕拾》中的其他文章，会对鲁迅先生有一个更全面、更立体的认识。

设计意图：把解析文章的能力拓展到探索整本书的主旨上。

《孔乙己》文本分析课

成都市棠湖中学·彭粒

教学目标

运用关键信息提取法、小说三要素分析法、叙事学分析法，分析人物形象，进而理解文本主题。

教学过程

（一）导入新课

"孔乙己"是咸亨酒店中唯一一个穿着长衫又站着喝酒的酒客，这个形象有什么象征意义，让我们带着这个问题，开始学习小说《孔乙己》一文。

（二）表意层次切分

设计意图：小说文本的切分方式一般有三种。一是按照传统的情节切分，即按照故事的开端、发展、高潮、结局来划分；二是关注主角人物形象的前后变化，寻找线索，在文本中找出依据；三是重点关注小说中对重要场景的描写，以此为基础来梳理文中的情节，从而理解人物。这三种方法应根据具体文本的情况加以选择或综合，本文建议使用第二种方法。

（三）文意的局部分析

任务一：通过对文本核心信息的提取，确定文本主角孔乙己的"初始形象"和"最终形象"，并对这两个形象进行对比分析，从而初步归纳出文本的主旨。

设问1：本文的前两段交代了哪些信息？孔乙己的"初始形象"是什么？

教师引导：

文本分析的过程是一个信息提取的过程，它伴随着阅读活动而持续进行。我们在阅读的时候需要时刻保持专注，因为搜集起来的信息没有现成的序列（文学类文本尤其如此），它们可能跳跃、省略甚至颠倒、模糊，我们需要把它们组织起来，做序列化和结构化处理。这种活动进行得越充分，文本所释放出来的信息就越饱和，我们对文本的理解也就越深刻，对文本的把握也就越准确。

本文的前两段信息非常密集，我们在进行文本分析时需要一一梳理这些信息。教师可以先做示范，然后将后面部分段落交给学生模仿分析。

（1）环境信息

"鲁镇的酒店的格局，是和别处不同的：都是当街一个曲尺形的大柜台，柜里面预备着热水，可以随时温酒。做工的人，傍午傍晚散了工，每每花四文铜钱，买一碗酒，——这是二十多年前的事，现在每碗要涨到十文，——靠柜外站着，热热的喝了休息；倘肯多花一文，便可以买一碟盐煮笋，或者茴香豆，做下酒物了，如果出到十几文，那就能买一样荤菜，但这些顾客，多是短衣帮，大抵没有这样阔绰。只有穿长衫的，才踱进店面隔壁的房子里，要酒要菜，慢慢地坐喝。"

"鲁镇"是鲁迅乡村小说中惯常出现的地名，似乎所有的事情都在此发生。此非巧合，且颇具象征意味。这里还需要注意的是，小说对人物群像的一般性描写也应该归入环境之中，因为他们呈现的是特定时间、特定区域内的社会样态。

（2）叙述者的信息

"这是二十多年前的事，现在每碗要涨到十文"，亦即是说，文本叙述的是二十多年前的事。接下来的第二段，一个十二岁起就在"咸亨酒店"做伙计的"我"出现了，而且"我"因为种种原因专管"温酒"——原文称之为"一种无聊职务"。

（3）文本设定的信息

任何文本都有一种内在设定，也可以理解为内在逻辑。在这个部分里，文本的设定是："短衣帮"，不阔绰，站着喝酒；"穿长衫的，要酒要菜，慢慢地坐喝"。

以上种种看似随手写就，其实包含了许多关键信息。

先来说环境。环境在小说三要素中起到的作用就是保障情节合理有序地展开。环境本身暗含着逻辑和规则，它让一些事情成为可能，同时，也让另外一些事情成为不可能。鲁迅的乡村小说，环境往往相对封闭（这跟彼时封闭的中国呈对应关系），本文更是将环境进一步压缩在"咸亨酒店"内。再来说"我"这个人物。"我"是本文的观察者，也是叙述者，"我"的眼睛犹如电影里的"主观镜头"，"我"看到什么就决定了读者看到什么，"我"知道的，读者才能知道，反之亦然。最后说说叙述顺序，"二十多年前的事"意味着本文属于追忆之作，在文本范围内发生的一切事情，"我"在讲述之前就已经全然知晓，又时隔了二十余年，这样的叙述应该是一种怎样的口吻，这就很值得关注了。

设问2：结合孔乙己的"初始形象"和"最终形象"，分析他是一个什么样的人。

教师引导：

小说以人物为中心。毫无疑问，本文的主角是孔乙己，应该是文本分析的重点对象。教师应指导学生以孔乙己为对象从文本中提取相关信息。

（1）外貌和神态信息

"孔乙己是站着喝酒而穿长衫的唯一的人。"

"他身材很高大；青白脸色，皱纹间时常夹些伤痕；一部乱蓬蓬的花白的胡子。穿的虽然是长衫，可是又脏又破，似乎十多年没有补，也没有洗。"

"孔乙己喝过半碗酒，涨红的脸色渐渐复了原……"

"孔乙己刚用指甲蘸了酒，想在柜上写字，见我毫不热心，便又叹一口气，显出极惋惜的样子。"

（2）语言和行为信息

小说情节在本质上就是人物的语言和行为在特定环境和逻辑中展开的过程。小说这类叙述性文本天然带有时间性，作家通过对具体事件和具体场景的描绘来拓展小说情节，使文本同时具备空间感。

本文描绘了如下场景：

①孔乙己绰号的由来。

②酒客调侃孔乙己偷盗以及孔乙己的应对。

③孔乙己教"我"茴香豆的"茴"有四种写法。

④孔乙己分茴香豆给小孩子吃。

⑤孔乙己最后一次到"咸亨酒店"买酒。

设问3：根据这些信息，说一说孔乙己前后对比有哪些变化。

教师引导：

孔乙己是一个递进式形象。孔乙己的初始形象，可以结合信息，做如下整理：

前文以"短衣帮"指代不阔绰的，站着喝酒的底层民众，以"穿长衫的"指代"要酒要菜，慢慢地坐喝"的社会中层。孔乙己则是"站着喝酒而穿长衫的唯一的人"，文本从一开始就预设了人物的矛盾感，表现孔乙己身份的尴尬和性格的迂腐。

"他身材很高大；青白脸色，皱纹间时常夹些伤痕；一部乱蓬蓬的花白的胡子。穿的虽然是长衫，可是又脏又破，似乎十多年没有补，也没有洗。"身材高大意味着身体健全，只要肯出力，就能正常生存，但是他却落魄潦倒。即便是自己看中的身份象征——长衫，也是"又脏又破，似乎十多年没有补，也没有洗"。那他的落魄潦倒在很大程度上要归咎于其自身的懒惰。

综上，我们可以看出，孔乙己在登场时就被设定成一个身份尴尬、性格迂腐，同时又好逸恶劳的人。

孔乙己的最终形象，文本则提供了如下信息：

"他脸上黑而且瘦，已经不成样子；穿一件破夹袄，盘着两腿，下面垫一个蒲包，用草绳在肩上挂住……"

"又在旁人的说笑声中，坐着用这手慢慢走去了。"

综合这些信息我们可以看出，孔乙己已经彻底沦落为一个以行窃为生的人。他的最终命运，看似未交代，其实设计巧妙。孔乙己再未出现，他在这世间留下的唯一凭据就是粉板上欠钱的信息。随着孔乙己的彻底消失，这条信息也最终将被擦去。粉板是公示给众人"看"的，亮出孔乙己信息的行为像是一种变相的示众；而这条信息也终将被擦去，一条生命一擦即逝，孔乙己轻贱得犹如被掸掉的一粒灰。

　　人物在文本中的种种际遇、般般经历即是人物命运，这些经历和遭遇使得人物发生了这样和那样的变化，这般变化才是诠释"主题"的关键信息。既然说到"变化"，那么就涉及了比较。比较既发生在人物之间，也发生在主角前后的对比中。文本分析应当特别关注人物的两个形象——初始形象和最终形象。

　　初始形象是指人物甫一登场时的形象。这个形象是"人设"的一部分，在叙事的过程中，人物的变化与种种际遇有关，也与其自身的性格有关，而自身性格即是登场时被给定的。常言道："性格决定命运。"人物的性格决定了他会遇到的事，更决定了他会如何理解和把握这种遭遇。

　　初始形象除了性格以外，一般还涉及人物所处的时代背景，人物的具体生长环境，事件发生时的具体环境，这常常透露了人物性格的由来。其余诸如外在描写，也是一种常用的设置人物形象的手法，例如外貌衣着突出人物的身份地位，神态描写表现人物的身份心理。

　　最终形象则是指在文本范围内，人物最终确立的那个形象，这之后则意味着角色已经完成，情节将要走向终结。最终形象和初始形象相比较，出现了两种变化类型：一是递进式变化；二是转折式变化。

　　递进式变化是指人物从给定的初始形象出发，在文本中的种种遭遇都使得人物不断地在原形象上进行自我发展，直至在这个意义上成为一个充分饱和的最终形象。

　　转折式变化是指人物从初始形象出发，随着文本中设置的种种遭遇而发生改变，直至发展成一个与初始形象完全不同的最终形象。

设计意图：小说文本的篇幅相对较长，在开设文本分析课之前，要给学生充分的阅读时间，让他们好好地阅读文本。为了避免学生在课堂上漫无目的地"自由阅读"，我建议在阅读前给出阅读的驱动问题，以促使学生更好地理解文本。以上设问供大家参考。

（四）综合信息整理

任务二：探究文本的主题。

设问1：《孔乙己》一文的主题是什么？作者是如何表现这个主题的？

教师引导：

《孔乙己》一文通过孔乙己的命运变化以及周围人对他的反应来凸显社会的冷漠与生存的冷酷这一主题。

首先，本文是从孔乙己的衣着打扮、语言情态、前后变化等几个方面入手，通过人物形象来表现文本的主题与艺术特色。如从"孔乙己是站着喝酒而穿长衫的唯一的人"来表现孔乙己身份的尴尬和性格的迂腐；从"他身材很高大；青白脸色，皱纹间时常夹些伤痕；一部乱蓬蓬的花白的胡子。穿的虽然是长衫，可是又脏又破，似乎十多年没有补，也没有洗"，到"他脸上黑而且瘦，已经不成样子；穿一件破夹袄，盘着两腿，下面垫一个蒲包……"直至最后"又在旁人的说笑声中，坐着用这手慢慢走去了"，这些都表现了孔乙己悲剧命运的递进式变化。

其次，文本被限定在一个固定而具体的场景——"咸亨酒店"中，围观者对孔乙己的反应，也应归于当时的社会环境。他们表现出惊人的一致：不分阶层、年龄，对孔乙己极力地嘲讽，并以此为乐。这体现了彼时弥漫在中国民众身上的某种"集体无意识"，同样悲苦的人，彼此没有怜悯和同情，人与人之间的倾轧表现在每一处的细节描写之中。

最后，本文的情节，归结为前文已经分析过的几个特定场景。这是对小说主题的集中展示。

除了习见的"小说三要素"分析，教师可以引领学生按照叙事学理论，更深入细致地解读文本主旨。

叙事学中视角是"谁在观察故事"，声音是"谁在传达故事"，视角是声音的依据。在《孔乙己》中，视角和声音是不一致的，视角是当年的那个小伙计，声音却是成年人对往事的追忆，仿佛成年的"我"看着当年那个对世事不甚明了的小伙计，小伙计又看着孔乙己，小伙计当年没看到的，"我"现在看到了。声音与视角之间的时空距离兑换成了一种足够的审美心理距离，在距离的累积中我们感受到包孕其中的更深切的悲悯之情。

方法点拨 ━━━━━━━━━━━━━━━━━━━━◆

小说是以塑造人物形象为核心的文学体裁。小说的主题借由人物命运的变化得以诠释。人物的"初始形象"和"最终形象"分别对应着情节的"开端"和"高潮"部分，出现递进式变化，或转折式变化，而小说的"发展"部分则为这种变化提供依据。环境则为情节的展开和人物的变化提供条件，使之更加集中，更具备典型性。

除了"三要素"，叙述类文本的其他分析方法，教师也应该在课堂上加以运用并传授给学生。

设计意图：通过对小说主题的探究，我们可以更充分和更全面地解读经典文本，从而释放文本的内在价值。

《猫》文本分析课

成都市新津区成外学校·杨楠玲

教学目标

通过对文中"我"和"我"的家人对待三只猫的不同情感态度的辨析，理解并把握文中所揭示的人性内涵。

教学过程

（一）识别文本信息，梳理宏观思路

完成下列任务：作者笔下的三只猫，特点不同，命运各异。默读全文，直接摘录或者自己概括相关内容，填写下表。

	第一只猫	第二只猫	第三只猫
来历	从隔壁要来的		
外形	花白的毛，"如带着泥土的白雪球似的"		
性情			
在家中的地位			
结局	病死		

答案预设：

	第一只猫	第二只猫	第三只猫
来历	从隔壁要来的	舅舅家要来的	张妈门口捡的
外形	花白的毛，"如带着泥土的白雪球似的"	浑身黄色	毛色花白，不好看
性情	很活泼	更有趣、更活泼	不活泼，忧郁，懒惰
在家中的地位	很受喜爱	很受家人的宠爱	不为大家所喜欢
结局	病死	被偷	受冤而死

问题引导：请用一句话概括"我们"对这三只猫的情感分别是怎样的？

答案预设：

我们喜爱第一只猫，尤爱是第二只猫，不喜欢第三只猫。

设计意图：对文中关于猫的信息进行梳理与整合，把握文章的情感，初步观察行文走向，为接下来的具体分析做准备。

（二）审视细节，分析细节与主旨的关联性

问题引导："我们"喜爱前两只猫的原因是什么？

答案预设：

（1）喜爱第一只猫的主要原因——猫能取悦我们，这是我们喜爱它的根本原因。文本中直接写出它能带给我们"生命的新鲜与快乐"。

（2）喜爱第二只猫的主要原因——猫除了能取悦我们，还能捉老鼠，即它不仅可供玩赏，而且还有用。

第二只猫比第一只猫"更有趣、更活泼"，它所带来的快乐就更加明显了。除此之外，写这只猫还添加了一个因素："捉鼠"。"有一次，居然捉到一只很肥大的鼠，自此，夜间便不再听见讨厌的吱吱的声了"，表示这只猫除了能以活泼、有趣的性情取悦我们之外，还能发挥猫的功能，为我们解决实际问题——这只猫除了长得好看，还具备了实用性。

问题引导："我们"对待第三只猫的态度揭示了人性的哪些内涵？

答案预设：

（1）人的同情心。

收养这只"并不好看"的猫，是因为它"很可怜"，"我们如不取来留养，至少也要为冬寒与饥饿所杀"。同情这个生命，是我们收养它的原因。

（2）人的自私、偏见与愚妄。

①自私：这只猫既不好看，也不活泼，不能取悦我们。它"也不去捉鼠"，没有实用价值。因而大家冷落它，"都不喜欢它"，"对于它，也不加注意"，它"是一只若有若无的动物"。简单地说，这只猫之所以不讨喜，是因为它不能给人带来好处。

②偏见与愚妄：芙蓉鸟被咬死，"我"和妻在没有证据、没有调查的情况下，想当然地做出误判，冤枉了这只猫，表现了人的偏见；在此基础上，妻责怪张婶，"我"怒打小猫，则表现了人基于偏见而采取的愚妄的行动。要特别关注，作为弱势者的张婶"不能有什么话来辩护"，跟猫"不能说话辩诉"一样，两者形成了有意味的映照。

（3）人的良知。

当"我"发现这只猫被冤枉而遭受挨打时，"我"感到"良心受伤"，这意味着人是有良知的。这只猫死后"我家永不养猫"，表明 "我"对自己过失的深刻的愧疚，同样也表现了人有良知。

小结：写第三只猫的这个部分，主要通过"我"与猫的关系，对人性进行了深刻的检讨。我们发现，在作者的观念中，人性具有复杂的两面性——人是自私的，很容易陷入偏见与愚妄之中；同时人也有同情心和良知，能自我反省。

方法点拨————————————————————◆

在散文中，"形—神"的关系，"形"的各个材料之间的结构性关系，是文本分析的基本切入点。

设计意图：引导学生分析人与猫的互动关系，理解在这种关系中所表现出来的关于人性或者社会性的内容。

（三）分析宏观思路，最终确定主旨

问题引导："我们"对第三只猫的态度跟对前两只猫的态度完全不同，与前文形成了对比。同时，作者对第三只猫的描述所用的笔墨也最多，最为详细。作者这样安排的意图是什么？

答案预设：

通过对前两只猫与第三只猫的不同态度的对比，主要揭示了人性中的自私。如果我们能从猫那里获得满足感，那就会喜欢它；如果不能，就会采取相反的态度。这种态度的对比是建立在全文的宏观结构之上的，因而这也是本文的主旨所在。

写第三只猫和人的互动关系，是文本中最详细的部分。这部分既表现了人的自私、偏见与愚妄，也表现了人性中的同情与良知。但从宏观结构出发可知，"同情与良知"并非全文的表意重点。写人性中的同情与良知，是作者意图表明人是有可

能觉悟的。

因此我们综合考虑可以得出如下判断：本文旨在揭示人性中的自私、偏见与愚妄，并对此加以警示。

方法点拨————————————————◆

对散文"神"的概括，应该具备两个标准：第一，要能完整地覆盖文本。第二，逻辑与情理要合宜。

设计意图：教会学生比较各种语义信息的异同点、文本中各种对象的异同点，从而推断出文本的主旨。

《子路、曾皙、冉有、公西华侍坐》文本分析课

成都七中八一学校·张伟

教学目标

梳理四位弟子的志向和孔子的评价，分析其志向之间的关系，从而准确地理解儒家的治国思想。

教学过程

导入：《子路、曾皙、冉有、公西华侍坐》记录的是 60 岁的孔子在 2500 多年前所上的一堂班会课。参加此次班会课的学生有：51 岁的子路，31 岁的曾皙，59 岁的冉有，18 岁的公西华。今天，我们来一起学习这堂别开生面的班会课吧。

（一）概括文本内容，厘清结构思路

1. 概括文本内容。

任务一：根据师生谈话的内容，拟写班会主题。

严格来说，这堂班会课没有题目，"子路、曾皙、冉有、公西华侍坐"只不过是根据通行规则，取开头的词语或句子作为题目，所以，我们有必要给这堂课拟一个名副其实的题目。阅读全文，根据师生谈话的内容，拟写班会主题。

答案预设：

各言其志（"亦各言其志也已矣。"）

2. 厘清结构思路。

任务二：根据文本内容，划分段落层次。

文本是如何围绕"志"展开的？据此可划分为几个部分？

观察文本，厘清文本的结构思路。

答案预设：志，即理想。本文记叙的是孔子和弟子们畅谈志向的故事，先是孔子启发弟子们谈论志向，然后子路、冉有、公西华、曾皙，分别阐述志向，最后又写孔子对弟子们志向的评价。据此可划分为三个部分。

第一部分（从开头到"则何以哉"）：孔子问志。

第二部分（从"子路率尔而对曰"到"吾与点也"）：弟子述志。

第三部分（从"三子者出"到结束）：孔子评志。

方法点拨 ◆

整体感知，需要引导学生从两方面着手：一是根据师生间的对话，概括文本内容；二是根据文本内容，厘清文章的结构思路。

设计意图：本环节引导学生从内容和结构两方面整体感知文本，从宏观上把握文本的内容和思路，为进一步的局部分析做好准备。

（二）概括弟子们的志向，把握孔子的态度

1. 概括弟子们的志向。

任务三：根据弟子的言论，概括弟子们的志向。

阅读第二部分，我们可以从"弟子述志"中看出，弟子们的志向分别侧重什么？请梳理并概括弟子们的志向，完成表格。

答案预设：

人物	语言	志向
子路	千乘之国，摄乎大国之间，加之以师旅，因之以饥馑；由也为之，比及三年，可使有勇，且知方也。	侧重强兵
冉有	方六七十，如五六十，求也为之，比及三年，可使足民。如其礼乐，以俟君子。	侧重富民
公西华	非曰能之，愿学焉。宗庙之事，如会同，端章甫，愿为小相焉。	侧重治礼
曾皙	莫春者，春服既成，冠者五六人，童子六七人，浴乎沂，风乎舞雩，咏而归。	侧重礼乐

2. 把握孔子的态度。

任务四：根据孔子的评价，把握孔子的态度。

阅读第三部分，我们可以从"孔子评志"中看出孔子对弟子们的发言，分别是何态度？请梳理并分析孔子的评价，完成表格。

答案预设：

人物	孔子评价	孔子态度
子路	为国以礼，其言不让。	哂之：认同他的治国志向，但认为他不够谦虚。
冉有	唯求则非邦也与？安见方六七十如五六十而非邦也者？	叹之：赞扬他的志向也与治国有关。

续表

人物	孔子评价	孔子态度
公西华	唯赤则非邦也与？宗庙会同，非诸侯而何？赤也为之小，孰能为之大？	惜之：赞扬他的志向也与治国有关，欣赏他的才干。
曾皙	吾与点也。	与之：欣赏他描绘的理想蓝图，赞叹他的礼乐治国的境界。

方法点拨━━━━━━━━━━━━━━━━━━━━━━━━◆

"弟子述志"，需要引导学生依据弟子们的言论梳理并概括其志向；"孔子评志"，需要引导学生依据孔子的评价把握其态度。

设计意图：本环节着眼局部，引导学生概括弟子们的志向和把握孔子的态度，从而为分析儒家的治国思想做好铺垫。

（三）分析孔子评价，理解孔子思想

任务五：聚焦"吾与点也"，理解孔子评价。

联系四位弟子志向之间的关系，结合孔子对弟子们的志向的评价和态度来分析孔子为什么"喟然叹曰：'吾与点也！'"。

答案预设：

1.四位弟子的志向（理想）是逐层推进、有机统一的关系。他们从不同层面概括了儒家的治国思想。

子路关注的是国家安定，强调抵御侵略，平定战乱，消除饥荒，稳定局势，侧重于以勇强国（强兵）；冉有考虑的是百姓富足，强调休养生息，发展生产，使百姓安居乐业，丰衣足食，侧重于以粮富国（富民）；公西华主张以礼建设国家，进而使国家内外、官民上下秩序井然，达到"敬"的层次，强调祭祀祖先，胸怀虔诚，或是诸侯会盟，各安其位，侧重以礼治国（治礼）；曾皙则是"以礼乐治心"，强调社会清明，风俗纯美，使人心悦诚服，以达到"和"的境界。这四种理想中的前三种是从政治国，从抵抗外敌入侵到发展国内生产再到推行礼乐教化，后一种理想的实现，是以前一种理想的实现为基础，是前一种理想发展的必然结果，第四种理想则是前三种政治理想的综合和发展。总之，这四种理想都意在使国家从物质文明走向精神文明。

2. 孔子"喟然叹曰：'吾与点也！'"不仅是对曾皙志向（理想）的评价，更是对四位弟子志向（理想）的总结性评价。

四位弟子的志向（理想）构成了一个整体，我们不能把孔子的总结性感叹"吾与点也"从文中单独剥离出来，而应该从四个层面的内容及其整体关系来理解孔子的"喟然"长叹和"吾与点也"。孔子的评价不仅是对曾皙理想的评价，还是在比较了四位弟子的理想之后所作的总结性评价。这种评价所表现的态度既有对子路、冉有、公西华的理想的认同和赞扬，又有对曾皙的欣赏和赞叹，还有对四位弟子的实力和才能的坚信和肯定。孔子洞悉了各种理想之间的相互关系，尤其欣赏曾皙所描绘的理想蓝图，这种理想蓝图是前三种理想发展的终极结果，是孔子心目中至淳至美的"大同世界"，是儒家"礼乐治国"付诸实践的完美体现。

方法点拨————————————◆

对孔子"喟然叹曰：'吾与点也！'"这一评价的理解，需要引导学生要从整体着眼，联系四位弟子的志向及其相互之间的关系，结合孔子对弟子们的志向的态度来分析。

设计意图：本环节立足整体，引导学生分析四位弟子的志向及其相互之间的关系和孔子对弟子们的志向的评价和态度，从而获得一个相对完整、圆通照应的结论，准确地理解儒家的治国思想。

（四）课堂总结

"夫子喟然叹曰：'吾与点也！'"不仅是对曾皙志向的评价，更是对四位弟子志向的总结性评价，评价中包含了孔子对四位弟子志向的认同和赞叹。四位弟子的志向其实就是孔子的志向，这也全面反映了儒家"施行仁政""礼乐治国"的政治思想，即建立起一个富强、文明、和谐、幸福的"大同世界"！

《桃花源记》文本分析课

成都高新大源学校 · 牛仲毅

教学目标

引导学生梳理、提取、分析文中描述桃花源的语义信息，概括桃花源的特点，并进行结构关系的分析，明晰文章的主旨。

教学过程

（一）解读标题，复述故事

1. 解读标题，厘清线索。

问题1：《桃花源记》如何解题？

答案预设：记录渔人到桃花源的经历。

问题2：《桃花源记》类似于游记，它的"游踪"是什么？

答案预设：本文的"游踪"是渔人的行踪，也是本文的线索。

2. 复述故事，简要概括。

问题1：请依据线索复述文章内容。

答案预设：文章按照时间顺序讲述了渔人发现桃花林，初入桃花源，做客桃花源，离开桃花源，再寻桃花源却未果的事情。

问题2：请简要概括本文的主要内容。

答案预设：渔人在桃花源中的见闻。

方法点拨————————————————◆

关注题目，揣测其主要内容。关注"游踪"（线索），弄清文章的思路和层次。

设计意图：解题是文本分析课的第一步，本文的事件简单，线索清晰明确。经过了预习课的学习，学生对文本也有了初步感知。本环节不仅可以检测预习课的学习效果，还可以为接下来的学习做好铺垫。

（二）表意单元切分

主要任务：默读全文，勾画文章中讲述桃花源特点的句子，简要概括桃花源的特点。

文中对桃花源的描述有环境描写，也有人类活动描写。环境描写中有自然环境，也有人类生活场景，具体内容如下：

《桃花源记》中描写桃花源的语义信息		
环境		人类活动
自然环境	生活场景	
1. 忽逢桃花林，夹岸数百步，中无杂树，芳草鲜美，落英缤纷。 2. 山有小口，仿佛若有光。 3. 初极狭，才通人。复行数十步，豁然开朗。	土地平旷，屋舍俨然，有良田、美池、桑竹之属。阡陌交通，鸡犬相闻。	1. 缘溪行，忘路之远近。忽逢桃花林。 2. 其中往来种作，男女衣着，悉如外人。 3. 黄发垂髫，并怡然自乐。 4. 见渔人，乃大惊，问所从来。具答之。便要还家，设酒杀鸡作食。村中闻有此人，咸来问讯。 5. 自云先世避秦时乱，率妻子邑人来此绝境，不复出焉，遂与外人间隔。问今是何世，乃不知有汉，无论魏晋。此人一一为具言所闻，皆叹惋。 6. 余人各复延至其家，皆出酒食。 7. 停数日，辞去。此中人语云："不足为外人道也。" 8. 及郡下，诣太守，说如此。太守即遣人随其往，寻向所志，遂迷，不复得路。

方法点拨━━━━━━━━━━━━━━━━━━━◆

对于叙事性文章来说，可以依据线索或描写（叙述）内容进行切分，切分应遵循便于分析的原则。

设计意图：文本中的所有内容都是为表达主题而服务的。解读本文的关键在于明晰桃花源的特点。《桃花源记》文本较长，存在多个表意单元，只有对其进行切分，才能使学生更好地分析。恰当地切分能为进一步的局部分析做铺垫。

（三）文章局部分析

简要概括桃花源的特点。

答案预设：

1. 环境方面。

（1）外部环境优美。

"忽逢桃花林，夹岸数百步，中无杂树，芳草鲜美，落英缤纷。"

提示：学生在此处很容易得出结论，桃花源的景色是绚丽美艳、新奇明丽的。教师必须引导学生，此处描写的是桃花源外的景色。

（2）生活场景普通（常见）。

"土地平旷，屋舍俨然，有良田、美池、桑竹之属。阡陌交通，鸡犬相闻。"

提示：很多学生会想当然地理解成桃花源很"美好"。教师要引导学生分析文本中的信息：桃花源中的土地平坦，房屋整齐，土地肥沃、池塘美丽，有桑有竹……这样的景象用"美好"来概括看似正确，但是必须注意这样的场景并不是光怪陆离的仙界场景，而是具有中国特色的农业文明下的人间普通的乡村生活场景，其生活场景与外部世界是一致的，故"普通"或者"常见"才是其核心特点。

概括要基于文本的事实和证据进行理性分析。教师对学生的回答给予评价。

2.人类活动方面。

（1）与外界一致（普通、常见）。

"其中往来种作，男女衣着，悉如外人。"

可引导学生抓住"悉"字来分析。"悉"强调了是桃花源的生产、生活方式与外部世界是一致的，同样也说明了文中的桃花源就是普通的人间生活场景。

提示：可能有学生会质疑，都过了几百年了，服饰怎么可能没有一点儿变化？面对这样的质疑，教师应该给予鼓励。此处的描写应该是有谬误的。教师可以引导学生进一步思考，这样的描写不妨理解为作者在刻意强调桃花源就是普通的人间生活场景。

（2）生活安宁快乐。

"黄发垂髫，并怡然自乐。"

此处教师可以引导学生质疑。

问题1："黄发"和"垂髫"是什么意思？

答案预设："黄发"代指长寿的老人，"垂髫"代指孩童。

问题2：为什么专门关注这两类人？

答案预设：老人和孩童是社会中最脆弱的群体，他们的"怡然自乐"，足以说明桃花源的安宁祥和。

此处教师可乘机联系《孟子》中"老吾老，以及人之老；幼吾幼，以及人之幼"以及《大道之行也》中"故人不独亲其亲，不独子其子，使老有所终""幼有所长"，以加深学生的理解。

（3）人情淳朴美好、没有管理、没有权力。

"见渔人，乃大惊，问所从来。具答之。便要还家，设酒杀鸡作食。村中闻有此人，咸来问讯。""余人各复延至其家，皆出酒食。"

问题1：如何理解"大惊""便要""咸来""各复""皆"等词？

答案预设：这些词都凸显了桃花源人的热情、淳朴。

问题2：能否在"设酒"和"杀鸡"中间加"、"？

答案预设：不加"、"形成的紧凑的语句更能体现人物形象。对于突然闯入桃花源，且有明显泄密风险的外人，他们没有猜疑，没有戒备，而是家家户户满怀热情地关心和招待他，这足以说明桃花源的人情美好，民风淳朴。

解读隐含的信息：桃花源人没有等级之分。

先世"率妻子邑人来此绝境"，渔人到了桃花源后，所有的人都"延至其家"，却没有首领出面。暗示这个地方没有领导，没有层级、没有权力。此处可联系《桃花源诗》加以印证和深化理解。

总结：综合上述分析，我们可以看出桃花源具有农业社会生活的特点，是一个安宁、和谐、快乐、淳朴、没有战乱、没有管理和权力压迫的地方。

（4）没有战乱、和平安宁。

"自云先世避秦时乱，率妻子邑人来此绝境，不复出焉，遂与外人间隔。问今是何世，乃不知有汉，无论魏晋。此人一一为具言所闻，皆叹惋。"

此处有留白，直接分析是比较困难的，教师要引导学生补白：

①"避乱"是指桃花源中的人躲避了哪些战乱？

②"不复出焉"中的"不"应该如何翻译？

③渔人"具言"的内容是什么？

④桃花源中的人为什么"皆叹惋"？

答案预设：

①"乃不知有汉，无论魏晋"，桃花源中的人不仅逃避了秦时的战乱，也逃避了两汉、三国和两晋的战乱。

②根据文意，桃花源中的人是知道外部世界的存在的，但是他们惧怕战乱，没有了解外部世界的意愿。"不"不仅可以理解为"不再"，还可以理解为"不愿"。

③从前文"乃不知有汉，无论魏晋"和后文"皆叹惋"可以推测，朝代的更迭是渔人介绍的，外面世界战乱频发、苛捐杂税、繁重的徭役、混乱的局势、流离的百姓、涂炭的生灵和桃花源中的生活的巨大落差等，也都是渔人介绍的。

④桃花源内外的巨大差异，足以让众人"皆叹惋"，"叹惋"从侧面写出了桃花源的安宁、和平。

结论：这里主要体现了桃花源的安宁、和平。

方法点拨 ────────────────◆

教学时对于留白的部分，要引导学生补白。

设计意图：局部的深入分析有利于后期的关联整合。这个环节要引导学生对文本中有关桃花源的信息进行提取，并对信息进行梳理、分类，进而归纳出桃花源的特点。在这个环节中，学生对信息的提炼可能只是表层的、偏颇的，教师要在这个过程中适时引导学生。

3. 分析桃花源隐含的特点。

分析文段中的桃花源还有什么特点？

出示相关文段：

"缘溪行，忘路之远近。忽逢桃花林。"

"山有小口，仿佛若有光。"

"初极狭，才通人。复行数十步，豁然开朗。"

"问今是何世，乃不知有汉，无论魏晋。"

"停数日，辞去。此中人语云：'不足为外人道也。'"

"及郡下，诣太守，说如此。太守即遣人随其往，寻向所志，遂迷，不复得路。"

答案预设：

（1）桃花源是极其封闭的。

渔人"缘溪行，忘路之远近"暗示桃花源与外部世界的距离是比较远的。"忘"和"忽逢桃花林"说明渔人遇到桃花源是很偶然的。

"山有小口，仿佛若有光"中的"仿佛"说明入口不显眼。"初极狭，才通人"中的"极狭"和"才"说明桃花源与外部世界是充分隔离的。

"处处志之""寻向所志，遂迷，不复得路"说明了刻意寻找却不得，证明桃花源与世隔绝，难以寻觅，与前文相呼应。

结论：概括地说，这些文段都体现了桃花源极具封闭性的特点。

（2）桃花源人对外部世界是排斥的。

"停数日，辞去。此中人语云：'不足为外人道也。'"

桃花源人的告诫明确表明他们对外部世界是持拒斥态度的。

他们始终希望与外部社会隔离，不愿意让现在安宁的桃花源生活被外人打扰。渔人"处处志之""诣太守"，渔人的背信弃义，与桃花源人的淳朴格格不入，更能说明桃花源人排外的必要性。

（3）在桃花源的时间是静止的。

"问今是何世，乃不知有汉，无论魏晋。"

千年时光流逝，桃花源人却对此并不知晓，说明了在桃花源中的世界是没有时代变迁的，也暗示了时间在桃花源里没有任何意义，它是静止的。此处也可以联系《桃花源诗》加以印证。

总结：这些文段无论是从空间上，还是从桃源人的心态上，以及时间上来看，都能看出桃花源的特点。其特点是一致的——封闭、静止。

方法点拨 ————————————————◆

古文言简意丰，文本分析尤其要重视信息的饱和提取。

设计意图：经过前面分析，桃花源的大部分特点都已经呈现出来，但文中所蕴含的信息还没有饱和提取和分析。信息提取得不充分，特点的概括定然不够全面，就会有所偏颇。

这个环节极具挑战性，如果学生能回答，教师就鼓励和引导学生探讨，如果学生不能回答，教师可以带领学生分析。

（四）表意单元之间的结构关系分析

通过对前半部分的分析可以看出桃花源是一种农业社会下的生活景象，它的特点是安宁、和谐、快乐，淳朴、没有战乱、没有管理和权力压迫。通过对后半部分的分析可以发现桃花源是静止和封闭的。封闭意味着保守，意味着不愿意与外界接触；静止意味着不变动。它们的背后是桃花源人缺乏安全感，表达了桃花源人对安宁的、安全的、和谐的生活的珍惜，不想被外界打扰。从结构分析来看，两部分的信息都指向了共同的方向，这两部分有明显的承接关系。

方法点拨————————————————————◆

通过分析切分部分之间的结构关系，找出其中的共同点。

设计意图：基于各个表意单元的分析，关联发掘各个表意单元之间的结构关系，为准确解析主题做好铺垫。

（五）主题结论概括

通过对文本结构的分析可知，本文的主旨在于表达出桃花源人对安宁、安全、和谐、不受打扰的生活的珍惜与渴望。

方法点拨————————————————————◆

在发掘各个表意单元之间的结构关系的基础上完成对主题结论的描述，要求措辞合理、准确、完整。

《促织》文本分析课

成都市武侯高级中学·罗晓彤

教学目标

引导学生梳理、准确提取两只促织的语义信息，分析两只促织之间的语义结构关系，准确理解小说的主旨。

教学过程

（一）整体框架把握

问题引导：这篇小说题目为《促织》，请说说《促织》讲了什么故事？

答案预设：

《促织》讲述了皇帝因为喜欢促织，成名被摊派进贡促织的相关费用，走投无路之下只有问卜求促织。成名之子不小心弄死了促织，后因愧疚，魂化为促织，取悦了皇帝，一家人从此过上荣华富贵的生活。

方法点拨 ————————————————◆

文本分析要基于整体感知，通过对感知的质疑和印证，不断提高理解的精确性，这是文本分析的关键。不少文本（不是所有文本）的标题通常都是一个切入点，引导学生理解和观察标题是观察文本的基本方法。

设计意图：引导学生对文本进行整体感知，大概了解小说的主要内容。

（二）表意层次切分

完成任务：仔细阅读文本，找到小说《促织》的结构并对其进行初步切分。

答案预设：

《促织》中提到了两种促织，第一种是成名祈求得到的促织（自然之虫），第二种是人（成名之子）为拯救家人变成的促织。因此，我们可以对两种促织的文本信息进行切分，为下一步分析表意单元之间的结构关系奠定基础。

方法点拨————————————————◆

必须意识到切分文本是分析文本的基础。《促织》全文提到了两种促织，因此可以对两种促织的文本信息进行切分。

设计意图：文本中通常存在着多个表意单元，我们需要对表意单元进行切分，才能进一步分析表意单元之间的结构关系。

（三）文意的局部分析

1. 分析第一只促织（自然之虫）释放的巨大能量。

问题：仔细阅读第一只促织（自然之虫）的相关内容，分析第一只促织释放的巨大能量。

答案预设：

物质：一头小小的促织，"倾数家之产"，不满一年便让成名一家微薄的家产逐渐耗尽。

身体：（成名）被杖打近百次，两条大腿间"脓血流离"，但为了捉促织他也只能勉强起身拄着拐杖，看到促织居然也迅速地扑了过去。

心理：成名不能上交促织"忧闷欲死"，没有抓到促织"惟思自尽"，看到促织由惊喜、着急到"大喜"，失去促织后由"如被冰雪"到"怒索儿"。

亲情与人性：文中"抢呼欲绝。夫妻向隅，茅舍无烟"，当他们的儿子投井后，他们头撞地，口呼天，无比悲痛，到最后悲痛到哭声都没有了。夫妻两人对着墙角痛哭，悲恸欲绝。他们无比爱自己的孩子，但是"苛政猛于虎"，暴政让可怜的夫妻无暇顾及他们最爱的人，导致亲情被撕碎，人性被扭曲。

方法点拨 ————————————————————◆

结合语境辨析词义，准确地提取语义信息。按人之常情推断，成名夫妇到底爱不爱自己的孩子，他们为何将促织看得比自己的亲生儿子还重，由此可以推理出促织释放的巨大能量。对梳理的信息进行分类能更精准地理解文意。

设计意图：引导学生关注促织背后的社会属性，分析促织释放的巨大能量，了解皇帝和县令、胥吏给成名一家带来的苦难。

2.分析第二只促织的特质。

问题：仔细阅读第二只促织的相关内容，分析第二只促织的特质。

答案预设：

"审谛之，短小，黑赤色，顿非前物。成以其小，劣之。惟徬徨瞻顾，寻所逐者。壁上小虫忽跃落衿袖间。视之，形若土狗，梅花翅，方首，长胫，意似良。"——第二只促织（成名之子）短小，就在成名以为小促织不中用时，小促织居然主动引起成名的注意，自投罗网，让成名抓住自己，以此来拯救家人。

"一鸣辄跃去，行且速。覆之以掌，虚若无物；手裁举，则又超忽而跃。急趋之，折过墙隅，迷其所往。徘徊四顾，见虫伏壁上。""屡撩之，虫暴怒，直奔，遂相腾击，振奋作声。俄见小虫跃起，张尾伸须，直齕敌领。少年大骇，解令休止。虫翘然矜鸣，似报主知。"——运用多个动词，表现小促织的调皮、敏捷、可爱、有灵性、勇猛，像小孩般邀功和沾沾自喜。

"每闻琴瑟之声，则应节而舞。益奇之。上大嘉悦，诏赐抚臣名马衣缎。"——天真、好奇、可爱的小促织为了拯救家人，必须取悦皇帝，用尽浑身解数，扭曲自己的人性与天性。

外在特点：体形瘦弱、短小，"黑赤色"，"形若土狗，梅花翅，方首，长胫"。

内在特征：调皮、可爱、有灵性、勇猛、迅捷、机警。

总结：成名之子才九岁，一个天真、烂漫、好奇的年龄，他偷看促织是再正常不过的事情了，却被父母怒斥、痛骂，以至于愧疚到自杀。人不如一只昆虫。后面他又因为怜惜父母，主动变成了一只促织，丧失了自己的魂魄。虽然他变成小促织后依然有调皮、可爱、灵动的一面，但是他为了博得皇帝的喜悦而不惜搏斗、拼命，"应节而舞"。孩子丧失了天性与人性，甚至化身为一只虫子去满足皇帝的一己之欲。

方法点拨————————————————◆

提取和梳理第二只促织的相关信息，抓住其外貌、动作描写特征，并结合人之常识来分析第二只促织的特质。

设计意图：引导学生理解天真、可爱、活泼的孩子为了拯救家人而魂化为促织，甚至扭曲了自己的人性与天性，从而为分析主旨做铺垫。

（四）表意单元之间的结构关系分析

1.分析两只促织之间的结构关系。

问题：作者为什么要写两只促织，两只促织之间构成了何种关系？

答案预设：

第一只促织是自然界的促织，是官吏为讨好皇帝上供的宠物；第二只促织是成名之子（人）幻化的，是人被工具化了。

二者之间的关系逐渐递进和深化，成名全家因为第一只促织的死亡陷入了深渊，却因为第二只促织走向荣华富贵。第一只促织因为成名之子的好奇而死，这才引出了成名之子因为愧疚自杀然后魂化为促织，将扭曲的亲情与人性展现得淋漓尽致。

成名寻不到促织，却又无可奈何，最后他得到促织转忧为喜，这体现出人只能依靠皇帝的宠爱之物而活着的无奈与悲哀。两度得虫都有来自神灵的力量，都非人力可为，由此可以得出，现实世界是无法找到出路的，人只有通过求神拜佛和变成非人才能得以生存。

方法点拨————————————————◆

分析文本内部的意义层次之间的关联，要注意寻找语义相似或相反的词汇，反复出现的词汇；要比较各个意义层次的相关性，尤其是相似性或相反性。

设计意图：分析各个表意单元之间的联结关系，是文本分析课的重点和难点。这项分析也是准确解析主题的关键步骤。

2. 分析议论段落与正文之间的联系。

问题：结合前面所讲的内容，分析议论段落与正文之间的关联。

答案预设：

最后的议论照应前面正文，揭示主题："天子偶用一物，未必不过此已忘。"统治阶级的一喜一怒，可以随意改变底层百姓的命运，也许此时喜好，而彼时已厌弃。只要统治者喜好什么，奉行者便立为定例，上行下效，昏庸的统治者与溜须拍马的官吏沆瀣一气，更何况官贪吏虐，各级官员媚上欺下，层层剥削老百姓，不顾无辜老百姓的死活。老百姓被逼迫得走投无路，丧失了人伦与人性。

可悲的是成名本来老实忠厚，却因为这一优点被官府欺压得生不如死，最后因为他的儿子变成了小小的促织才获得了无限荣光。因为促织而"裘马扬扬"，连贪官奸臣也一并以"长厚者"的名义得到恩惠荫庇。还有许多像成名一样的百姓，他们不能靠自己的品行、才华和能力获得奖赏，却要靠促织这类玩物来谋生，这是怎样一个黑白颠倒的社会！

方法点拨 ──────────────────◆

分析文本内部的意义层次之间的关联。关注文章议论抒情的句子。

设计意图：引导学生注意文本内部的意义层次之间的关联，从而理解作品的主旨。

（五）主题结论概括

问题：为什么一只小小的促织能够释放如此大的能量，能够主宰老百姓的生死祸福？

答案预设：

因为皇帝喜爱，所以上行下效。促织只是一个由头，今天皇帝可以喜欢促织，明天他又可以喜欢别的东西。统治者昏庸无道，贪图享乐；"官贪吏虐"，媚上欺下，趁机剥削百姓，搜刮民脂；就连身为老百姓的游侠也要囤积居奇，趁机敲诈一笔，由此可见老百姓的命运是多么悲惨。在残酷的社会环境下，老百姓连自己的性命都保不住，甚至面对自己最爱的儿子的死都无暇顾及。人性和尊严被活活践踏，人不得不变成虫，连孩子也不得不牺牲自己的童心与童趣去取悦皇帝。促织成了家族摆脱悲惨命运的工具，唯有人变成虫，放弃做人，才能改变家族的悲惨命运。深刻地揭示了当时社会统治者昏庸无道、官贪吏虐、黑白颠倒的实质。

方法点拨————————————————◆

在前面发掘各个表意单元之间的结构关系的基础上，完成对小说主题结论的描述。

设计意图：在发掘各个表意单元之间的结构关系的基础上，以合理的、恰如其分的措辞完成对主题结论的描述。这是对主题的理性总结与精准表述。

（六）小结

《聊斋志异》收集了大量的民间神话传说，但阅读时不能只看到奇闻，还要看到奇闻背后的深意，我们不能只满足于表面上的圆满结局，而要勾连全文，看清那笑容背后的辛酸。正如该书自序里所说："集腋为裘，妄续《幽冥》之录；浮白载笔，仅成孤愤之书；寄托如此，亦足悲矣！"

《变形记》文本分析课

成都市武侯高级中学·罗晓彤

教学目标

引导学生分析格里高尔变形前后家人对他的态度和行为的变化，通过语义信息的比对，实现语义信息的结构化，准确理解小说主旨。

教学过程

（一）大意把握

问题：这篇小说为《变形记》，标题《变形记》揭示了哪些信息？

答案预设：

"变形"意味着前后有变化，格里高尔前面是人，后面变成了虫，"记"意味着变形是有过程的，而《变形记》不是讲述格里高尔由人变成虫的过程，而是聚焦格里高尔变形后的际遇。

方法点拨————————————————◆

文本分析要基于整体感知，通过对感知的质疑和印证，不断提高理解的准确性，这是文本分析的关键。注重理性，是文本分析的前提。不少文本（不是所有文本）的标题通常是一个切入点，引导学生理解和观察标题是观察文本的基本方法。

设计意图：引导学生对文本进行整体感知，先从解题入手，推测出文章的主要内容，然后在大致了解文本内容的基础上，基于对文本的宏观观察，大致确定文意走向，从而看出文本的整体框架。

（二）表意单元切分

任务：一般来说，所有小说文本，都可以以主要人物为核心，观察主要人物自身的特征，以及他与周围世界的互动关系。

1. 主要人物有哪些行动？这些行动的动机、方式与效果都表现了人物的哪些特质？

2. 主要人物和次要人物是如何互动的？这种互动揭示了怎样的人际关系（社会属性）？

3. 主要人物和环境是如何互动的？环境如何制约人物的行动，或者人物如何改变环境？

观察小说文本，找到《变形记》小说文本的特征并进行内容的初步切分。

答案预设：

《变形记》涉及核心人物格里高尔，以及格里高尔的家人（父母、妹妹）。因此，要分析主要人物格里高尔在变形后有哪些想法和行动，这些想法和行动都表现了人物的哪些特质；第二部分为格里高尔在变形前和变形后，他的家人是如何对待他的。

方法点拨————————————————————◆

小说的解读需要考虑"三要素"，但在所有小说中的"三要素"的构成模式和比例并非都一样。文本分析可以从"三要素"着手，但着手之后还需进一步观察"三要素"在小说中的表现特征。全面把握"三要素"的切入口在于观察主要人物会有怎样的行动，主要人物是如何与周围的人和世界发生互动的。

设计意图：文本中通常存在多个表意单元，为便于进一步分析，需要对它们进行切分。切分本身也是分析的一种。

（三）文意的局部分析

1. 分析格里高尔变形后的行动和想法。

任务：分析格里高尔变成甲虫后的所思所想。

答案预设：

"一天早晨，格里高尔·萨姆沙从烦躁不安的睡梦中醒来时，发现自己在床上变成了一只大得吓人的甲壳虫"，这成了小说的经典开头，分析当格里高尔变成了甲虫到公司协理来之前他在想些什么。通过梳理和分析信息，可以明确格里高尔虽然变成了甲虫，但是他异常平静，没有感到惊恐不安，叙述者也是异常冷静、客观。格里高尔的内心深处是愿意变成一只甲虫来逃避那令人痛苦的现实，他希望自己能得到片刻的自由，这样也能减轻自己的压力。

变成甲虫的格里高尔依然有人的思维和情感，特别是对于家庭的责任感和对家人的爱永恒不变，他想的也不是命运的不公，而是习惯性地为家人着想，甚至因为自己变成甲虫而无法继续养家而感到羞愧、自责。

方法点拨————————————————◆

文本解读，必须基于文本事实，且严格忠于文本信息。通过梳理格里高尔的心理变化过程，客观地还原格里高尔的想法。结合格里高尔变成甲虫前的身体、心理、精神状态，合理地推理出格里高尔变成甲虫的原因。

设计意图：在拆分表意单元之后，再具体分析各个表意单元的不同的作用，通过对表意单元的分析，为后面的意义关联整合做铺垫，最终合理分析主旨。这个环节需要教师引导学生对文本中格里高尔的相关信息进行提取，并将其进行梳理、分类，进一步概括和归纳出格里高尔变成甲虫后的想法。梳理格里高尔变成甲虫后，公司协理、家人对待他的态度，为分析表意单元之间的结构关系做铺垫。

2.分析格里高尔变成甲虫前后家人的变化。

任务：分析格里高尔的家人对格里高尔变成甲虫前后的态度变化和行为变化。

答案预设：

人物	门关上，暂未发现格里高尔变成甲虫时的态度	发现格里高尔变成甲虫后的态度	格里高尔对家人的态度
父亲		极端地严厉苛刻，愤怒，哭泣，不耐烦。无情地驱逐格里高尔，给格里高尔致命一击。	依然想着妹妹进音乐学院的事情，担忧家里的债务等问题。
母亲	担忧，敲门催他起床上班，着急找医生给格里高尔看病和找锁匠开门。	惊恐、昏厥、逃避。	为了不吓着妹妹，在妹妹每次进房间时，他总是把丑陋的躯体藏在沙发底下；甚至考虑到父母的面子，不愿在大白天时出现在窗户附近。当他听到妹妹说想要把它甩掉时，"他怀着温柔和爱意想着自己的一家人。他消灭自己的决心比妹妹还强烈"。
妹妹		起初态度温和，给格里高尔送饭，后来以此邀功，再后来变成了愤怒、厌恶、嫌弃、仇恨。	
公司协理	催促上班。	惊恐，害怕，出洋相，飞快地逃走。	

总结：格里高尔对家人的爱和家人对他的冷漠形成了鲜明的对比，格里高尔以为"大家都在紧张地看着他开门，于是他使出浑身解数，不顾死活地咬住钥匙"。甚至以为家人都愿意保护他，让他免受折磨，然而事实恰好相反，家人从最开始的

担忧到嫌弃再到冷漠、残忍地像对待怪物一样想甩掉他，但他依然无怨无悔地爱着家人，"他怀着温柔和爱意想着自己的一家人，他消灭自己的决心比妹妹还强烈"，最后他毅然赴死，坚定而从容。

人物	变形前的行为	变形后的行为
父亲	桌子上摆着很多早餐餐具，他会悠闲地享用丰盛的早餐。 五年来，他不曾工作。他一生劳碌，却并无成就，这五年是他一生首度休息，在这段时间里，他胖了很多，变得行动迟缓。。	他成了银行杂役，工作得很认真。他的目光鲜活又专注。他变得越来越有精神，有生气。
母亲	年迈的母亲患有气喘病，光是在家里走一圈都嫌吃力，每两天就有一天因为呼吸困难而整日开着窗躺在沙发上。	母亲在一家时装店里缝制精致的内衣。
妹妹	她穿得漂漂亮亮，睡得安安稳稳，帮忙做做家务，参加娱乐活动，尤其是要拉拉小提琴。	妹妹找了一份售货员的工作，利用晚上自学速记和法语，以便将来能谋得更好的职位。

　　总结：格里高尔奔波劳碌、辛苦攒钱养活了一帮寄生虫，但是格里高尔的辛苦付出却被人认为是理所应当的。相反格里高尔变成甲虫后，他担心的不是自己的悲惨命运，而是无法养家。

　　然而可笑的是，习惯了当寄生虫的家人居然开始自食其力，并且很快找到了自己的出路，他们的状态变得越来越好。就在格里高尔毅然赴死后，他的家人居然迫不及待地庆贺他们迎来了自己的新生，这让格里高尔的苦苦挣扎和努力变得毫无意义，格里高尔的辛苦付出显得格外荒唐。

通过分析人物的心理、语言、动作、神态描写和句式特点，分析不同人物对格里高尔变形前后的态度和行为变化。

设计意图：通过对比格里高尔对家人始终不变的关爱和家人对格里高尔变成甲虫后的态度，再对比家人在格里高尔变成甲虫前后的反应，来比较其中的不同之处，从而为下一步分析表意单元之间的结构关系做铺垫。

（四）表意单元之间的结构关系分析

问题：为什么格里高尔的家人会对变形前后的格里高尔发生态度上的变化？

答案预设：

人物之间的互动关系，可以从逻辑上分为三种情况。

同向的：不是对立的，而是一致的。

异向的：表现为对立或者冲突。

复杂的或者混乱的：表现为部分的同向和部分的异向。

通过分析格里高尔变形前后与家人的互动关系可知，这种互动关系是异向的：表现为对立或者冲突。我们需要理解这种关系变化所表现出来的人性或社会性的内容。

格里高尔的家人在他变成甲虫前和刚变成甲虫时还能温柔地对待他，担忧他的处境，但是到了后来，几乎没有人愿意帮助他了，他们不关心格里高尔为何变成甲虫，也不在乎格里高尔的想法和格里高尔对家人所付出的努力，他们只把格里高尔当成了累赘和怪物，一心想要除掉他。

为什么格里高尔的家人会有这样的变化？格里高尔变成甲虫后失去了挣钱的能力，他想象中牢不可破的亲情，其实经不起极端情况的考验。格里高尔变成甲虫前，能够挣钱养活全家，金钱成了维系亲情的纽带，他的家人会为了金钱而关心、尊敬他。但是当他变成了一只对人类没有任何价值的甲虫后，他的家人无情地抛弃了没有任何利用价值、丑陋的格里高尔，并且由于甲虫无法与人沟通，他的家人并不掩饰他们的嫌弃、厌恶之情。

方法点拨————————————————◆

分析文本内部的意义层次之间的关联，要注意寻找语义相似或相反或复杂、混乱的关系，尤其要注意相似或相反的关系。

设计意图：基于各个表意单元的分析，关联发掘各个表意单元之间的结构关系。这一步既是文本分析课的重点，也是难点。这一步也是回归主题的理性印证。

（五）主题结论概括

问题：结合前面所学的内容，概括《变形记》的主题。

答案预设：通过分析格里高尔变成甲虫后的想法可知，格里高尔在家庭责任和个人愿望之间存在着很大的矛盾，他想要摆脱沉重的负担，潜意识里想要通过变形来逃避负担，但是当他真正变成甲虫后，他还是想着自己的家人，想要减轻家人的负担。

通过分析格里高尔的家人对格里高尔的态度和行为变化，可以发现当格里高尔不再有利用价值，也无法表达自己的情绪时，亲情不再坚不可摧，在人变成非人的时候，人际关系中最阴暗的一面就会显露出来。

通过两个单元的结构关系对比可以得出：人作为一种功利性的社会动物，亲情并不是纯粹的，人与人之间是冷漠的利益、功利关系，亲情关系还会受到利害关系的影响。

在前面发掘各个表意单元之间的结构关系的基础上，完成对小说主题结论的描述。

设计意图：在发掘各个表意单元之间的结构关系的基础上，以合理的、恰如其分的措辞完成对主题结论的描述。这是对主题的理性总结与精准表述。

《台阶》文本分析课

教学目标

通过对父亲造台阶前后的对比分析，理解父亲的形象，把握文章的主旨。

教学过程

（一）复述内容，聚焦问题

1. 复述内容。

默读课文，用一句话复述文章的内容。

答案预设：

为了提高自家地位，父亲花了大半辈子的时间造高台阶，台阶造完后突然觉得自己老了。

2. 聚焦问题。

在文章的结尾处，作者说"怎么了呢？父亲老了"。父亲觉得自己老了的原因是什么？

答案预设：

因为造台阶，父亲觉得自己老了。

方法点拨 ──────────────────◆

一般复述故事的主要内容，除了有人物，还应该有事件发生的原因、经过、结果。

设计意图：在整体感知文本之后，用学生在课前预习时提出的最多的问题来统领整个文本主旨的思路发掘，这不仅符合学情，还能让教学聚焦文本、深入挖掘主旨。

（二）研读文本细节，层层开掘主题

问题1：父亲是怎样造台阶的？

精读文章第10—24段，关注文本的细节，结合父亲的形象特点，谈谈父亲是如何造台阶的。

答案预设：

长年辛劳地造台阶。

1. 关注数字，可见父亲造台阶的时间之漫长。

父亲的准备是十分漫长的。他今天从地里捡回一块砖，明天可能又捡进一片瓦，再就是往一个黑瓦罐里塞角票。虽然这些都很微不足道，但他做得很认真。

微不足道的小事和父亲的"认真"形成了反差，细心而坚韧、耐心而勤劳的父亲形象跃然纸上。

于是，一年中他七个月种田，四个月去山里砍柴，半个月在大溪滩上捡屋基卵石，剩下半个月用来过年、编草鞋。

这句话里的数字把父亲的一年分割成有长有短的时间段。从"七"和"四"这两个数字来看，父亲花了十一个月的时间劳作，他有着艰苦耐劳和坚持不懈的精神。可是父亲觉得这样还不够，剩余的一个月被他"掰成两半"，他精打细算地安排相关事务。长时间的坚持与短时间的精打细算，这便是父亲对造台阶倾注的心血。

2. 关注与颜色相关的词，侧面烘托父亲造台阶时动力满满、充满热情。

等泥水匠和两个助工来的时候，父亲已经把满满一凼黄泥踏好。那黄泥加了石灰水和豆浆水，颜色似玉米面，红中透着白，上面冒着几个水泡，被早晨的阳光照着，亮亮的，红得很耀眼。

"颜色似玉米面""红中透着白""红得很耀眼",作者通过颜色的组合,使画面变得更加鲜明,也恰到好处地体现了父亲作为一个农民所具有的朴实、踏实的品质,以及他对于建造台阶的激情与热情。

3. 关注父亲的动作和神态描写,体现了父亲造台阶时的决心和毅力。

那时我不知道山有多远,只知道鸡叫三遍时父亲出发,黄昏贴近家门口时归来,把柴靠在墙根上,很疲倦地坐在台阶上,把已经磨穿了底的草鞋脱下来,垒在门墙边。一个冬天下来,破草鞋堆得超过了台阶。

在这段文字中,作者把父亲回家时的一连串动作依次罗列了出来。"靠""坐""脱""垒""堆",这一系列动词,把父亲外出砍柴后的疲倦感贴切地展现了出来,"靠"和"疲倦地坐"是因为父亲已经累得站不稳了,"垒"和"堆"表示破草鞋的数量多。这一系列动词反映了父亲砍柴的路是遥远且难走的,也凸显了父亲不畏艰苦,想要建造新台阶的决心。

小结:通过精读文本中的细节,如数字、颜色词、动词和人物的神态等,大家能感受到父亲为建造这几级台阶所付出的心血。

方法点拨━━━━━━━━━━━━━━━━━━━━━◆

关注文本中的数字、颜色词、动词以及人物的细节描写,感受文字背后所蕴含的意蕴和情感,把握人物的形象。

问题2:父亲为何要造台阶?

精读文章第1—13段,寻找在文本中反复出现的词语和留白处,找出父亲造台阶的原因。

答案预设：

耗尽心血，提高地位。

1. 反复处：

"我们家的台阶低！"

父亲又像是对我，又像是自言自语地感叹。这句话他不知道说了多少遍。

"台阶低"，文中反复出现这句话。这句话出自他人之口，也出自父亲之口。他人议论别人的身份地位时，往往都是以台阶的高低来衡量的。在这样的社会风气下，认识一个人的第一反应就是评论他家台阶的高低，父亲在这样的环境下总觉得自己低人一等。他人反复地说，父亲也反复地自言自语，这是父亲对自己没能给家人带来一个值得尊敬的地位而感到遗憾，这也是他反复思虑并且决定自己建造新台阶的心理过程。

2. 留白处：

台阶旁栽着一棵桃树，桃树为台阶遮出一片绿荫。父亲坐在绿荫里，能看见别人家高高的台阶，那里栽着几棵柳树，柳树枝老是摇来摇去，却摇不散父亲那专注的目光。这时，一片片旱烟雾在父亲头上飘来飘去。

父亲在此时会想些什么呢？请补充父亲的内心独白。

我家的台阶远比别家的台阶低得多！没有人觉得我有什么大本事，但是我也想让我们家过得体体面面的，吃再多苦我也得忍着。看看别家门口的高台阶多漂亮啊！下午我还得多干点活。

小结：文本中反复提及的内容，正是作者想要强调的；文章的留白处，是文章的呼吸口，同时暗含着作者涌动的情绪。

造台阶对于父亲来说就是提高自己的地位。

本文学习要点在于熟读精思，分析文本时要注意从标题、详略安排、角度选择等方面把握文章的重点；还要从开头、结尾、文中的反复、留白及特别之处，找出关键语句，感受文章的意蕴。

问题 3：新台阶造好后，父亲为何会表现得如此反常？

快速浏览文中房子建好后的部分，自主圈画父亲在台阶造好之后的反常表现，小组合作讨论，探究父亲的行为出现反常的原因。

答案预设：

父亲的预想落空，感到迷惘。

1.父亲从老屋里拿出四颗大鞭炮，他居然不敢放，让我来。

父亲的两手没处放似的，抄着不是，贴在胯骨上也不是。他仿佛觉得有许多目光在望他，就尽力把胸挺得高些……父亲明明该高兴，却露出些尴尬的笑。

尴尬是指不自然、十分窘迫、难堪。父亲为何感到尴尬？这符合父亲的形象，低眉顺眼了一辈子，真的发现自己家的台阶比别人高了，反而觉得不自在了，他不希望自己比别人高一等。父亲的身上有着中国农民传统的谦卑、老实忠厚。骨子里的质朴、谦卑使身为农民的父亲永远学不会自信和张扬。

2.正好那会儿有人从门口走过，见到父亲就打招呼说："晌午饭吃过了吗？"父亲回答没吃过。其实他是吃过了，父亲不知怎么就回答错了。

父亲回答错了的原因可能有：父亲第一次坐高台阶，确实不习惯，有点恍惚就答错了；或者是父亲之前的地位不高，鲜少被人搭讪，一紧张就答错了。还有没有其他的可能呢？

情景还原：

乡邻：晌午饭吃过了吗？

父亲：没吃过。

他在心里预想的情况是——？

乡邻：你们家的台阶高！

父亲：没呢没呢……

父亲老实忠厚，低眉顺眼了一辈子，原本建高台阶就是想改变现状，提升自己的地位，可高台阶建完了，也没有如自己所想——别人会高看自己，没有得到别人的赞许。所以，父亲的行为出现反常的原因就是预想落空了。

方法点拨━━━━━━━━━━━━━━━━━━━━━━◆

"反常"是作家在文学作品中根据情感、主旨的表达需要，采取的一种背离常规的陌生化表达方式，以诱导读者去发掘文本的言外之意。通过探究性阅读，我们可以发现文本表达的反常之处，探寻隐藏在文本中的逻辑关系，体验并发掘作者真实的创作意图。对文本进行分析时，如果能有意识地从表达的"反常"之处去解读文本，就能进入文本的内在机理。

设计意图：双线并进，一条线是解读文本思路，以"台阶"为原点，一层一层地推进并剥开文本的外衣，抵达文本的核心；另一条线是文本分析的方法指导，授人以鱼不如授人以渔，提供支架，让学生解读文本主题的同时还要求他们学会分析文本的方法。

（三）纵览文本的结构，对比理解其中的深意

任务：梳理文本信息，完成表格，对比新旧台阶，父亲的表现，概括父亲的变化。

答案预设：

对比点	三级台阶（旧台阶）	九级台阶（新台阶）
坐在台阶上的感觉	很舒服	回答错误、不自在
台阶上的生活情趣	天伦之乐	憋住不磕烟
责任方面	觉得台阶低、有追求	无所适从
与相邻的态度	低人一等	高高在上
走的节奏	噔噔噔、很轻松	仿佛是在跨一道门槛，被什么东西硌了一硌

答案预设：

1. 父亲的身体突然衰老；

2. 父亲意识的突然转变；

3. 父亲突然有不适感。

问题引导：父亲为何会出现这些变化？

答案预设：

失去支柱，丧失生机。

父亲为了建高台阶，辛苦忙活了大半辈子，他已经习惯了这样的生活节奏，现在台阶建好了，日子没有以前那般苦了，人一下子松懈下来，反而觉得不自在了。人是要有目标的，一旦失去了目标，就会失去方向，变得不自在了。

台阶镌刻着中国农村的历史，书写着中国农民的命运；它是奋斗历程的写照，也是辛酸经历的见证；它既是理想追求的象征，也是精神桎梏的物化。父亲是何等可敬可佩，然而又是多么可悲可叹。

小结：不自在，其实就是空虚，从形式上看，他完成了一生的夙愿，但实际上不可能完成。父亲出现这些变化的原因是他失去了精神支柱。

方法点拨━━━━━━━━━━━━━━━━━━━━━━━◆

文本分析尤其要注意文本的对比处。学生不仅要关注文本中相似的文句或文段，还要从相似中找出不同之处，并思考有什么不同。本文中前后对比主要集中在文本的宏观层面上，而这一点也是结构化理解文本的关键。

设计意图：引导学生梳理文本结构，通过对比分析，理解父亲心理变化的表现及其成因。

（四）主题总结

《台阶》以"台阶"这一事物为线索，讲述了"父亲为了改变自己的地位，奋斗了大半辈子，终于建成了九级台阶"的故事，这反映了普通农民的内心深处渴望得到他人尊重的心理，也揭示了生活在中国农村的"父亲"的命运，唤起我们对父辈的关注。

《台阶》塑造的是一个勤劳节俭、操劳一生、平凡而又伟大的父亲形象。透过这样一个人物形象，我们可以看到在那个时代的中国农民的朴实、勤劳、坚韧，也可以看到文中出现的一缕希望。这个"希望"是以父亲的不幸福来反衬出父亲"若有所失"以及对自己的追问，"台阶高了，父亲老了"并不是一种宿命，该如何跳出这个逻辑，是我们在读完这篇课文后需要深思的。

设计意图：让学生学会通过层层递进的问题、文本的细节品读来一步一步地发掘文本的主旨。

板书设计：

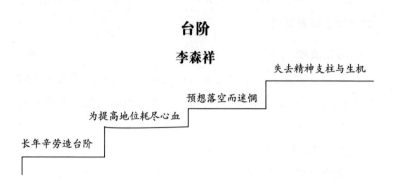

台阶

李森祥

失去精神支柱与生机

预想落空而迷惘

为提高地位耗尽心血

长年辛劳造台阶

三、评价鉴赏课

人性的光芒

——《台阶》《促织》《猫》《子路、曾晳、冉有、公西华侍坐》的悲悯情怀

成都七中八一学校·张伟

教学目标

审视和评价"悲悯",让学生加深对"悲悯"的认识,提升其思维品质,建构自我思想。

教学过程

（一）主题导入——初识悲悯

孟子曾说:"无恻隐之心,非人也;……恻隐之心,仁之端也;……"佛语有云:"大慈与一切众生乐,大悲拔一切众生苦。"鲁迅先生曾写下了这样的文字:"无穷的远方,无数的人们,都和我有关。"这些话都闪耀着悲悯的光芒。请简要回答什么是悲悯。

答案预设:

悲悯,即慈悲而非一味同情,是对苦难的感同身受。悲悯是一种伟大的情怀,它源于人们对所感对象的深切关注,充满了爱的普世价值观和悲悯的仁者情怀。

设计意图:本环节由名言导入悲悯这一评价主题,通过阐释什么是悲悯,让学生初步认识悲悯。

（二）温故知新——理解悲悯

1. 比较悲悯的对象和表现。

任务一：回顾四篇文章的主题，结合主题比较作者的悲悯对象和表现，完成表格。

答案预设：

篇目	主题	悲悯的对象	悲悯的表现
《台阶》	赞叹：赞叹父亲对命运的执着抗争 同情：同情父亲对命运的无力抗争	父亲（亲人、普通农民）	看见父亲的苦难 同情父亲的无力抗争
《促织》	讽谏：劝谏"天子一跬步，皆关民命，不可忽也" 同情：对受尽迫害的下层百姓的同情	成名一家（下层百姓）	看见成名一家的苦难 同情下层百姓 唤醒上位者
《猫》	人性之光：同情弱小生命；揭露人性的自私、偏见和愚妄；表现了人有反省的良知	猫（动物）	看见猫的苦难 同情弱小生命 唤醒良知
《子路、曾皙、冉有、公西华侍坐》	"礼乐治国"的政治理想：以礼治国，国家就会太平、人民就会幸福	国家、人民（天下苍生）	看见国家和人民的苦难 承担家国的苦难 拯救天下苍生

2. 概括悲悯的范围和层次。

任务二：根据表格中作者悲悯的对象和表现，概括悲悯的范围和层次。

问题1：根据表格中作者悲悯的对象，概括悲悯的范围。

问题2：根据表格中作者悲悯的表现，概括悲悯的层次。

答案预设：

问题1：悲悯是人类普遍存在的对苦难的情感关怀，包括以下范围。

① 苦难中的人类：《台阶》中作者悲悯父亲，《促织》中作者悲悯成名一家，《子路、曾皙、冉有、公西华侍坐》中作者悲悯人民，这些都指向了苦难中的人类。

② 苦难中的万物：《猫》中作者悲悯猫，这是除了人类以外的其他动物，指向苦难中的万物。

③ 苦难中的家国：《子路、曾皙、冉有、公西华侍坐》中作者悲悯国家和人民，指向苦难中的家国。

问题2：悲悯是一种伟大的情怀，包括以下层次。

①看见：心有所系，看见苦难。《台阶》中作者心系农民，看见父亲的苦难；《促织》中作者心系百姓，看见成名一家的苦难；《猫》中作者心系万物，看见猫的苦难；《子路、曾皙、冉有、公西华侍坐》中作者心系天下苍生，看见国家和人民的苦难。

②承担：身处困境，承担苦难。《子路、曾皙、冉有、公西华侍坐》中作者身处困境，不但看见国家和人民的苦难，而且愿意承担家国的苦难。

③唤醒：思索苦难，唤醒良知。《促织》中作者思索百姓的苦难，唤醒上位者的良知；《猫》中作者思索猫的苦难，反思人性，唤醒人的良知。

④拯救：直面苦难，拯救苍生。《子路、曾皙、冉有、公西华侍坐》中作者直面国家和人民的苦难，希望拯救天下苍生。

概括悲悯的范围和层次，需要引导学生从两个方面着手：一是从悲悯的对象出发，从广度上概括悲悯的范围；二是从悲悯的表现出发，从深度上概括悲悯的层次。

设计意图：本环节要在学生初步认识悲悯的基础上展开，通过温故，回顾四篇文章的主题。通过知新，理解作者悲悯的对象和表现。

（三）拓展延伸——辨析悲悯

任务三：阅读以下三则材料，你最欣赏哪位作者的悲悯情怀？请结合以下材料从作者悲悯的范围和层次这两方面进行分析。

【材料一】

花谢花飞飞满天，红消香断有谁怜？

游丝软系飘春榭，落絮轻沾扑绣帘。

……

试看春残花渐落，便是红颜老死时。

一朝春尽红颜老，花落人亡两不知！

————曹雪芹《葬花吟》

【材料二】

八月秋高风怒号，卷我屋上三重茅。茅飞渡江洒江郊，高者挂罥长林梢，下者飘转沉塘坳。南村群童欺我老无力，忍能对面为盗贼。公然抱茅入竹去，唇焦口燥呼不得，归来倚杖自叹息。俄顷风定云墨色，秋天漠漠向昏黑。布衾多年冷似铁，娇儿恶卧踏里裂。床头屋漏无干处，雨脚如麻未断绝。自经丧乱少睡眠，长夜沾湿何由彻！安得广厦千万间，大庇天下寒士俱欢颜！风雨不动安如山。呜呼！何时眼前突兀见此屋，吾庐独破受冻死亦足！

——杜甫《茅屋为秋风所破歌》

【材料三】

灵台无计逃神矢，风雨如磐暗故园。

寄意寒星荃不察，我以我血荐轩辕。

——鲁迅《自题小像》

答案预设：

《葬花吟》：我最欣赏《葬花吟》中曹雪芹描绘书中人物——林黛玉的悲悯情怀。其悲悯的主要对象是花朵、春天和自我；其悲悯的范围是万物，包括人类；其悲悯的表现既有对花朵的怜惜之情，又有对春天的伤逝之情，还有对自我的伤悼之情；其悲悯的层次为看见苦难，看见草木和人生的苦难。林黛玉因物而悲，因己而悲，和草木生灵平等相处，可谓怜花惜花为花叹，怜人惜人为己悲。

《茅屋为秋风所破歌》：我最欣赏《茅屋为秋风所破歌》中杜甫的悲悯情怀。其悲悯的主要对象是自己和苍生；其悲悯的范围是人类；其悲悯的表现既有对自己身处困境的悲伤之情，又有对苍生身处困境的忧思之情；其悲悯的层次为承担苦难，承担天下苍生的苦难。杜甫因己而悲，因人而悲，在飘转流离中，他住在茅屋里，却能将自己的苦难与他人的苦难联结起来，即使自己遭受苦难，经历狂风骤雨的击打却依然想着"安得广厦千万间，大庇天下寒士俱欢颜"，他甘愿受冻而死，是牺牲自我、承担苦难的悲悯。

《自题小像》：我最欣赏《自题小像》中鲁迅的悲悯情怀。

其悲悯的主要对象是故园和中国；其悲悯的范围是家国；其悲悯的表现既有对故园的忧虑之情，又有对身处困境中的中国的拯救之情；其悲悯的层次为拯救苦难，拯救家国的苦难。鲁迅因家国而悲，思索苦难，长歌当哭，誓将用自己的实际行动，让家国摆脱苦难，这是知识分子的最高层级的悲悯。

方法点拨 ────────────────────────────◆

辨析悲悯，需要引导学生读懂作者的思想感情，在此基础上从悲悯的对象、范围、表现和层次等方面出发具体分析文本内容。

设计意图：本环节由课内走向课外，精选三则与悲悯主题有关的材料，让学生学会辨析其中的内容，拓宽学生对悲悯的理解范围，加深对悲悯的理解。

（四）内化运用——评论悲悯

任务四：阅读下面材料，请结合你所理解的悲悯，从以下身份中任选一种，用一句话评论聂荣臻司令的行为。

①历史学家；②哲学家；③政治家；④教育家；⑤军事家……

1940年8月，八路军在华北地区发动"百团大战"，正太铁路上日军在华北的主要燃料基地井陉煤矿成为一片火海，年幼的美穗子和妹妹扑在死去的母亲身上绝望地哭喊，八路军战士发现了这对小姐妹，在聂司令"孩子没有罪，将她们送到指挥所"的指示下，她们被护送到前线指挥所。在指挥所的日子里，聂司令对待两姐妹就如同父亲一般。战争平息后，姐妹俩在聂荣臻的安排下，被送回了日本兵营。

答案预设：

①历史学家：一场正义的战争能唤起伟大民族的悲悯之心，

而保护战争的受难者正是历史进步的表现。

②哲学家：残酷、暴力的战争中也蕴含了超越丑恶的美丽，这是人性的善良和仁慈，也是超越小悲悯的大悲悯。

③政治家：既要实现战争的政治目的，又不能在战争中寻找快感，迷失自我，丧失人性，丢失悲悯之心。

④教育家：悲悯是一种人道主义情怀，我们应该关心和怜悯每一个被战争伤害的无辜的普通人。

⑤军事家："苟能制侵陵，岂在多杀伤。"在交战中，我们有权杀死手握武器的敌人，但无权杀死手无寸铁的弱者，这是最基本的悲悯。

……

方法点拨─────────────────◆

评论悲悯，需要引导学生分析聂荣臻司令在哪些行为中体现了悲悯情怀，然后选择其中一个身份对其发表评论。

设计意图：本环节旨在让学生运用所学的知识去理解生活中的现象，在运用和理解的过程中把这些知识内化为能力，建构对悲悯的深刻认识。

（五）课堂总结——悲悯光芒

悲悯是人类对自身、对万物、对家国的普遍情感。悲悯是一种情怀，它包含了看见、承担、唤醒和拯救四个层次，体现了人的高尚情操和社会良知。我们要心怀悲悯，看到悲苦，懂得怜悯，肩负责任，让悲悯的光芒，照亮我们的时代和人生。

向人性更深处漫溯

——故事主题深刻性评价

成都七中八一学校·寇凯华

教学目标

让学生利用评价工具对故事主题的深刻性进行初步评价。

教学过程

导入：主题是故事的灵魂。在平时的学习中，我们经常会遇到"深化主题""升华主题""丰富主题"之类的表述，但是这些概念究竟是什么意思呢？如何才能精准把握这些概念呢？

答案预设：

"深化主题"，即让主题更加深刻。而评价主题是否更加深刻，那就需要比较主题前后的深刻性。而比较则要明确比较的角度，即明确评价角度。这堂课，我们就来探讨如何评价故事主题的深刻性。

（一）学习评价角度：关系领域和深刻层面

环节一：学习标准

请大家学习"故事主题'深刻性'评价点位表"，提出自己的疑惑。

深刻层面	关系领域		
	人与人	人与世界	人与自己
人情（情感层面）	温暖·冷酷	恐惧·向往	喜欢·讨厌
人心（心理层面）	阻隔·畅通	可知·不可知 控制·顺从	接纳·排斥
人性（人性层面）	恶·善 自利·利他	自然·异化 造化·文化	理性·非理性

答案预设：故事是对真实世界的模拟，故事的本质特征是叙事性、虚拟性或者主观性，它被看作是富于想象的散文式叙述。对于故事主题的理解，我们可从三个关系领域切入，即"人与人""人与世界"和"人与自己"，而对于人情、人心和人性层面的把握，则体现了主题的深刻程度。

设计意图：评价要有角度，比较要有层级。本环节旨在引导学生理解评价的角度，初步把握评价的标准。

（二）掌握评价步骤：分领域逐层评价

环节二：从"人与人"的角度评价

请大家从"人与人"的角度评价《孔乙己》《猫》和《变形记》的主题。

示例：《孔乙己》

A1 人与人（人情）	A2 人与人（人心）	A3 人与人（人性）
人类对同类的冷漠和嘲笑，贯穿了对方（孔乙己）沦落潦倒直至死亡的整个过程。	同情心是没有的；同理心是被阻隔的。没有人想要进入孔乙己的内心，没人想要了解和理解他。孔乙己和短衣帮的人是相隔的，和长衣帮的人是相隔的，和同为读书人的丁举人是相隔的，和"我"也是相隔的，和一群吃茴香豆的小孩仅有短暂的基于物质利益的交流。孔乙己所掌握的文化知识，和周围人及时代是相隔的。总之，人心的隔阂无处不在。	所有人，包括作为小孩的"我"，都对孔乙己充满了居高临下的优越感，都采取毫不掩饰的取笑态度。一方面以此为乐，另一方面没他取乐也可以。也就是说，将其当作一件可有可无的逗乐的物。将人不当人看，将人当作物，而且是可有可无的逗乐的物，这是人性的扭曲，这是人性的恶。

请仿照示例，选择可切入的点位，对《猫》和《变形记》的主题进行评价。

答案预设：

文本	A1 人与人（人情）	A2 人与人（人心）	A3 人与人（人性）
《猫》	对猫的喜爱，源于猫能给自己带来美好的感觉以及实在的利益。		因为喜好、厌恶和利益，人对猫做出了不同的评价。人对待猫等非人类动物，采用了功利主义的价值取向；而对于人，也是如此。即喜欢一个人，是因为他对我有利；讨厌一个人，是因为他对我有害。所以，本文揭示了人性中的自私、偏见与愚妄，旨在批判被功利心异化的人性。
《变形记》	家人对格里高尔的冷漠，和格里高尔对家人的温情，形成了鲜明的对比。	家人无法理解格里高尔，格里高尔也无法和家人进行真正意义上的沟通。	格里高尔为了家庭责任，选择了抑己利他；但他仍然没有获得家人的理解和感激。

小结：

人性中，有自私自利的一面，也有利他利群的一面。在分析人性的时候，要注意自私和自利的区别，比如动机的善恶、范围和程度的合理性、结果的优劣等。另外，人性中存在着将人（包括自己和他人）非人化、物化的倾向，即人很容易把他人物化，也容易让自己被别人物化。

环节三：从"人与世界"的角度评价

请大家从"人与世界"的角度，评价《子路、曾皙、冉有、公西华侍坐》《桃花源记》和《促织》的主题。

答案预设：

文本	B1 人与世界（人情）	B2 人与世界（人心）	B3 人与世界（人性）
《子路、曾皙、冉有、公西华侍坐》			人，应该追求人与自然的和谐，应时而动，顺时而为，自然而然，契合天道。而在社会领域中实现人与自然的和谐，则需要施行仁政，以礼乐治国，追求"大同世界"。
《桃花源记》	向往的桃花源，不求而遇，求而不遇。	美好的世界，是不可知的，也是不可控的。	
《促织》			可怕的不是权力可以让人大富大贵，也可以让人跌落尘埃，而是权力会让正常人向它屈服献媚，即人极易被权力异化，且不自知。成名沦落为抓捕蟋蟀的工具，其儿子也主动舍身救父，但在客观上迎合了皇帝的欲望。

小结：人性中有向善的一面和脆弱的一面。因为向善，我们追求美好；因为脆弱，我们变得扭曲。

环节四：从多个角度评价（"人与人"和"人与世界"）

请大家从"人与人"和"人与世界"的维度，评价《从百草园到三味书屋》和《故乡》的主题。

答案预设：

文本	A1 人与人（人情）	A2 人与人（人心）	B2 人与世界（人心）
《从百草园到三味书屋》		小孩子始终无法理解大人为何要让自己离开乐园，去上学。儿童的心理和成人的心理是阻隔的。	小孩子成长的过程，就是一个不断被外力控制、逐渐被社会规则驯化的过程。这个驯化的过程，充满了形式主义，让小孩子无法理解。
《故乡》	时间的流逝，让"我"的故乡变得萧索和荒凉；等级制度和贫困，让"我"和闰土的友情远去，也让美丽的杨二嫂退化成一个斤斤计较、尖酸刻薄的妇人。	"我"和闰土之间有了"可悲的厚障壁"。但是水生和宏儿之间并没有。所以，未来还是有路的。	故乡不可避免地、不可抗拒地走向衰亡，中国的农村在大环境的影响下走向死寂。

小结：

鲁迅写的这两篇文本的主题既有丰富性也有深刻性。从丰富性的角度来看，这两篇主题涉及了"人与人"和"人与世界"这两个领域。从深刻性的角度来看，这两篇主题触及了人心层面，可归入"丧失"类的悲剧性主题的范畴。

环节五：从"人与自己"的角度评价

请大家从"人与自己"的角度，评价《台阶》的主题。

答案预设：

文本	C1 人与自己 （人情）	C2 人与自己 （人心）	C3 人与自己 （人性）
《台阶》	讨厌那个不被尊重的自己，希望自己能得到他人真正的尊重。	试图通过改变台阶来改变他人对自己的看法，进而获得自尊。失败后，陷入无法理解的困惑和迷惘。努力落空，无法实现自我的同一性。	

小结：

自卑久了，就无法拥有自信。卑微久了，就无法拥有尊严。由此可以大胆类推：做奴隶久了，即便有一天当了主人，也是奴骨难直，奴颜难消。

方法点拨————————————◆

首先分领域，然后分层次，选择可切入的点位进行评价。

设计意图：引导学生在分领域评价时进行分层次的评价，以此来引导学生掌握评价的步骤。

（三）总结提升

环节六：自我总结

谈谈你对故事主题的深刻性评价的认识。

答案预设：

1. 故事主题涉及的三组关系，其实是每一个人在现实世界中需要处理的三组关系。故事是对真实世界的模拟。

2. 故事主题反映的是人对人、人对世界、人对自己的认识的深化，即便人们认为世界荒诞和复杂，那也属于人的体验和感知范畴。故而，对"人"的由浅入深、由简单到复杂的认识，都集中表现在小说主题的深刻层次上。

环节七：迁移运用

问题1：从人性的异化角度评价。

答案预设：

《变形记》	《促织》	《孔乙己》	《台阶》
被利益异化的亲情	被权力异化的人性	被等级异化的人性	渴望被他人认可的偏执想法

问题2：从对人性的反省角度评价。

答案预设：

《猫》
对自私自利的人性反省

问题3：从对健康人性的追求角度评价。

答案预设：

《子路、曾皙、冉有、公西华侍坐》	《桃花源记》
礼乐世界，诗意人生	对求而不得的梦想的执着追求

方法点拨────────────────────◆

借助自己的人生体验，灵活运用"故事主题'深刻性'评价点位表"。

设计意图：从人本主义的立场，引导学生理解小说主题的深刻性。

骨与灵的契合

——叙述性文本叙述结构鉴赏

成都七中八一学校·寇凯华

教学目标

使学生能对不同类型的叙述性文本的叙述结构进行初步的比较鉴赏。

教学过程

导入：如果要给没有读过《西游记》的外国人简述其情节，你会怎么介绍？

答案预设：

1. 打怪模式（台阶结构／循环上升结构）：外在困境模式

用一句话叙述，就是：

师徒四人（一马），去西天取经。一路上他们战胜了一个又一个的妖怪，闯过了八十一难，最终赢得胜利的故事。

用模式来表述，就是：

遇见妖怪——消灭妖怪（独立／求助）——进入下一关

2. 成长模式（下降·上升结构）：内在困境模式

孙悟空桀骜不驯——闯下弥天大祸——赎罪——修成正果

3. 回归模式／赎罪模式（下降·上升结构）：

若将主角视为一个团队，而非个体，你就会发现如下结构：

犯错被贬——历经考验——重回仙界

设计意图：借助学生熟悉的《西游记》，引导学生学会提炼情节模型，为叙述结构的引入奠定基础。

（一）建构模型

环节一：明其义

大家看看黑板上罗列的、我们提炼的《西游记》的叙述结构，主要是从哪些角度提炼的？叙述结构是什么意思呢？

答案预设：

我们提炼的主要角度，一是情节；二是人物，且多为主要人物。

所谓叙述结构，即叙述类文本的叙述元素所呈现给读者的一种"有意味的形式"。叙述元素包括人物、情节等。人物角度包括了类人物（以象征、比喻存在的非人物）。我们可以从"人物／关系""人／物关系"情节等角度来把握。

需要注意的是：

1. 全面把握：不能忽略重要人物、重要情节。

2. 突出重点：抓住人物与情节之间的主要矛盾。

方法点拨──────────────────────◆

引导学生掌握提炼叙述结构的常用角度以及注意事项。

设计意图：引导学生理解叙述结构的内涵，并初步理解不同的叙述结构意味着不同的主题有不同的规律。

环节二：思其联

不同的叙述结构和主题有怎样的关联呢？结合自己提炼的叙述模式来分析。

答案预设：

1. 打怪模式，对应的多是励志主题，如：秉持初心，坚持不懈，战胜困难，最终成功。

2. 赎罪模式，对应的是修心主题。如：人携带"原罪"，需要后天淬炼，以回归"先天"。

3. 循环模式，对应的是过程主题，而非结果主题——这就能解释作者为何要写八十一难，因为过程中的磨砺和淬炼比结果更重要。

小结：基本的叙述结构有"下降结构"和"上升结构"，复杂结构则是在此基础上进行多样化组合。

方法点拨————————————————————◆

引导学生关注叙述结构和主题之间的关系。

设计意图：引导学生思考不同的叙述模式和主题之间的契合性。

（二）运用模型

环节三：鉴其类

《子路、曾皙、冉有、公西华侍坐》通过师生对话来推进故事进度，试从孔子对待弟子的态度出发，归纳出其叙述结构的类型。

答案预设：

文本	人物关系角度	脉络	叙述结构
《子路、曾皙、冉有、公西华侍坐》	【孔子态度】不太肯定—肯定—非常肯定	【情节关系】问志—述志—评志	上升·上升

环节四：辨其异

梳理脉络，鉴赏以下三篇文章在叙述结构上的不同之处，完成表格。

文本：《从百草园到三味书屋》《孔乙己》《变形记》。

答案预设：

文本	人物关系角度	脉络	叙述结构
《从百草园到三味书屋》		【"我"的情感】"我"对百草园的情感—"我"对"三味书屋"的情感。	下降
《孔乙己》	【众人对孔乙己】看—被看	【孔乙己的处境】被议论—被嘲笑—被鄙视—被遗忘	下降·下降·下降·下降
《变形记》	【亲人对格里高尔】在意—焦虑—厌恶—仇恨	【格里高尔的身心状态】心理角度：始终在意和牵挂；身体角度：每况愈下，越来越糟。	下降·下降·下降·下降

方法点拨 ————————————————◆

引导学生理解"下降"的丰富内涵。下降的可以是身心状态，也可以是人生境况。

设计意图：引导学生分析文本内容，理解"下降"类叙述结构，明白其在不同文本中会有不同的表现。

环节五：求其同

以上三篇文章，在叙述结构上有怎样的共性？它们的主题有怎样的共性？两者之间是否有一定联系？

答案预设：

1. 主题和"丧失""逝去""消亡"等有关的，一般是悲剧性主题。《从百草园到三味书屋》是童趣渐淡，《孔乙己》是主人公从被侮辱到被伤害再到走向毁灭，《变形记》是主人公从被嫌弃到被抛弃，直至失去亲情。

2. 第一篇文本是简单的"下降"结构，后两篇文本是在简单的"下降"结构的基础上的变形。

3. "下降"类结构和"丧失"类主题,具有相关性。

方法点拨

"下降",有高度的概括性和抽象性,也有强大的迁移性和可解释性。

设计意图:引导学生分析三篇文本的叙述结构,其叙述结构与主题有一定的相关性。

环节六:赏其变

在叙述性文本中,基本的叙述结构会发生变形,也会形成各类组合。请鉴赏下面几篇文章的叙述结构,分析其在叙述结构的基础上产生了怎样的变化,鉴赏叙述结构对主题的作用。

文本:《促织》《台阶》《桃花源记》《猫》。

答案预设:

文本	对比	脉络	叙述结构	主题相关
《促织》	生死对比,贵贱对比,荣辱对比。	【成名】忧愁—喜悦—恐惧—惊喜—狂喜	下降·上升·下降·上升	封建王权,让普通人的人生大起大落,大悲大喜。
《台阶》	期待和结果的对比。	【父亲】不满—行动—期待(被尊重)—落空	上升·下降	自卑久了,渴求尊重而不得。
《桃花源记》	期待和结果的对比。	【外人】迷—得—失(迷)	上升·下降	安宁和谐之幸福,人皆渴望;桃花源对于外人而言,是不求而得的,(刻意)求而不得的。
《猫》	对待猫的态度的对比。	【对猫】喜欢—更喜欢—最讨厌	上升·上升·下降	对外物的喜厌都是人的内心的投影,人很难突破自我中心主义。

小结:下降结构和上升结构组合,会形成"对比/反衬"

结构。

基本的下降结构和上升结构，可以进行多样化组合，以承载主题的丰富性。

设计意图：引导学生在具体的文本中分析"下降"和"上升"类叙述结构的组合结构，发现变形的叙述结构和主题之间的相关性。

（三）总结提升

环节七：自我总结

谈谈你对叙述结构的鉴赏的认识。

答案预设：

1. 叙述性文本，可从人物关系、脉络（情节、情感）等板块进行分析，进而形成结构化的序列，此为叙述结构。

2. 对叙述结构的鉴赏，是建立在文本细读、板块信息提炼及关系分析的基础上的。

3. 对不同文本叙述结构的比较鉴赏，有助于发现叙述结构和主题之间的相关性。

环节八：迁移运用

问题1：《桃花源记》的结尾，如果外人找到了桃花源，那么叙述结构会发生怎样的变化？对主题会造成怎样的影响？请比较鉴赏。

答案预设：

由"上升·下降"结构变为"上升·上升"结构。如果外人找到了桃花源，则会破坏桃花源的安宁。这会使桃花源可望而不可即的理想主义的意义和价值丧失，使主题弱化。

问题 2：如果《促织》不是"下降·上升"结构，而是"下降·下降"结构，对主题会造成怎样的影响？请比较鉴赏。

答案预设：

"下降·下降"结构，意味着没有灵异的蟋蟀，也意味着成名无法获得皇帝的封赏，很可能会被打，被关押，甚至家破人亡。如此一来，小说叙述的就是因蟋蟀而家破人亡之事。原著中，蟋蟀可以让百姓家破人亡，也可以令人飞黄腾达；在对比中更能凸显封建王权的反人性特质。另外，奇异情节的安排，增强了文本的可读性，也增强了主题的深刻性和批判性——因为现实世界没有奇迹。

方法点拨　　　　　　　　　　　　　　　　◆

不同的叙述结构之间，可以进行横向比较，以加深对其艺术效果的理解。

设计意图：引导学生通过总结来凝练理性认知；引导学生通过难度上升的阶梯性训练题，实现对叙述结构鉴赏能力的迁移运用。

真实的心灵，深刻的内涵

——《促织》《变形记》《桃花源记》的虚构之美

成都七中八一学校·张伟

教学目标

使学生理解虚构对于叙事性文本（故事）表达的重要性。

教学过程

（一）初识虚构手法

任务一：简要回答什么是虚构，并根据虚构的概念分析虚构的本质。

问题1：虚构是故事的灵魂，请简要回答什么是虚构。

答案预设：

虚构是作者通过想象编织真实的谎言。虚构不是单纯地编造和想象，而是通过想象对现实生活进行加工，从而获得更为深刻的真实。

问题2：请根据虚构的概念分析虚构的本质。

答案预设：

想象的真实。

①想象：虚构是想象的艺术，通过丰富的想象去创造独立于现实的虚构世界。

②真实：虚构带来更为深刻的真实，其合乎细节的真实、追求心灵的真实、展现生活本质的真实。

设计意图：本环节从虚构这一鉴赏点导入，通过阐释虚构的概念，让学生初步认识虚构这一创作手法，把握虚构的本质。

（二）寻找虚构情节

任务二：在《促织》《变形记》《桃花源记》这三个故事中分别有哪些虚构的情节？

答案预设：

《促织》：成名夫妻求神问卜得佳虫；成名之子魂化为善斗的促织。

《变形记》：格里高尔一觉醒来变成了甲虫。

《桃花源记》：渔人发现桃花源的过程；众人复寻桃花源的过程。

方法点拨————————————————◆

寻找故事中虚构的情节，引导学生分析故事中的哪些情节是想象的，即分析哪些情节不符合现实逻辑。

设计意图：本环节在学生认识虚构手法的基础上，从三个故事中寻找相关的虚构情节，让学生感受虚构，理解虚构是一种想象的艺术。

（三）体悟虚构效果

1. 情节方面

任务三：从三个故事中虚构的情节入手，就以下三个问题谈谈虚构在情节方面的艺术效果。

问题1：阅读《促织》中虫鸡相斗的虚构情节，思考为何与之相斗的是鸡而非促织或其他动物。

问题2：阅读《变形记》中格里高尔变成甲虫后起床开门的虚构情节，思考为什么故事的情节如此荒诞，但读来又觉得非常真实。

问题3：阅读《桃花源记》中渔人初入桃花源所见的生活场

景，思考这一场景与普通的人间生活场景有何区别。

答案预设：

问题1：《促织》中写小虫战胜公鸡，体现了作者天才般的想象力，让故事具有传奇色彩，使得情节离奇曲折，激发读者的阅读兴趣。如果写小虫接连斗败其他促织，获得天下第一，那就只有生活的真实，没有更深刻的真实；但如果写促织战胜了狮子、老虎，那么传奇也就没有了深刻的真实。由此可见，虚构需要超越生活的真实，但不管怎样，虚构也要遵循细节真实和心理真实这两个原则。

问题2：《变形记》除了人变成甲虫这一中心事件是荒诞离奇的，其他细节都是真实的，如格里高尔的开门符合甲虫的习性，甲虫的所思所想也符合格里高尔平时的心理逻辑。《变形记》的虚构是以细节的真实性为前提的，那些看似不真实的事情，却因为细节所引发的真实力量，让人获得极大的真实感。

问题3：《桃花源记》中渔人初入桃花源所见的生活场景与外部世界并无区别。"土地平旷，屋舍俨然，有良田、美池、桑竹之属。阡陌交通，鸡犬相闻。"这是在农业社会中很常见的农村景象。尽管土地平阔一些，房屋整齐一些，田野景象美好一些，但桃花源并不是仙界，只是普通生活场景。这说明作者在虚构理想中的桃花源时，细节合乎真实。

虚构在情节方面的艺术效果体现在以下两个方面。

①真实：合乎细节真实，追求心灵真实。

②离奇：情节曲折离奇，激发阅读兴趣。

方法点拨────────────────────────◆

体悟虚构在情节方面的艺术效果，需要引导学生从两个方面入手：一是品味虚构情节中细节的真实，二是感受虚构情节的曲折离奇。

2. 主题方面

任务四：比较三组故事中有无虚构情节，探讨三个故事中通过虚构获得的主题，谈谈虚构在主题方面的艺术效果。

第一组 蒲松龄《促织》的比较材料：

帝酷好促织之戏，遣取之江南，其价腾贵，至十数金。时枫桥一粮长，以郡督遣，觅得其最良者，用所乘骏马易之。妻妾以为骏马易虫，必异，窃视之，乃跃去。妻惧，自经死。夫归，伤其妻，且畏法，亦经焉。（吕毖《明朝小史》）

主题：批判为政者之贪婪、横征暴敛之罪恶。

第二组 卡夫卡《变形记》的比较材料：

格里高尔是一名普通的公司职员，他工作辛苦，饮食低劣，情感淡漠，富有责任感，为人善良忠厚。面对苛刻冷酷的老板和冷漠无情的同事，他为了家庭，谨小慎微地工作，不敢反抗。因不堪沉重的工作、家庭和社会压力，最终走向死亡。（未虚构的《变形记》故事梗概）

主题：揭示现代社会的压力，工作、家庭和社会等压力使人丧失自我，走向崩溃。

第三组 陶渊明《桃花源记》的比较材料：

晋朝太元年间，武陵的一个渔夫，偶然穿过桃林的尽头进入一座山的山洞，发现了世外桃源。这里面无论男女老幼，都怡然自乐，没有世间的纷扰与战乱，他们自称祖先是为了躲避秦朝的战乱而来到此地，此后就再也没有出去过了。渔夫在桃源住了几天就离开了，并沿途做了记号，他把这件事告诉了当

地的太守。太守派人寻找这个世外桃源。(未虚构的《桃花源记》故事梗概)

主题：表现了人们对美好生活的向往和追求。

答案预设：

《促织》：①封建制度与苛捐杂役对百姓的戕害，对受尽欺凌和迫害的下层群众予以深切同情。②劝谏"天子一跬步，皆关民命，不可忽也"。③讽刺皇帝不任贤才却因小虫而大行封赏，贫寒士人虽有才学却入仕无望。④人变成虫才有价值，人失去自我价值的悲哀。⑤揭露了统治阶层自上而下的贪婪残暴，商人囤积居奇，巫师装神弄鬼，百姓不如虫的荒唐现实……

《变形记》：①揭示人在现代社会中的"异化"，社会、家庭、人伦都使人感到陌生，最终他成为异化的产物。(社会的荒诞)②表现现代人的困境，人对突如其来的变故感到无能为力。③撕下了温情脉脉的家庭的面纱，表现了在现代社会中人与人之间日趋冷漠的关系。④表现了无情的生活规律，人失去了自我就会濒于绝境，无法有利于他人，就无异于一只甲虫，自然会被抛弃，家人需要重新开始自己的生活，存在即合理。⑤人弱小得不堪一击，人丧失了抗争的力量，整个世界都在排己，成为社会上的绝对弱者……

《桃花源记》：①刻意求之或心存杂念的人是无法进入理想世界的，只有忘掉现世，才能与"仙境"相遇。②告诫世人，神圣的东西，是无法随意触碰的。③"桃花源"寄托了偏居山水一隅的避世理想，但在当时社会环境下，这样美好的愿望却难以实现。④表现人对现实世界的极度失望。高尚之士刘子骥去世之后，再无人对桃花源感兴趣，这个世界就与高尚绝缘。

⑤表现人对安宁的、安全的、和谐的、不受打扰的生活的珍惜与渴望……

虚构在主题方面的艺术效果主要体现在以下两个方面。

①丰富：创造精神世界，获得更加丰富的内蕴。

②深刻：升华原有意义，展现生活本质的真实。

3. 总结

故事的虚构之美，主要体现在情节和主题这两个方面。故事虚构的意义：情节曲折离奇，细节合乎真实；主题丰富与深刻，贴近生活本质。

方法点拨———————————————————◆

体悟虚构在主题方面的艺术效果，引导学生抓住虚构情节，探讨故事通过虚构获得的主题，在此基础上对比未虚构的故事主题的异同，启发学生从主题的丰富和深刻这两方面来分析。

设计意图：本环节需要引导学生从情节和主题这两个角度去鉴赏虚构的艺术效果，这一环节既是本课的重点，也是难点。

（四）运用虚构创作

作业：通过借鉴《变形记》中的虚构来创作。

虚构是想象的艺术，使故事更有吸引力。请借鉴《变形记》中的虚构，以"15年后的今天，早晨我醒来"为开头，展开合理的想象，虚构一段300字左右的故事。

要求：情节离奇，细节合乎真实；主题丰富，展现生活本质。

设计意图：本环节旨在让学生学会借鉴性写作，运用虚构的方式进行创作，从而获取审美创造体验。

四、文学史课

因文观史，据史品文
——史学背景下的叙述类文本品鉴

成都七中八一学校·寇凯华

教学目标

让学生能在叙述类文本发展的历史背景下，对故事文本进行品鉴。

教学过程

导入：人人都喜欢故事，喜欢听故事，也喜欢讲故事，但是，人们未必知道故事发展的进程，故事的本质是叙述，今天让我们一起看看叙述类文本的发展史，并借助史学背景来欣赏文学。

（一）因文观史

本环节所列资料，均是教师提供的课前读物。在课堂上教师对学生阅读资料后所产生的疑惑进行解答。

故事的本质是叙述，叙述意味着在某种选择的基础上对事实进行有序呈现。中国故事的发展，大致可以分为以下几个时期。

1. 神话传说时期

神话将人神化，传说将神人化，这是从手法上进行区分；而从客观性的角度上看，神话传说都是人们对上古时期发生的事情的"实录"。只是因为年代久远，记录者已经无法分辨真假，只能按照自己的所闻如实记录下来。

大家可以回想课本上的《女娲造人》，再阅读文献：

俗说天地开辟，未有人民，女娲抟黄土作人。务剧，力不暇供，乃引絙于泥中，举以为人。故富贵者，黄土人也；贫贱凡庸者，絙人也。

——应劭《风俗通》

传说如此，未辨真假，故而记录。教材上的《女娲造人》又在原始记载的基础上增加了很多虚构的细节。

请大家看如下一些故事：

（1）《愚公移山》（《列子》）

（2）《穿井得一人》（《吕氏春秋》）

（3）《杞人忧天》（《列子》）

（4）《北冥有鱼》（《庄子》）

（5）《庄子与惠子游于濠梁之上》（《庄子》）

《愚公移山》《穿井得一人》《杞人忧天》《庄子与惠子游于濠梁之上》中均有如实记录的成分；《北冥有鱼》则是虚构之作，充满想象。

先秦时期，由于生产力低下，一些神话传说已经无法考据，所以人们只能按照自己的所闻如实地记录下来；《庄子》则不同。

2. 史传阶段

（1）史书

编年体史书是按照时间先后顺序编纂的历史，其缺点在于一个完整的事件可能因为时间跨度大而被分割成许多部分，不利于了解某一具体事件的来龙去脉，其优点在于能够把握所有事件的全貌。如大家熟悉的选自《左传》的《曹刿论战》。

国别体史书是以国家为单位分别记叙其历史的著作，如《国语》。

纪传体史书，是以人物为中心来叙述历史，如选自《史记》的《周亚夫军细柳》。

还有一类是纪事本末体历史，这是为了解决编年体史书的琐碎性问题和纪传体史书的重复性问题而创立的。

（2）杂史杂传

有些历史记录虽然真实性较高，但很多地方已经无法考证，故被称为"杂史杂传"，如《吴越春秋》。

大家可以思考一下，《论语》中的故事和历史著作中的故事有何不同？《论语》是写意性（淡化情节）记叙，是为了凸显孔子的精神而作，不是为了叙述而作，故不被称为史书。

3. 古小说阶段

中国的史传太过强大，对真实性的要求压制了小说虚构性的发展。小说从史传中脱胎直至成熟的这段时期，可以说是小说的孕育期，或是"古小说时期"。

第一种是志人小说，如《世说新语》等，其特点是记录言行。大家可以回想《咏雪》《陈太丘与友期行》。第二种是志怪小说，如《搜神记》《桃花源记》可归入志怪小说范畴。

4. 小说阶段

宋代有话本，是说书人讲故事的底本。又有拟话本，从模拟话本而来。在元明小说发展史上，有以《三国志平话》为代表的讲史小说，有以《西游记》为代表的神魔小说，也有以《水浒传》为代表的英雄传奇小说。

清代小说有《红楼梦》《聊斋志异》《儒林外史》等几部成就很高的作品。

现代小说与古典小说相比，有诸多不同之处。以下是现代小说与古典小说的不同之处。

（1）写作风格：现代小说通常采用更加自由、写实、多样化的写作风格，且更加注重个体的内心体验，社会现实和语言表达的探索，而古典小说只是追求华丽的修辞和正统的叙述结构。

（2）叙事角度：现代小说经常使用多种叙事视角和时间跳跃的手法。它们可能使用第一人称或第三人称叙述，或者通过多个角色的视角来呈现故事。这种多元叙事结构为故事赋予了更多的复杂性和层次感。

（3）主题和题材：现代小说更关注现代社会、个人心理和文化现象。它们常常探讨社会变革、身份认同、家庭关系、性别、种族、政治和环境等主题。与古典小说相比，现代小说更加关注个人的情感体验和内心世界。

（4）内容和形式：现代小说在内容和形式上都呈现出多样性的特点。它们可能采用短篇、长篇小说，叙事非虚构，实验性写作等不同的形式。现代小说常常挑战传统的故事结构，探索新的文学形式和技巧。

（5）文化和背景：现代小说反映了人们在不同文化和社会背景下的声音和经验。它们可能来自不同国家、地区和民族的故事，关注多元文化和跨文化交流，展示全球化时代的多元性。

方法点拨————————————————◆

引导学生阅读文献，结合初中教材的故事篇目建构故事史。

设计意图：通过对故事发展历史的简要梳理，引导学生建立从历史到小说的基本思路，注意中国传统叙事史中强大的"实录"传统。

（二）据史评赏

环节一："虚构性"角度的评价

请大家结合故事史，从虚构的内容、事件的可信度、人性的可信度等角度来评价以下文本中的"虚构性"，最后作出总体评价。

文本：《子路、曾皙、冉有、公西华侍坐》《桃花源记》《台阶》。

答案预设：

文本	虚构内容	事件可信度	人性可信度	总的评价
《子路、曾皙、冉有、公西华侍坐》		高：一次实录。	高：孔子有血有肉，对不同境界有不同的态度。	《子路、曾皙、冉有、公西华侍坐》是一次师徒交流的实录。《桃花源记》记录的是一次偶然成功的探游和无数次无法成功的追游；保留美好的幻想，但是同时也隐含了对背信弃义的人的否定。《台阶》几乎可以看作是真人真事，既有对坚定信仰、坚强意志的赞美，也有对中国农民追求自尊的反思和悲悯。
《桃花源记》	桃花源；遇到桃花源。	低：世外桃源的存在，人与桃花源相遇，仅存在一定的可能性。	高：违背诺言，执意寻找，这是人性的一种体现。	
《台阶》	作者的父亲也许并没有修台阶。	高：执着一件事，并且涉及自尊。	高：求而不得，失落，具备人性的可信度。	

环节二："叙述性"角度的鉴赏

请大家结合故事史，从视角的角度鉴赏以下文本中的"叙述性"。

文本：《子路、曾皙、冉有、公西华侍坐》《促织》《孔乙己》。

答案预设：

文本	视角	备注	纵向鉴赏
《子路、曾皙、冉有、公西华侍坐》	全知	宛若置身现场，获悉一切。	视角逐渐丰富，从全知视角到限知视角，为读者带来沉浸式体验。
《促织》	全知	俯视一切的全知全觉。	
《孔乙己》	全知＋限知	小伙计眼中的落魄文人。	

追问：回顾故事史，《论语》和《世说新语》有着怎样的渊源？

答案预设：

《论语》记录了孔子的一言一行，它是《世说新语》中记录人物言行之源头。

环节三：从"作者介入"的角度评价

请大家结合故事史，评价以下文本中的"作者介入"。

文本：《子路、曾皙、冉有、公西华侍坐》《促织》《台阶》。

答案预设：

文本	作者介入	纵向鉴赏
《子路、曾皙、冉有、公西华侍坐》	记录学生的追问和教师的回答，这里面隐含了作者的价值取向，其本身就是一种选择。	中国的故事一直以来都有作者介入其中发表评论或书写感触的传统。其优点在于能表明态度，点破主旨；其缺点在于影响读者的独立判断。而现代小说的作者选择逐渐退居后场，让一切如实呈现，用"事实"打动读者。
《促织》	……故天子一跬步，皆关民命，不可忽也……天将以酬长厚者……	
《台阶》		

追问：作者的介入，最早可以追溯到何时？你能举出一些在本单元里没有作者介入的故事吗？

答案预设：《风俗通》记载"故富贵者，黄土人也；贫贱凡庸者，絙人也。"这属于作者的解释或评论；在《从百草园到三味书屋》和《猫》中，作者用第一人称"我"来讲述故事，展现了"我"的内心活动，而不是跳出来对整个故事发表评论、抒发情感。

方法点拨————————————————◆

引导学生从叙述学的某一特定角度切入故事文本，并对其进行评价鉴赏。

设计意图：学生从"虚构性""叙述性"和"作者介入"这三个角度对若干故事文本进行评价鉴赏，引导学生关注和思考故事史的背景。

（三）总结提升

环节一：辨析异同

随着叙述类文本的发展，小说逐渐从故事的母胎中独立出来，成为一种独立的文体。你能够将故事、小说与历史区分开吗？请结合历史变化阐述自己的理解。

答案预设："故事"的本质是叙述性，指的是"叙事文的内容即事件与存在"（《故事与话语》），或者依照热奈特的说法，它指的是真实或虚构的、作为话语对象的接连发生的事件，以及事件之间连贯、反衬、重复等等不同的关系（《叙事话语》）。所以，故事包含了小说，也包含了历史。

叙事散文、叙事诗和记人散文也可以讲述故事。"小说"可以看作是叙述性和虚构性的结合体，故而，叙述性是它们的共性，而虚构性又是区分小说和史传文学的重要分界线。

从文体发展的角度来看，故事的传统源远流长，而小说作为一种文体，却成熟得比较晚。故而，从故事的角度来审视所有包含叙述性的文本，可以给我们带来更为丰富的文学体验。

环节二：深度思考

问题1：故事，一定是有讲述者和倾听者。讲故事的时候，人们难免会"添油加醋"，如何看待讲故事时的"添油加醋"呢？我们试着选取若干故事文本，寻找其中的"添油加醋"，然后思考：对于故事而言，有必要"添油加醋"吗？请结合本单元文本和教材故事文本进行阐述。

答案预设：有必要。如果故事完全写实，那么文学就没有存在的意义了。无论是详略取舍，还是次序组合，抑或是增减变形，都渗透了讲述者的理念和感受。不存在脱离了讲述者的故事，不存在脱离了倾听者的故事，故而，故事必然会受到作者和读者的双重影响以及制约。

问题2：传统故事注重内容（情节），而现代的故事则越来越重视形式（讲故事的方式），你认为对一个好的故事而言，内容和形式哪个更重要？这两者之间有什么关系？请结合自己之前看过的故事（小说）进行分析。

答案预设：传统小说认为内容对形式具有支配作用，现代小说则更看重形式对内容的制约甚至缔造作用。同样的情节内容，使用不同的方式进行讲述就会出现不同的效果，而这就是故事形式的作用。故而，故事形式并非内容的附庸。事实上，根本不存在脱离形式的内容，任何一个故事都是与某种形式密切相关的。从某种意义上来说，故事的形式就是它的内容。

方法点拨━━━━━━━━━━━━━━━━━━━━━◆

引导学生辨析相似的概念，学会从更加宏观的角度（作者、读者、文本）来思考问题。

设计意图：引导学生把握故事的内核，能够对小说进行区分，了解故事的悠久历史和小说的艰难蜕变过程。引导学生深度思考故事的虚构性，以及故事形式和内容的复杂关系，突破简单的机械论。

第二单元

情感

一、预习课

第二单元预习课

成都市棕北中学·巫才伟

预习目标

扫清阅读障碍，完成字词积累。初步感知文章的内容和结构，了解文章叙述的事件，感受景物的特征及作者的情思。记录自己的理解与困惑，为后续学习张本。

预习准备

1. 不同颜色的笔（用黑笔批注，用蓝笔质疑，用红笔交流讨论）。

2. 工具书：《现代汉语词典》《古汉语常用字字典》《说文解字》。

预习任务

（一）扫清文字障碍

具体内容	借助课文注释和工具书，给生字标注字音和注释。
教师活动	1. 提出阅读要求： （1）默读课文，标注段落，借助课文注释或工具书，标注出生词的读音和初读时不能理解的词义。 （2）将不能独立注音（因无法确定其定义项而未能明确其读音的多音字）和注释的字词做上标记。 2. 对于求助的学生，要及时给予指导。
学生活动	1. 认真默读课文，按照要求完成段落标记、注音、注释和疑难标记。 2. 提出自己的疑难问题，并请求教师给予协助。
举例	1.《项脊轩志》中的"渗漉""垣墙""爨""逾庖"等字词的字音和注释； 2.《兰亭集序》中的"禊""湍""觞""殇"等字词的字音和注释； 3.《荷塘月色》中的"袅娜""媛女""鹢首""敛裾"等字词的字音和注释。

（二）基本熟悉文本

具体内容	流畅地朗读课文，准确地翻译课文，梳理和总结文中出现的特殊的文言现象。
教师活动	1.指导学生判断朗读时的句子停连。 2.请学生与同桌互相口译课文，标记差异处和疑惑处。 3.出示预习检测任务单，在此过程中要给求助的学生提供指导。 4.出示文言现象分类和梳理任务单，请学生完成。例如： （1）通假字。 （2）词类活用。 （3）古今异义。 （4）一词多义。 （5）特殊句式。
学生活动	1.根据注释，理解句意，判断朗读时的停连。力求流畅地朗读全文。 2.利用注释和工具书，口头翻译全文。 3.对文中特殊的文言现象进行分类和梳理。 4.记录自己的收获与疑问。
举例	1.《兰亭集序》"固知／一死生／为虚诞，齐彭殇／为妄作"等句子的停连。 2.《小石潭记》"西行""日光下澈""空游""心乐之""潭西南而望""斗折蛇行""犬牙差互""凄神寒骨"等词类活用现象的准确翻译。 3.梳理《小石潭记》一文中一词多义的现象。 （1）可 潭中鱼可百许头：副词，大约。 不可久居：动词，可以，能够。 （2）为 全石以为底：动词，作为。 为坻，为屿：动词，成为。 （3）从 从小丘西行百二十步：介词，自，由。 隶而从者：动词，跟随。 （4）清 水尤清冽：形容词，清凉。 以其境过清：形容词，凄清。 （5）以 全石以为底：介词，把。 卷石底以出：连词，相当于"而"。 以其境过清：介词，因为。

（三）文章内容梳理

具体内容	筛选信息并做好圈点勾画，初步理解文章内容。
教师活动	1. 出示预习提示： 融叙事、写景、抒情（议论）为一体是本单元课文写作的一大特色。请学生简要概括文章所叙事件（六要素）及所写景物（"对象"＋"特点"）。 2. 请学生根据叙事、写景、抒情（议论）或景物特征、情感的变化，初步划分文章的层次。 3. 尝试勾连叙事、写景与抒情（议论）之间的关系。
学生活动	1. 细读文章，按照要求梳理、概括文本信息，并做好批注。 2. 按照教师的提示划分文章的层次，并理出文章的结构。 3. 标注出疑难处，积极思考问题，为后续学习做准备。
举例	《项脊轩志》的文章思路： 第一段：写修葺后的项脊轩变得清幽雅致，"我"在其中偃仰啸歌，自得其乐。——"喜" 第二段：先写父辈分家后，庭院几经分隔，被破坏，变得杂乱不堪，项脊轩不再是清幽雅致的所在；次写"我"遭遇家庭变故，生母早逝，老妪讲述慈母照顾"我"的往事；以及"我"追忆祖母对"我"的疼爱与厚望。——"悲" 第三段：写"我"在轩中苦读及项脊轩"四遭火，不焚"的苦难经历。——"悲" 第四段：以守丹穴的巴寡妇清和隆中的诸葛自比，既有自嘲处境局促之意，又有表孤芳自赏、自矜抱负之意。 第五、六段：补叙"我"与亡妻在轩中唱和的美好回忆，表达"我"对亡妻的怀念。——"悲"

（四）质疑交流讨论

具体内容	交流预习过程中遇到的困难，记录有价值的问题和困惑，为后续学习做准备。
教师活动	组织问题进行交流、讨论，对学生在预习过程中提出的问题进行分析，做好归类： 文本分析类（内容结构主旨）、评价鉴赏类（语言手法）等。并要求学生做好记录。
学生活动	1. 提出自己的疑问，与同学进行交流、讨论。 2. 按照要求做好记录。
举例	文本分析类提问： 1. 首段交代作者赏雪的时间、地点，寒夜里作者乘舟到西湖看雪，那雪后的西湖带给作者一种什么样的感受？（《湖心亭看雪》）

二、文本分析课

《小石潭记》文本分析课

成都市棕北中学·巫才伟

教学目标

通过对景物特征的分析，把握作者情绪的变化，准确理解作者想表达的情志。

教学过程

（一）整体感知

漫谈感受，引出文本解读的话题。

《小石潭记》是一篇山水游记，以游踪为线索，作者的情绪随景物的变化而变化。这就提高了学生把握文本核心情感的难度，而教师又可以借此引导学生进行文本分析。教师可以在此处设问：你认为作者游览小石潭的心情如何？学生的答案大致可分为"乐"（心乐之）和"凄、怆"（凄神寒骨、悄怆幽邃）这两类。

点拨：作者的心情很复杂，既有很短暂的情绪，又有更长久的情感。要想读懂作者所传达的情感，就必须先厘清他情绪变化的过程及原因。作者的情绪是先"乐"后"悲"，教师要引导学生感知作者情绪随游览所见景色的变化而变化。据此，教学可以稳步推进到下一步：梳理文章内容。

设计意图：通过对预习课和翻译课的内容进行初步了解，学生对文本内容已经比较熟悉了，但是对于作者想要通过这些

105

文字表达出来的情感，学生仍然存在着一些散碎、模糊的认识，这就需要教师通过文本分析带领学生逐步整合，加深对文本内容的理解。

（二）文章内容的梳理

教师可以要求学生按照各段所写的对象及其特征概括各段的内容。

明确：

第一段：发现小石潭，描写小石潭全貌——清幽秀丽、生机盎然。

第二段：描写潭水及水中有鱼——潭水清澈，游鱼活泼自由。

第三段：写小石潭溪流、岸势——蜿蜒曲折，犬牙差互。

第四段：写小石潭周围景色——幽深寂静。

第五段：记录同游人。

设计意图：学生在疏通文意的基础上，对文章的内容和情感都有了一定的感知，但这种感知还比较浅表。教师应在此基础上带领学生系统地梳理文章内容，为明晰作者的情感变化做准备。

（三）表意层次的划分

通过观察文本，根据作者情绪的变化，发现所写景物的不同之处，并对其进行层次划分。

教师可引导学生感受作者先"乐"后"悲"的情绪变化，然后尝试划分文章层次。一、二段中"心乐之""似与游者相乐"等语句很容易明确"乐"的情绪指向；第四段中"凄神寒骨，悄怆幽邃"也很容易明确"悲"的情绪指向；难点在第三段，教师应引导学生关注"斗折蛇行，明灭可见""犬牙差互，不可知其源"等语句中晦暗幽深的景物特征，这与前两段"如鸣珮环""水尤清冽""青树翠蔓……参差披拂""往来翕忽"等语句中清丽明快的景物特征截然不同，明确第三段景物描写蕴含着作者悲戚的情绪。

同时，第五段记录同游者。与前文写景叙事不同，学生可以在文学史课上进行分析。

设计意图：教师带领学生将作者游览时的情绪与所写的景物进行关联、对应，完成文章层次的划分。

（四）文意的局部分析

1. 聚焦一、二段，品味乐情。

教师可以请学生用"我从文中 _____（词／句），读出作者的'乐'"造句。

从"隔篁竹，闻水声，如鸣珮环"中可以读出作者听到如同美玉碰撞的泠泠水声时的快乐；从"水尤清冽"中的"尤"字中可以读出潭水清澈之程度和作者的惊喜赞叹；从"全石以为底……为嵁，为岩"中可以读出作者看到全石以为底时发出的赞叹，以及看到石头的千态万状时的惊喜；从"青树翠蔓……参差披拂"中可以读出作者眼中的小石潭周围青翠秀丽和生机盎然。从"怡然不动……往来翕忽"中可以读出鱼儿的自由快活、活泼可爱和作者对鱼儿的喜爱之情……

方法点拨 ◆

在描写景物时，作者使用的动词、副词和形容词等，可以有效地捕捉作者流露出来的情绪。

2. 聚焦三、四段，品读哀情。

（1）教师仍然可以请学生用"我从文中 _____（词／句），读出作者的'悲'"造句。学生大概只能从"寂寥无人"中读出作者的孤独、凄冷，从"凄神寒骨，悄怆幽邃"中读出作者的悲。而对于"石潭溪流、岸势——蜿蜒曲折，犬牙差互，小石潭周围的景色——幽深寂静"与"悲"就很难建立联系。

（2）教师在此可以引导学生比较第一层（一、二段）和第二层（三、四段）在情景关系上的不同。

不同点在于：第一层借"乐景"（清幽秀丽、生机盎然）抒发其"乐情"，情景之间有直接的关联；但是第二层"石潭溪流、岸势——蜿蜒曲折，犬牙差互"并不是鲜明的"悲景""哀景"，情、景的关联度是不高的。因此，学生不能通过景物特征来分析作者的情绪，而只能通过作者的直接抒情来捕捉作者的情绪。

但是，"为什么并不悲哀的景物，却能触发作者'凄神寒骨，悄怆幽邃'如此深沉的悲哀呢？"

（3）分析末段，溯源哀情。

引导学生再次品读第三段，"石潭溪流、岸势——蜿蜒曲折，犬牙差互"为什么触发了作者深沉的悲哀？溪流曲折蜿蜒、阻滞难行、时明时暗，岸势犬牙差互触发了作者内心深处的感伤。这与作者郁结于心、难以排解的愤懑、哀伤相似，都是阻滞的、不顺畅的。作者把哀伤的心绪投射到景物上，因而，之前清新秀美的景色也随之变得暗淡凄冷，以至"凄神寒骨，悄怆幽邃"。

方法点拨——————————————◆

抓住文章看似不合常理之处，引导学生的思维向纵深处伸展，思考作者如此行文的意图，据此厘清文章的情感脉络。

设计意图：精读文章，从字里行间品味作者的情绪，并能准确地陈述分析的过程，把握文中作者的情感变化。

（五）整合结构，揭示主题

1.文章前"乐"后"悲"，一乐一悲似乎难以相融，哪种情绪才是文章的核心情感？

答案预设：悲。

2.那么文中"乐"与"悲"这两种矛盾的情感是如何和谐共存的呢？

答案预设：乐是忧的另一种表现形式，前文所写之"乐"被后文所写之"悲"完全覆盖。游山玩水的快乐毕竟是暂时的、浅表的，当作者在某一刻发觉"其境过清"，其忧伤悲凉的情绪就会流露出来。乐，是因为"悲"需要被安抚。适度的清幽秀美可以给作者带来短暂的慰藉，但"过度"的清幽，会令作者感到凄清，也会引出作者内心深处的悲戚。作者心中愤懑难平，因而凄苦才是他的感情的主调。

山水之乐总是短暂的瞬间，而现实的凄苦却如影随形。

方法点拨───────────────────◆

勾连、整合局部文意，分析结论，引导学生思考"乐"与"悲"的主从地位，并阐述理由。

设计意图：回扣课初的疑问，引导学生从局部的文本解读回到对全文的关注、俯视。帮助学生跳出对文中作者"先乐后悲"的浅表理解，认识到"悲"是贯穿全文的，一、二段只是山水之乐的一时掩映罢了。

《湖心亭看雪》文本分析课

成都市棕北中学·巫才伟

教学目标

通过分析文章写景、叙事两部分内容本身及其关联性来理解作者抒发的情思。

教学过程

（一）整体感知

1. 概述课文，生发文本分析的话题。

（1）请你用简洁的语言概述本文内容。

答案预设：张岱在雪夜的一次出行；张岱雪夜前往湖心亭看雪的见闻……

点拨：本文主要写作者"看雪"一事，其中既有"奇景"又有"奇事"。

2. 关注标题，质疑深化研读的话题。

（2）本文重在写"奇景"还是重在写"奇事"？

答案预设：教师引导学生关注标题，作者只用"看雪"二字就将它们勾连到了一起，因看雪而见景、遇人；同时，这两部分的篇幅几乎相当，作者并不偏重其一。那么，我们就不能只从其中一部分去解读作者想要抒发的情思，而应该对这两部分进行精读分析。

方法点拨————————————————◆

标题是文章的眼睛，作者拟定标题往往颇费思量。学生在进行文本分析时，要从标题入手，这是极为常见且高效的方法。

本文还可从"看"字入手,比较作者使用"赏"字是否更好?"看"可能包含了作者怎样的情思?学生要以此为切入点分析文本。

设计意图:通过预习课文,学生基本上能够疏通文意,但是对文本的理解还很粗浅,甚至是模糊的,不能理解作者通过文字所传达的情思。此环节通过教师复述文章内容,引导学生对文本进行切分,为文意的局部解析张本。

(二)文本的局部分析

1. 聚焦奇景,分析景物的特征。

(1)请学生用"我从文中＿＿＿＿＿＿＿＿,读出作者所见的西湖雪景具有＿＿＿＿＿＿＿＿的特点"造句。

答案预设:

①"大雪三日"和"拥毳衣炉火";寒冷。

②"人鸟声俱绝";寂静。

③"雾凇沆砀,天与云与山与水,上下一白";苍茫辽阔。

方法点拨————————————————————◆

仔细阅读文本,有理有据地概括,这是文本分析的基本要求。

(2)"湖上影子,惟长堤一痕、湖心亭一点,与余舟一芥、舟中人两三粒而已"一句仍是写景,这与上一句写景有何不同?

答案预设:上一句突出景之"大",这一句则突出景之"小"。

(3)这样描写是否自相矛盾?请结合描写不同的对象谈谈你的理解。

答案预设:不矛盾。"雾凇"一句写自然(天、云、山、水)的苍茫辽阔;"湖上影子"一句写人事(堤、亭、舟、人)的微茫渺小。

111

（4）作者这样写景的用意何在？

答案预设：突出天地之大，映衬出人在天地间的渺小、孤独。同时，教师要引导学生关注"堤、亭、舟、人"，人与物虽小但仍能辨识，可是作者却称其为"影子"，这旨在强调人在自然面前的渺小、无力。

方法点拨 ━━━━━━━━━━━━━━━━━━━━━━━━◆

关注看似矛盾的文字，并进行推敲，这是分析文本的重要方法。

设计意图：具体分析两段文字，梳理、分析景象和人的特征，为后面勾连两部分的整体分析做好铺垫。

2. 聚焦奇事，分析人物。

（1）金陵人见余为何大喜？他又为何发出"湖中焉得更有此人"的感叹？

答案预设：联系前文"大雪三日，湖中人鸟声俱绝""是日更定矣，余拏一小舟，拥毳衣炉火，独往湖心亭看雪"可知，像我们一样在雪夜前往湖心亭看雪的人是极少的。同时，"拉余同饮"，"拉"对比"邀"，用动作来强调金陵人邀"我"同饮的愿望之强烈，颇有知己难遇之感。

点拨："同饮"的重点并不在酒，而在交流。

（2）金陵人与"我"同饮，是否交谈甚欢？

答案预设：不是，交谈不多（饮三大白而别），并非酒逢知己千杯少的状态。彼此的交流是沉闷而干瘪的，"问其姓氏，是金陵人，客此"，回答简短且答非所问。

（3）为什么金陵人偶遇陌生"知己"，渴望同饮交流，却又几乎沉默不语呢？

答案预设：关注对话，推敲金陵人的心境。

王朝覆灭，那种绝望，个人无力改变，唯有沉默（冷寂）。

"问其姓氏"，对方回答"是金陵人，客此"。其中暗含的信息是：姓氏不重要，重要的是他的籍贯和客居状态。

本文开头已经点明了事件发生的时间是在明末崇祯年间，这个出身帝都的金陵人流落到杭州，在大雪夜到湖心亭饮酒，其处境和行为折射出个人和时代的没落，这种悲痛的心境不是三言两语能抚平的。

方法点拨 ◆

精读文章，引导学生关注文中遣词造句的不合常理之处，如陌生人初遇，为何如此热情（拉余同饮），以及前后矛盾的时间，如"拉余同饮"却鲜少交谈"强饮三大白而别"，并且答非所问。对表面上看似不合理之处进行分析，这是深入理解文章的重要途径。

设计意图：具体分析两段文字，梳理、分析景象和人的特征，为后面勾连两部分的整体分析做好铺垫。

（三）关联奇景、奇事，分析作者情思

1. 本文主要记叙了作者前往湖心亭看雪的所见之景和所遇之事，其描写景象和叙事所蕴含的情感是否相同？

答案预设：景象是寒冷的、寂静的、苍茫辽阔的；（金陵）人很悲痛，也很沉默。人在这样的景象面前是如此的渺小、无力；人在这样的时代（王朝末世）面前会感到绝望和无助。

综合这两部分，本文的主题为：王朝末年，遍地冷寂。人变得沉默，感到痛苦和绝望。王朝末期，个人是多么渺小，无助。

　　分析景象与事物间的关联,整合局部分析的结论,将它们统合于同一主题之下。

　　设计意图:引导学生回顾局部分析的结论,并将它们整合,得出文本分析的结论。

《项脊轩志》文本分析课

成都七中万达学校·陈莉

教学目标

通过对文本内容的梳理，依据文意从"悲喜"的角度切入，准确地把握文本的情感主旨。

教学过程

（一）梳理文脉，提取文本的关键信息

问题设计：

1. 作者围绕项脊轩，主要写了哪些物、人、事？

答案预设：

物："兰桂竹木""小鸟啄食""明月桂影""枇杷树"等。

人：祖母、母亲、妻子。

事：重修项脊轩，诸父异爨，老妪忆母，大母赠笏，回忆亡妻等。

2. 请在文中找出能直接点明归有光对上述人、事、物的情感的语句。

"然余居于此，多可喜，亦多可悲。"——方丈小屋见证归有光的半生情愫，这些悲悲喜喜串起了他的半生经历。

▎**方法点拨**━━━━━━━━━━━━━━━━━━━━━━◆

在整体感知文意的基础上，教学生从"人、事、物"三个维度，梳理文章的内容和层次，提取文意表达的关键句"然余居于此，多可喜，亦多可悲"。

设计意图：举凡睹物思人的文章，都是通过对物的描写，

115

引出相关的人和事，借以抒发其感情，本文也不例外，依据文意，提取关键信息，根据文意从"悲喜"的角度切入进行文本分析，为后文分析结构做铺垫。

（二）分析"喜"之深意

1.作者是怎么修葺"旧南阁子"的？对于修整后的项脊轩，作者的情感是怎样的？

答案预设：

修葺"旧南阁子"	"使不上漏"——可以充分利用空间。
	"前辟四窗"——开窗采光，让阳光照到每一个角落。
	"杂植兰桂竹木于庭"——美化环境。
	"借书满架，偃仰啸歌"——独得其乐：书趣、歌趣。
	"庭阶寂寂，小鸟时来啄食，人至不去。三五之夜，明月半墙，桂影斑驳，风移影动"——引来生灵，又增加了情趣。
情感	小小一间书房，于景可爱，于情可喜。

2. 作者"喜"的，仅仅是轩中鸟木、院墙、桂影、微风吗？"喜"还有何深意？

答案预设：

景与物	深意
"小鸟啄食"	展现和谐生机——幽寂的项脊轩为小鸟提供了惬意的生活空间，归有光与小鸟共同为项脊轩注入了娴静的诗意。
"明月桂影"	尽显高雅情趣——十五的月光最为皎洁，归有光在此却并没有直接写月光，而是笔锋一转，写月光透过桂树在墙上映出影子，表现出悠闲自得的心灵世界。

116

续表

景与物	深意
"兰桂竹木"	映衬志趣追求——院中的景物更映衬了轩中主人的情怀：兰竹可见主人的情操高尚；桂花芬芳四溢，香远益清，可见主人的品行清雅，"桂"与"贵"谐音，有蟾宫折桂之意，这也正是祖母的期望，可见主人的志向高远，孝心至纯。
"喜"的深意	归有光"喜"之情的表层含意是指项脊轩的环境幽美，我们应该抓住归有光重修项脊轩的意图去分析。重修项脊轩的主要意图是，归有光在明净雅致的轩中静心读书，文中写道："借书满架，偃仰啸歌，冥然兀坐"，此时的归有光几近"两耳不闻窗外事，一心只读圣贤书"之境。"喜"的深层内涵是他心无杂念，对功成名就还有所期待。

方法点拨————————————————◆

拆分表意单元，具体分析各个表意单元的不同作用，借助表意单元的分析，为后面的情感关联整合做铺垫，最终合理推出主旨。

设计意图：文意分析不能笼统地进行，应该根据前面的文意切分文本的层次，首先分析"喜"的具体内涵，然后分析其与后文"悲"的变化的内在逻辑关系。

（三）分析"悲"之变化

《项脊轩志》分两次写成，前几段写于归有光18岁时，后两段写于13年后。

1. 结合文中归有光初写《项脊轩志》时所写的几件事，分析"悲"的深层内涵。

（1）诸父异爨

"先是庭中通南北为一。迨诸父异爨，内外多置小门墙，往往而是。东犬西吠，客逾庖而宴，鸡栖于厅。庭中始为篱，已为墙，凡再变矣。"

①归有光通过哪些事物来表现大家族的变故？

答案预设：

写门墙变化表现族人的隔阂——"庭中始为篱，已为墙，凡再变矣"，相隔以"篱"，亲人之间虽已异爨，但是还可以隔"篱"而见；以"墙"相隔，从此便形同陌路，由"篱"到"墙"的"再变"说明了这个大家族的亲人之间的隔阂越来越深。

写犬吠表现了族人之间的紧张关系——狗的职责是看家护院，"东犬西吠"，东西之分，不但表现了原先贯通的庭院、和睦的大家庭已经分裂成许多户人家，而且狗只对生人大叫，也显示了族人之间的隔阂状态。

写鸡乱栖表现了家族的衰落——鸡作为常见家禽一般都有固定的栖息地。此时却是"鸡栖于厅"，厅是家族聚会的地方，是非常严肃、庄重的地点，但现在变成了鸡舍，可见其荒废多时，无人使用和管理。

用客的行迹表现了家族的衰落——古人说"君子远庖厨"，而现在客人需要经过厨房到宴客厅，其实这是非常失礼的，这处小细节，显示了族人之间的纷争已经到了不顾家族荣誉的地步了。

②"诸父异爨"之"悲"的内涵是什么？有何特点？

答案预设：作者没有直接描写族人的关系恶化，如此重大的变故在归有光的笔下却显得异常平静。他选择了家中的建筑、犬、鸡和客人，这四个平常事物，从侧面委婉含蓄地表现了家族之悲。

（2）老妪忆母

①从老妪的回忆中，你读出了怎样的归母形象？

118

答案预设：

"儿寒乎？欲食乎？"这是作为母亲的最寻常不过的关心，平淡至极，却又温柔之至；"以指叩门"，用"指"叩门这一细节凸显了母亲对子女的柔情与关爱，寻常举动，让母亲的温柔、细心、慈爱尽显无遗。

②对分离太久，印象不深的母亲，归有光为何"泣"？

答案预设：通过老妪的回忆，让他看到了母亲对儿女的关爱，这里有作者对母亲的深切怀念。

（3）大母赠笏

①文中大母对作者讲了哪几句话？体会大母说这些话的背后的情感和深意。

答案预设：

"吾儿，久不见若影，何竟日默默在此，大类女郎也？"

——既有大母对孙儿的疼爱，也有大母对作者刻苦读书的肯定。

"吾家读书久不效，儿之成，则可待乎！"

——前半句表达的是家道中落，对儿辈们读书无望的无奈和伤感，后半句饱含了大母对孙儿的期望和赞许。

"此吾祖太常公宣德间执此以朝，他日汝当用之！"

——大母对孙儿满怀信心，认为归有光是重振家族的希望。

②归有光怀念母亲时用"泣"，言及祖母时却是"长号不自禁"。仅仅是因为母亲逝世时，归有光年仅八岁记忆不深的缘故吗？这里还有何深意？

答案预设："号"比"泣"感情更浓，悲情更悲。况且"长号"还是"不自禁"，若只用"慈母逝世时，归有光年仅八岁记忆不深"来解释这种矛盾显然是无力的。感情浓淡的背后，是因为大母持象笏之行为及其所言"他日汝当用之"，触到了归有光作为一个急于求取功名的读书人的内心的最痛处。这种"悲"的深层内涵是封建知识分子立志博取功名的无望之悲。

总结：根据悲情的程度不同，我们还可以看出在初写此文时，作者的情感是由平静到浓烈，不断递进的过程，如下表。

课文内容	情感	情节发展的阶段
诸父异爨	含蓄平静	开端
回忆母亲	"余泣"	发展
回忆祖母	"长号不自禁"	高潮

2. 课文后两段是归有光补写夫妻在轩中的生活，这有何用意？

答案预设：

他与亡妻在轩中共处，其夫妻相处的场景"问古""学书"都历历在目，从这里可以看出夫妻二人的志趣相投，琴瑟和鸣，这是归有光在此文中表现的一大"喜"，可以说这是作者"喜"之高潮。相较于第一次行文时因项脊轩的环境而"喜"，补文中的伉俪情深之"喜"更令人怀念。然而短暂的"喜"却因为妻子去世而终结，更令人"喜"极而"悲"。文章的情感是喜中有悲，悲中有喜，悲喜交加，感人至深。

设计意图：基于对表意单元"喜"的分析，教师要引导学生发掘表意单元的"喜"与"悲"的结构关系，这也是对情感或主题理解的理性印证。

（四）主题揭示，理解悲喜

问题设计：归有光两次行文（18 岁时初写和 30 多岁时补写的内容）的悲喜变化，有何内在关系？

答案预设：初次行文是"含蓄平静—泣—长号不自禁"，补写两段，由美好回忆（"喜"之高潮）到托物寄情（"悲"之收束），以"喜"衬"悲"，悲不自禁。

一篇文章，两度书写，从喜之高潮到以悲收束，不过是以"喜"衬"悲"：十余年的时间未能阻隔作者情感的贯通。时光流逝，岁月沧桑，抒情自"异爨""泣"开始，"长号"到达顶峰，最后至"枇杷树……亭亭如盖"而终。

作者的母亲与妻子均早早去世，独独留下了他与寂寞的南阁子，按理来说孤苦尤甚，应该成为作品的主基调，然而归有光还在作品中融入了母亲在月下对他嘘寒问暖、妻子在书桌前问学的两幅动人的画面，这又为孤苦的冷色注入了一些暖色，这抹暖色，也衬托出了深沉之"悲"。

妻子已然逝去，他心中的怀念之情是无比浓烈的，行文至此，情感脉络发展到怀念亡妻的情感必须要找到一个寄托物。此处表达时间久远，物是人非之悲，以悲收尾，悲不自胜。

根据行文悲喜变化的内在关系分析，本文主要表达的情感是作者深沉而丰富的悲情：悲的是人而非岁月蹉跎，最悲的是家族败落且自己博取功名无望。

方法点拨 ————————————————◆

在前文发掘各个表意单元之间的结构关系的基础上，完成对抒情主题结论的描述。

设计意图：在分析本文中表意单元"喜"与"悲"的对比、层级结构关系的基础上，完成对文本主题结论的描述。

《荷塘月色》文本分析课

成都信息工程大学常乐实验学校·吕晓晶

教学目标

通过梳理文本的情感变化，运用写景抒情散文的分析方法，分析景与情的关系，进而把握文章主旨。

教学过程

导入：根据《荷塘月色》的标题，你能看出哪些有效信息？这种类型的文章在初次阅读时，你应该关注什么？

答案预设：它是写景抒情散文。应该关注议论抒情句，或者能够直接表现作者情感的词语。

（一）整体感知

勾画出文本中直接表现作者情感变化的语句。

答案预设：

"这几天心里颇不宁静"—"像超出了平常的自己"—"便觉是个自由的人"—"且受用这无边的荷香月色"—"但热闹是它们的，我什么也没有"—"可惜我们现在早已无福消受"—"这令我到底惦着江南了"。

方法点拨————————————◆

写景抒情散文应直接抓住表现作者情感的句子，进而梳理出作者在行文中的情感变化。

设计意图：指导学生根据标题，整体观察文本，初步判明文体，进而根据文体，引导学生迅速地关注此类文章中议论抒情的语句，了解作者的情感变化。

（二）情感转折，厘清结构

任务一：根据文中作者的情感变化，完成表格，划分层次。

文中出现的直接表现作者感受或情感的句子	初步分层
"这几天心里颇不宁静"——"像超出了平常的自己"——"便觉是个自由的人"——"且受用这无边的荷香月色"	第1段到第3段
"但热闹是它们的，我什么也没有"	第4段到第6段
"可惜现在我们早已无福消受"——"这令我到底惦着江南了"	第7段到第10段

任务二：根据表格，梳理作者的行踪和情感变化，厘清文章结构。

明线：游踪（外结构）

暗线：情感（内结构）

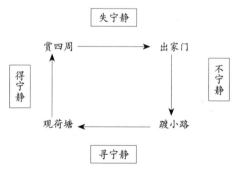

方法点拨

在写景抒情散文中，梳理作者的情感变化，可以快速厘清文章结构；此外，还可以通过所写景物的变化，进一步理解文章情感的变化。

123

设计意图：通读课文，通过抓住直接抒发作者感受或情感的词句，梳理文章行文思路。

（三）文本的局部分析

任务一：结合第 1 到第 3 段的具体内容，分析作者在苍茫的月下独处时的心境。

答案预设：

文章开篇就说"这几天心里颇不宁静"，作者坐在院子里乘凉，想象着月色中的荷塘，妻子在屋中哄着孩子睡觉，这样一个宁静的夜晚，刚好是一家人其乐融融的时刻，作者为什么选择独处，不同妻子一块儿哄孩子睡觉？或者是等孩子睡着后和妻子共同欣赏月色下的美景？那是因为作者的心情是烦躁的。但是作者为什么感到不安呢？文中的第三段给出了答案："像今晚上，一个人在这苍茫的月下，什么都可以想，什么都可以不想，便觉是个自由的人"，从这里可以说明平常有些东西是作者不得不去想，不得不去承受的，这让作者感觉到了束缚、压迫。所以，作者选择独处，以此来放空自己，放松心情。

方法点拨————————————————◆

在写景抒情散文中，除了自然之景可以烘托人物的心情之外，人文环境同样可以折射出人物的心情。

设计意图：通过抓住文中的具体事件，作为判断作者心情的依据，进而具体分析作者的心情。

任务二：结合第 4 到第 6 段的内容，分析作者通过景物来表现情感的方法。

答案预设：

①荷塘四周。

荷塘四面，长着许多树，蓊蓊郁郁的。路的一旁，是些杨柳，和一些不知道名字的树。没有月光的晚上，这路上阴森森的，有些怕人。今晚却很好，虽然月光也还是淡淡的。

这段写了荷塘周围的树、小路、月色。月色是淡淡的，树是郁郁葱葱的，这几句话写出了月色的淡雅，环境的朦胧。"今晚却很好"，写出了作者不同于以往无月之夜的惬意。

②荷塘之中。

曲曲折折的荷塘上面，弥望的是田田的叶子。叶子出水很高，像亭亭的舞女的裙。层层的叶子中间，零星地点缀着些白花，有袅娜地开着的，有羞涩地打着朵儿的；正如一粒粒的明珠，又如碧天里的星星，又如刚出浴的美人。微风过处，送来缕缕清香，仿佛远处高楼上渺茫的歌声似的。这时候叶子与花也有一丝的颤动，像闪电般，霎时传过荷塘的那边去了。叶子本是肩并肩密密地挨着，这便宛然有了一道凝碧的波痕。叶子底下是脉脉的流水，遮住了，不能见一些颜色；而叶子却更见风致了。

这段文字分别写了荷叶、荷花、荷香、荷态、流水。根据文字与信息量可以判断，这是以荷叶、荷花为主要描写对象。

荷叶是"田田的""层层的""亭亭的""密密地"，这四个叠词写出了荷叶的层次之美；"零星地""袅娜地""羞涩地"把荷花拟人化，写出了荷花如美人般或娇羞或妖娆的风情，荷香"缕缕"营造出淡淡的若有若无的清香，荷叶与荷花互相呼应，在清风和流水的映衬下"更见风致"。

方法点拨 ━━━━━━━━━━━━━━━━━━━━━━━◆

一是要关注信息量或信息比例，确定文意重点。二是要关注写景类文章的写景方式，根据本篇文章的特点，关注频繁出现的叠词。叠词的使用，一方面会凸显景物的特点，另一方面会使文章读起来朗朗上口，音韵和谐，这种韵律特点结合景物特点，可以看出作者此时此刻的心情是愉悦的、欢快的。

设计意图：掌握写景抒情散文中的情感分析方法。通过关注信息量和信息比例，确定文意重点，进而通过景色特点和词性的选用来分析作者情感。

任务三：借助荷塘的月色，分析作者的情感。

答案预设：

①荷塘之中的月色。

月光如流水一般，静静地泻在这一片叶子和花上。薄薄的青雾浮起在荷塘里。叶子和花仿佛在牛乳中洗过一样；又像笼着轻纱的梦。虽然是满月，天上却有一层淡淡的云，所以不能朗照；但我以为这恰是到了好处——酣眠固不可少，小睡也别有风味的。月光是隔了树照过来的，高处丛生的灌木，落下参差的斑驳的黑影，峭楞楞如鬼一般；弯弯的杨柳的稀疏的倩影，却又像是画在荷叶上。塘中的月色并不均匀；但光与影有着和谐的旋律，如梵婀玲上奏着的名曲。

这段文字中出现的叠词有"静静地泻"的月光、"薄薄的"青雾、"淡淡的"云、"峭楞楞的"黑影、"弯弯的"杨柳，这一组组叠词的运用都构成朦胧的画面，给人以一种静谧之感。此时的作者身处这样安静的环境之中，看着这光与影的和谐画面，心情是愉悦的、欢快的。

②荷塘周围的月色。

荷塘的四面，远远近近，高高低低都是树，而杨柳最多。这些树将一片荷塘重重围住；只在小路一旁，漏着几段空隙，像是特为月光留下的。树色一例是阴阴的，乍看像一团烟雾；但杨柳的丰姿，便在烟雾里也辨得出。树梢上隐隐约约的是一带远山，只有些大意罢了。树缝里也漏着一两点路灯光，没精打采的，是渴睡人的眼。这时候最热闹的，要数树上的蝉声与水里的蛙声；但热闹是它们的，我什么也没有。

"远远近近、高高低低"的树、"阴阴的"树色、"隐隐约约的"远山，这一组组叠词的运用也同样构成了一幅清冷的画面。在这段文字中我们不仅可以关注叠词的运用，还可以看到作者在这段文字中运用比喻的手法："乍看像一团烟雾""渴睡人的眼"，包括上文同样也有比喻的出现："月光如流水一般""叶子和花仿佛在牛乳中洗过一样""像笼着轻纱的梦""峭楞楞如鬼一般""像是画在荷叶上""光与影有着和谐的旋律，如梵婀玲上奏着的名曲"，这些比喻都给人一种朦朦胧胧的感受（扣住了月夜景象的朦胧特征），又让人感受到冷清（暗含作者情绪的变化）。它们共同表现了作者内心的"不宁静"，作者为什么看到眼前之景还会浮想联翩呢？因为眼前之景没办法让作者的内心得到满足、安定，所以作者只能借助相似的想象来安抚内心的"不宁静"。除此以外，我们还应该关注到其他修饰性词语："参差""斑驳""黑影""如鬼""重重围住"给人一种压抑的感受，此时作者的心情又因环境变得低落了。

方法点拨 ————————————————————◆

语言形式的特点主要表现在词性的选用、句式和修辞上。《荷塘月色》中反复出现的就是比喻句，我们需要抓住喻体，研读这一类喻体所构成的画面特点，以及画面所表现的情感特征。

设计意图：景物描写是围绕作者的情感展开的，所以景物描写是作者的情感变化的佐证。分析文中的景物描写，有助于分析作者的情感变化。

任务四：作者除了用大量的段落来写荷塘月色之景，还在第7段到第10段中虚写江南采莲之景，分析这样写的作用。

忽然想起采莲的事情来了……莲子清如水。

答案预设：

这段文字描述了江南少女划着船儿、唱着歌儿，采莲时的欢快场景。少女的顾盼生姿、纤腰束素，在红花绿叶中更显得风姿绰约，《采莲赋》和《西洲曲》表现了采莲的热闹场景和采莲女的风流。这和荷塘月色的实景描写形成了鲜明的对比，一浓墨一淡彩，一热闹一静谧，一风流一雅致。

在第6段直接表达情感的语句中，作者用了一个表示转折关系的关联词——"但"，"但热闹是它们的，我什么也没有"，继而作者引用《采莲赋》和《西洲曲》的内容（上文已经分析了这部分内容，这里不再赘述），结合第9段"这真是有趣的事，可惜我们现在早已无福消受了"，这就意味着"我"是渴望"热闹"和"风流"的，但是荷塘边既不热闹也不风流。所以，作者写江南采莲，是因为作者被蛙声和蝉声带回现实，由荷塘联想到采莲，惦记江南，以此来排遣作者心中的不宁静。

方法点拨————————————————◆

在写景类散文中不仅要关注作者的虚写，还要抓住作者虚写景物的特点，梳理虚景与实景之间的关系，二者相结合方能正确把握文本主旨。

设计意图：在写景类散文中，除了要关注实写之景，还要关注虚写之景，因为这其中暗含着作者的情感倾向。

（四）主题的揭示

通过作者的情绪变化，分析作者的写作意图。

答案预设：

开头的"心里颇不宁静"表现了"我"的努力——努力把自己不宁静的心投射到外部景物上。为了使内心宁静，"我"在努力地转移注意力，试图用荷塘月色的景象来安顿"我"这颗不宁静的心。但是这短暂的宁静和自由并不能让我真正地融入其中，释放自己，"这时候最热闹的，要数树上的蝉声与水里的蛙声；但热闹是它们的，我什么也没有"。

"我"努力地摆脱这种窘境，头脑中出现了古诗词中热闹的场景，但"可惜"两个字也只是作者徒劳的挣扎，这热闹，这酣畅、这淋漓肆意的青春，这无拘无束的自在，在现实中不会存在，在短暂的精神安慰之后，剩下的也只有无尽的失落、无奈和孤独。

作者从俗世中走来，经历了不宁静—受用—自由的过程，也感受到孤独冷清。寻求片刻的宁静之后，作者还是要回到俗世中去的。现实是无法逃避的。你可以看到荷叶、荷花由此想到美人，你可以联想到古代的热闹、风流的场景，但最后，你必须面对现实。

在文本中，"我"的"心里颇不宁静"，荷塘月色下的景象不是热闹的，是冷清的；不是美好的，是孤独的。

方法点拨————————————————◆

在写景类散文中，先抓住议论抒情句，结合景物的特点，精准分析出作者深层的情感。

设计意图：在梳理全文情感变化的基础上，结合景物的特点，正确分析作者的情感意图。

《故都的秋》文本分析课

成都十二中初中部·徐术根

教学目标

通过句意的关联分析和"形—神"的统合，准确理解文章中作者的情感。

教学过程

导入：自古以来，人们用万千辞藻来描绘秋之美，表达对秋的深情。在这些文章里，郁达夫的《故都的秋》是一个很特别的存在。秋景，在他的眼里，是怎样的呢？秋之味，在他的心里，又代表着什么呢？

（一）抓取特征，整体把握

任务一：解析题目。

师生齐读课题、进入文本。教师引导学生根据题目中的"秋"，快速阅读文章，抓取"故都的秋"的主要特征。

任务二：初步把握文意。

教师带领学生快速浏览课文，找到第 1 段总说了北国之秋的特点是"清""静""悲凉"，为下面的信息筛选张本。

方法点拨━━━━━━━━━━━━━━━━━━◆

观察标题，是观察文本的基本方法。不少文本的标题都是分析文本的切入点。本文标题提示了文章的写作对象，首先可借助标题，从中心词切入以快速抓取对象特征，把握基本文意。

设计意图：解题导入，关注中心词"秋"，快速抓取第 1 段中关于故都的秋的总特点，从而顺势引出第二环节。

（二）语义分组，表意切分

问题：文中哪些地方直接体现了北国秋景之"清、静、悲凉"呢？

任务一：梳理、筛选文中直接表现北国之秋"清、静、悲凉"的语句。

段落	故都秋景	特征
第3段	"很高的碧绿的天色，听得到青天下驯鸽的飞声"	清、静
	"一丝一丝漏下来的日光，或在破壁腰中，静对着喇叭似的牵牛花"	静、悲凉
	"一椽破屋""疏疏落落的尖细且长的秋草"	悲凉
第4段	"槐树……落蕊""脚踏上去，声音也没有，气味也没有，只能感出一点点极微细极柔软的触觉"	清闲、落寞、悲凉
第5段	"秋蝉的衰弱的残声"处处都有	静、悲凉
第6-10段	"在灰沉沉的天底下，忽而来一阵凉风，便息列索落地下起雨来了"	清、静、悲凉

经过信息筛选可以发现，全文一共有 14 个自然段，只有 8 个段落写故都秋景，体现了景物特征的"清、静、悲凉"，而其余段落又有何用意呢？上述段落中的秋景之"清、静、悲凉"又与剩余段落有何表意关联？

任务二：根据信息筛选分组，对文章进行表意层次切分。

答案预设：以上 8 个段落（再加上第 11 段）都是在描绘故都秋景，同时表达作者的感受。其余尚有 5 个很长的段落并未描写"故都的秋"，而是在发表对北国之秋和南国之秋的议论、阐发人们对秋的见解等。据此，学生可以按照不同的语义将文章切分成描写和议论这两个表意层次，便于下一步文本分析。

在信息筛选的基础上，对文章进行语义分组，这是表意层次切分的一种方法。

设计意图：根据题目中心词和景物总特征，筛选出直接表现故都秋景"清、静、悲凉"的内容和其他非写景内容，以便对文章进行语义分组和表意层次切分。

（三）句意理解，局部分析

问题：此文题为《故都的秋》，但作者详尽描绘秋景的内容并不多，且花大量的篇幅进行议论感慨，那文章的真实意图到底是写景状物还是写景抒情呢？让我们对写景段落进行细致地句意分析，探究作者写景的具体指向。

答案预设：

段落	北国秋景	人物动作、内心感受、对景物的支配	句意分析：景物具体指向
第3段	租人家一椽破屋来住着，早晨起来，泡一碗浓茶，向院子一坐，你也能看得到很高很高的碧绿的天色，听得到青天下驯鸽的飞声。从槐树叶底，朝东细数着一丝一丝漏下来的日光，或在破壁腰中，静对着像喇叭似的牵牛花（朝荣）的蓝朵，自然而然地也能够感觉到十分的秋意。说到了牵牛花，我以为以蓝色或白色者为佳，紫黑色次之，淡红色最下。最好，还要在牵牛花底，教长着几根疏疏落落的尖细且长的秋草，使作陪衬。	动作：租房、泡茶、坐在院子里、细数。 内心感受：感觉到十分的秋意。 对景物的支配：以蓝色或白色者为佳，紫黑色次之，淡红色最下。牵牛花底，有秋草作陪衬。	该段看似写了很多秋景，但全都是点到即止，并未对其进行工笔描绘。且句意的落脚处，并不在于景，而在于人："租房、泡茶、坐在院子里"直接写出人的活动；景物全都处于人的行为动作的支配之下——"看得到、听得到、细数着、静对着"，人的行为对景物构成了强有力的支配。插入议论，表明作者的意图不在写景，而在表明自己的审美偏好——色调冷淡才有秋意。

133

段落	北国秋景	人物动作、内心感受、对景物的支配	句意分析：景物具体指向
第4段	北国的槐树，也是一种能使人联想起秋来的点缀。像花而又不是花的那一种落蕊，早晨起来，会铺得满地。脚踏上去，声音也没有，气味也没有，只能感出一点点极微细极柔软的触觉。扫街的在树影下一阵扫后，灰土上留下来的一条条扫帚的丝纹，看起来既觉得细腻，又觉得清闲，潜意识下并且还觉得有点儿落寞，古人所说的梧桐一叶而天下知秋的遥想，大约也就在这些深沉的地方。	内心感受：只能感出一点点极微细极柔软的触觉。既觉得细腻，又觉得清闲，潜意识下并且还觉得有点儿落寞。	本段基本上是对语调冷静的议论。写景的落脚点仍是人的感觉。 本段的意涵，是秋意的隐微深邃（极微细、极柔软、细腻、清闲、落寞）。
第5段	秋蝉的衰弱的残声，更是北国的特产；因为北平处处全长着树，屋子又低，所以无论在什么地方，都听得见它们的啼唱……这嘶叫的秋蝉，在北平可和蟋蟀耗子一样，简直像是家家户户都养在家里的家虫。	动作：听。 内心感受：秋蝉像是家家户都养在家里的家虫。	在故都，秋蝉声是普遍且寻常的。这并非写景，作者并未展开笔墨描摹，仅表现作者对此的感受。
第6-10段	还有秋雨哩，北方的秋雨，也似乎比南方的下得奇，下得有味，下得更像样。 在灰沉沉的天底下，忽而来一阵凉风，便息列索落地下起雨来了。一层雨过，云渐渐地卷向了西去，天又青了，太阳又露出脸来了；着着很厚的青布单衣或夹袄的都市闲人，咬着烟管，在雨后的斜桥影里，上桥头树底去一立，遇见熟人，便会用了缓慢悠闲的声调，微叹着互答着地说： "唉，天可真凉了——"（这了字念得很高，拖得很长。） "可不是吗？一层秋雨一层凉啦！" 北方人念阵字，总老像是层字，平平仄仄起来，这念错的歧韵，倒来得正好。	内心感受：北方的秋雨，也似乎比南方的下得奇，下得有味，下得更像样。 北方人念阵字，总老像是层字，平平仄仄起来，这念错的歧韵，倒来得正好。	秋雨"凉"，"息列索落"的稀疏，配合着声调"缓慢悠闲"的闲人"微叹"、错念的声韵等，表现人对秋雨的感受和品味，也并未展开笔墨描摹，仅点到为止。

段落	北国秋景	人物动作、内心感受、对景物的支配	句意分析：景物具体指向
第11段	北方的果树，到秋来，也是一种奇景。第一是枣子树；屋角，墙头，茅房门口，它都会一株株地长大起来。像橄榄又像鸽蛋似的这枣子颗儿，在小椭圆形的细叶中间，显出淡绿微黄的颜色的时候，正是秋的全盛时期；等枣树叶落，枣子红完，西北风就要起来了，北方便是尘沙灰土的世界，只有这枣子、柿子、葡萄，成熟到八九分的七八月之交，是北国的清秋的佳日，是一年之中最好也没有的 Golden Days。	内心感受：枣子、柿子、葡萄，成熟到八九分的七八月之交，是北国的清秋的佳日，是一年之中最好也没有的 Golden Days。	此段是全文的变调，相对于其他秋景的"清静、悲凉"，此段之景比较明朗。在"淡绿微黄的颜色"的枣子颗儿的"清秋佳日"中，秋天也透露出一种生机。但是，这份明丽仍然是在"清静悲凉"的大背景下的一种临近死亡的"生机"。

环节小结：

通过对写景的具体指向分析可以看出，文章中描写北国秋景的内容看似多，实则分散，没有焦点，也比较简括，处处写景皆点到为止，并未展开描摹。在写法上，作者的意绪对景物占据着支配地位，这是文章的"形—神"的统合之一——文章中的景物处于被支配的地位。这可能暗示着作者写此文的真正目的不是写景状物，而是表达对秋的认识。

方法点拨————————————————◆

写景状物，是否是真实的文章用意，可以先关注文中的人物动作、内心感受对景物的支配作用和景物的具体指向，再作出判断。

设计意图：在筛选出景物信息的基础上，本文对景物描写段落进行细致的句意分析，以判断"写景状物"是否是文章的真实意图。

（四）结构关联，"形—神"统合

问题：在这篇散文中，作者除了描绘北国的秋景，还阐发了对秋的感触。那么作者到底表达了对北国之秋的什么认识？这些认识和景物描绘有何关联？

任务一：读议论段，归纳感慨。

答案预设：

第2段：写"南方的秋意秋味：淡、混沌、只能感到一点点清凉（不鲜明）"，与北国深刻、透彻的秋意秋味形成鲜明的对比，凸显了作者对北国之秋的喜爱。

第11段：写故都的秋，有一种"生"的"清、静、悲凉"的意味。

第12段：写秋能引发有情趣的人类（不分国别、人种、阶级）的"深沉、幽远、严厉、萧索的感触"和"不能自已的深情"。该段拓展了深秋的意涵，引发读者思考，基于什么样的认识，"清、静、悲凉"的北国之秋能让人产生"深沉、幽远、严厉、萧索的感触"和"不能自已的深情"。

第13段：再次对比南国之秋和北国之秋，凸显北国之秋"色彩浓，回味永"，能引发人深沉的感触。

那么，北国秋景之"清、静、悲凉"和作者的感慨和认识又有何关联？为何作者愿意折去寿命的三分之二去换取北国的秋天呢？

任务二：关联结尾，解读内涵。

"秋天，这北国的秋天，若留得住的话，我愿意把寿命的三分之二折去，换得一个三分之一的零头。"

答案预设：

仅仅因为秋天的景象美，就愿意折寿，这是令人费解的；北国之秋如此，南国之秋也如此。这其中的区别在于，北国的秋味是深刻的、透彻的。故都这彻底的"清、静、悲凉"，可以使人深刻地体会到"深沉、幽远、严厉、萧索"，即"生的结束、生的悲凉"，领略到人在世界上"存在的深沉感（悲感）"。当你抵达这一深味，便会抵达生命的深处。因此哪怕是折寿他也是愿意的。

环节小结：

文章描写北国之秋的"清、静、悲凉""色彩浓，回味永"，能引发人们"深沉、幽远、严厉、萧索的感触"和"不能自已的深情"。至此，"清、静、悲凉"之景与作者内心的人生感悟（生的结束、生的悲凉，人在世界上存在的深沉感、悲感）形成了统一的关联。

方法点拨————————————◆

在写景状物的外壳下，分析文章中非写景段落与写景内容的关联，抽丝剥茧，据此分析作者真正的写作用意。

设计意图：此环节揭示文章"形—神"的统合之二——景物特征与情感认识的关联，即文章的两个表意层次（描写和议论）的关联，从而准确解读文章主题。

（五）总结课堂，归纳主题

文章主题：文章表达对故都秋味的留恋，因为故都深刻、透彻的秋味，引发了作者深沉的人生领悟。

在对文本进行抽丝剥茧地分析之后，再归纳提炼主旨，让学生获得更明确的认识。

设计意图：总结全文，回顾文章"形—神"的统合的关联性，解读结尾段的真正内涵，并以合理的、恰如其分的措辞完成对主题结论的描述。这是对情感或主题的理性总结与精准表达。

《秋天的怀念》文本分析课

成都十二中初中部·徐术根

教学目标

通过细节分析和文意整合，准确理解文章主题。

教学过程

导入：同学们，大家了解史铁生吗？你读过他的文章吗？他有一篇文章，能触动我们内心最柔软的地方，那就是《秋天的怀念》。

（一）补充题目，整体把握

教师带领学生齐读题目，谈谈你对文章题目的理解，并补充题目内容。

答案预设：

"（我）对秋天的怀念"或者"（我）在秋天怀念（母亲）"。教师引导学生理解本文的主要内容是"我在秋天怀念母亲"，而非怀念秋天。

方法点拨————————————◆

文本分析要在整体感知的基础上，通过对感知的深入印证来确保理解走向透彻，这是文本分析的关键。注重理性，这是文本分析的前提。不少文本的标题通常是一个切入点。教师要引导学生学会观察标题，这是观察文本的基本方法。而本文的标题除了提示文章的主要内容，还提示了作者的情感态度。抓住标题，有助于抓住文本分析的基本脉络。

设计意图：在预习课上初步了解课文的内容后，学生对文本有了粗浅的感知。但这种感知是比较模糊的，需要教师设计合理的主问题来引导学生把握文章的整体内容，而本课根据标题的特别含义，从解析标题出发，引发文本分析的话题，进而为下面的文本分析做铺垫。

（二）情感转折，表意切分

问题：对于母亲，"我"怀念她什么？"我"为何独独在秋天怀念母亲？让我们一起来默读课文，发现作者在文章前后的情感态度有何不同。

答案预设：

学生初读文章后，就能发现作者在文章前后（结尾段）有明显的情感转折，从自暴自弃到沉静从容，这可能暗示了作者的人生态度发生了极大的转变。由此，我们可以对文章的两个部分的表意层次进行切分。

方法点拨━━━━━━━━━━━━━━━━━━━━━━◆

对文本进行表意层次切分是分析文本的基础。首先对于抒情性散文，学生在进行表意层次切分时，应该关注作者情感态度的转折。其次，学生还可以运用文本首尾照应的相关知识，观察文本首尾在措辞和语意上的关联，理解文章中情感的变化。

设计意图：将文章进行表意层次切分，为落实本课的第一个分析重点——细节分析和文意整合做必要的铺垫。

（三）细节品读，局部分析

问题：作者的情感为何会发生这么大的转变？

任务：首先关注文章里"我"和"母亲"两个对应人物，

勾画"我"和"母亲"各自"看、听、做、说"的相关语句,并细读品味人物描写中的形容词、动词等,揣摩体会人物行为背后的心境。

答案预设:

	"我":不愿"好好儿活"	母亲:想让儿子"好好儿活"
细节选择、形容词使用对人物内心的表达指向【看】	1.望着望着天上北归的雁阵,我会突然把面前的玻璃砸碎(雁北归,春天回,生机勃勃,反衬出我内心的死寂与绝望) 2.看着窗外的树叶"唰唰啦啦"地飘落(飘落的树叶,生命凋零)	偷偷看儿子的表现(偷偷看,母亲关注儿子却不愿意给儿子增加心理负担)
细节选择、形容词使用对人物内心的表达指向【听】	听着听着李谷一甜美的歌声,我会猛地把手边的东西摔向四周的墙壁(甜美的歌声,生命之美好,反衬出"我"内心的绝望)	偷偷听儿子的动静(偷偷听,母亲关心儿子却不愿给儿子增加心理负担)
形容词使用、动作描写的情感表达【做】	突然砸、猛地摔(暴怒无常) 狠命捶、大声喊、独自坐(绝望自弃)	悄悄躲、偷偷听、悄悄进(隐忍体贴) 扑过来抓住我的手("扑""抓"两个动词,母亲心痛儿子,想要马上阻止儿子的自弃)

续表

"我"：不愿"好好儿活"		母亲：想让儿子"好好儿活"
语言描写、标点使用对人物内心的折射 【说】	1."不，我不去！"（感叹号，语气强烈，抗拒美好的事物） 2."我可活什么劲儿！"（感叹号，语气强烈，绝望） 3."哎呀，烦不烦？几步路，有什么好准备的！"（语气不耐烦，对美好的事物不热切、不渴望）	1."听说北海的花都开了，我推着你去走走。"她总是这么说。（"总是"，不止一次，母亲希望帮助儿子重燃生命之火） "北海的菊花都开了，我推着你去看看吧。"（"走走""看看"，这两个词语用来表现母亲对儿子的体贴和母亲心思的敏感） 2.母亲扑过来抓住我的手，忍住哭声说"咱娘儿俩在一块儿，好好儿活，好好儿活……"（"好好儿活"，反复，强调母亲悲苦的渴望，恳求儿子坚强起来，珍惜生命；省略号，暗示母亲内心的痛言犹未尽，对娘儿俩能否在一起"好好儿活"表示担忧） 3."你要是愿意，就明天？""那就赶紧准备准备"（母亲急切地希望帮助她的儿子重拾生活的希望） 4."看完菊花，咱们就去'仿膳'，你小时候最爱吃那儿的豌豆黄儿。还记得那回我带你去北海吗？你偏说那杨树花是毛毛虫，跑着，一脚踩扁一个……"她忽然不说了。（母亲言犹未尽，心思敏感，体贴儿子） 5.她昏迷前的最后一句话是："我那个有病的儿子和我那个还未成年的女儿……"（临终前，母亲对孩子无限的牵挂和强烈的担忧）
人物心境	*绝望、自弃*	*爱、担忧、希望儿子"好好儿活"*

环节小结：

面对人生中的重大挫折，"我"一度陷入了绝望和自弃之中，而母亲一直坚忍地陪伴着"我"，这份深切的母爱让"我"怀念。

方法点拨 ━━━━━━━━━━━━━━━━━━━━━━━━◆

在对人物描写进行分析时，可以从描写对象的选择、形容词的运用对人物内心的表达指向、形容词和动作描写的情感表达功能、语言内容和标点的选择对人物内心的折射等角度进行细致地分析，这样才能细致入微地体察作者内心深处的情感。

设计意图：本文有两个对应人物"我"和"母亲"，具体分析两个对应人物面对生命的磨难时所采取的不同的态度，帮助学生具体入微地理解人物的情感变化。同时，承上启下，既承接上一个环节的问题，也为下一个环节人物的心境分析、全文关联整合做铺垫。

（四）关联背景，整合分析

问题："我"的人生态度突然发生如此大的转变，只是因为母亲在"我"面对挫折时，爱"我"、体贴"我"、陪伴"我"吗？

任务：请阅读有关母亲生活背景介绍的语句，并揣摩母亲的心境。

答案预设：

母亲的生活境况	母亲的心境
母亲喜欢花，可自从我的腿瘫痪后，她侍弄的那些花都死了。	母亲原本热爱生活，但是为儿子放弃了自己的爱好，把所有的精力都放在了儿子的身上。
她的病已经到了那步田地……她常常肝疼得整宿整宿翻来覆去地睡不了觉。	内心绝望，看不到"生"的希望。
邻居们把她抬上车时，她还在大口大口地吐着鲜血。	生命垂危，内心绝望。
她正艰难地呼吸着……她昏迷前的最后一句话是："我那个有病的儿子和我那个还未成年的女儿……"	即将不久于人世，内心挣扎、痛苦，对自己的孩子有着无限的牵挂和强烈的担忧。

环节小结：

母亲身患绝症，看不到自己的"生"的希望，也看不到自己的儿子对"生"的渴望，她的内心感到绝望和痛苦。但是她没有放弃，用最后的生命力量执着地、坚忍地陪伴着"我"，并给了"我"生命的启迪，让"我"也下决心"好好儿活"。因此，"我"的人生态度发生了转折，"我"开始变得成熟、坚强，也更怀念"我"那给予"我"生命力量的母亲。

方法点拨━━━━━━━━━━━━━━━━━━◆

除了要关注人物的外在表现，还要关注人物的生活背景和心境，这样才能更深入地理解人物的内心，进而帮助读者更好地理解抒情散文中作者深沉的情感，这也是文本分析中实现对文意整体理解的基本方法。

设计意图：关联两个对应人物的外在表现和内在心境，整合文意，层层深入，以达到最终理解文章主题的目的。

（五）回顾全文，归纳主题

问题：回顾全文，你理解题目的深刻内涵吗？

任务一：比较开头结尾，回扣情感转折。

比较文章开头结尾中"我"的不同表现，朗读体会"我"的人生态度的转变。

（开头）双腿瘫痪后，我的脾气变得暴怒无常。望着望着天上北归的雁阵，我会突然把面前的玻璃砸碎；听着听着李谷一甜美的歌声，我会猛地把手边的东西摔向四周的墙壁。

（结尾）又是秋天，妹妹推我去北海看了菊花。黄色的花淡雅，白色的花高洁，紫红色的花热烈而深沉，泼泼洒洒，秋风中正开得烂漫。我懂得母亲没有说完的话。妹妹也懂。我俩在一块儿，要好好儿活……

任务二：回扣题目，理解情感。

回顾全文，结合作者前后的情感转折，谈谈你对题目的理解。

答案预设：

在"我"人生中最痛苦的时刻，母亲用她在绝境中坚忍执着的、对生的希望的信念深深地影响着"我"，让"我"变得沉静从容。母亲去世后，"我"才真正懂得母爱的伟大——母亲教会"我"面对生命的遗憾，勇敢坚强地"好好儿活"。"我"悟出了生命存在的意义——生命是宝贵的，人即使面对死亡，也要执着地活着。"秋天"隐喻了作者生命的成熟和思想感情的沉淀。

结尾对菊花的描写，说明"我"终于懂得"母亲没有说完的话"——母亲渴望她的孩子能烂漫地活着，就像这北海的菊花一样。"我俩在一块儿，要好好儿活……"这句话再次出现，呼应了前文"咱娘儿俩在一块儿，好好儿活，好好儿活……"，这是母亲对他最深切的生命呼唤。前文的话表示母亲的悲苦和渴望，此处则表示自己一定会完成母亲的遗愿，下决心好好地活下去。

任务三：总结课堂，归纳主题。

作者怀念并理解母亲，怀念母亲对他的嘱托——面对死亡，仍要执着地追求生的希望。

方法点拨————————————————————◆

在对整个文本进行分析之后，再归纳提炼主旨，让学生获得更明确的认识。

设计意图：在细节分析、人物背景分析整合的基础上，再次回扣题目，并关联首尾，精准总结主题，以合理的、恰如其分的措辞完成对主题结论的描述。这是对主题的理性总结与精准表达。

《兰亭集序》文本分析课

成都市棠湖中学·彭粒

教学目标

运用结构分析和字词分析法，把握文章结构，分析文章不同信息、不同板块之间的结构性关联，形成系统性思维，进而读懂文章主题。

教学过程

（一）预习回顾，切分层次

设问1：通过预习，大家觉得作者王羲之的情感在本文中经历了怎样的变化？

设问2：在文本中，作者王羲之的情感变化是从哪里开始的？

答案预设：

1. 乐—痛—悲。

2. 从"夫人之相与，俯仰一世"开始。

方法点拨 ——————————————————————◆

本书把本文归入"情感"单元，所以如何把握文中的情感就成了文本分析课的重点。对情感的把握，大致可分为两类：一是不同的情感类别；二是情感的发展变化。以上两点，在文中都有体现，这是文本分析课的重难点。以情感变化为线索，对文本进行大致的切分，是为了让具体的文本分析能够细致地展开。通过对这两个部分的分析，我们可以最终理解为何情感会发生变化，也就是本文中基于经验而又超越经验的终极追问是如何产生的。

设计意图：以上两个设问既是对预习课情况的检测，也可以作为预习课的驱动问题，预先提出。以上两个问题，不能正确作答者，则可视为预习不合格。

文言文本的逻辑性是含而不显的，需要对其进行文本分析才能凸显出来。对于这类文本，最简便有效的层次切分方法就是借助经验切分。文中"信可乐也""岂不痛哉""悲夫"是文本的关键信息，这也使得文本有了一条情感变化的线索。接下来，我们的教学目标就是理解这个线索变化发展的内在逻辑，进而理解文本主题。

（二）文意的局部分析

1."乐"的部分。

任务一：根据大家对"乐"与"悲"这两个部分的划分，我们首先分析"乐"的部分，此部分包含两个自然段，我们需要对文本进行逐段分析。

设问1：大家检索一下文本的第1段，看看作者王羲之在本段中交代了哪些信息。

教师引导：

《兰亭集序》开篇是一个经典而传统的写法："永和九年，岁在癸丑"交代时间；"暮春之初"交代季节；"会于会稽山阴之兰亭"交代地点；"修禊事也"交代事件；"群贤毕至，少长咸集"交代参与者。学生结合课文注释，理解课文内容。其中纪年方式、修禊事是指何事、群贤和少长者是指何人等，教师也可以在此略作补充，此不赘述。

设问2：前文的时间、地点、事件、人物等，都已经交代完毕，作者接着又写了什么？他为什么这样写？

教师引导：

"此地有崇山峻岭，茂林修竹，又有清流激湍，映带左右，引以为流觞曲水，列坐其次。虽无丝竹管弦之盛，一觞一咏，亦足以畅叙幽情。"则是对前文提及的地点环境、事件和彼时心境的铺叙与描写。

过去有人认为，"崇山峻岭""茂林修竹"等属于赘文，其实不然。细究具体字词，我们能见到王羲之为文的巧妙。"崇山"是概观，"峻岭"是远眺；"茂林"是概观，"修竹"是聚焦。这非常符合人在环境中的观察顺序，也符合中国文人的审美传统，什么东西会被看到，什么东西应该被剔除，这背后有一双审美的眼睛和特有的心境。视线进一步收回，"清流"是指水缓处；"急湍"是指水急处，两相映照，自有情趣。流水亦与前文所述山林映照，动静结合，画面感十足。因为水流有缓有急，则知水道并非笔直的，而是屈曲有致的。如此，参与者才能在水道边坐下，而有"映带左右"的感受。

设问3：我们应该怎么理解"畅叙幽情"的"幽"？

教师引导：

此"幽"为细微隐匿之意，此"情"是指人平时深埋于心且不轻易示人的心绪，恰在此春意盎然之时，山水相伴之地，与相得之人长坐对饮，方可"畅叙"之。

设问4：联系前文谈一谈作者为何说"信可乐也"。

教师引导：

"是日也，天朗气清，惠风和畅。仰观宇宙之大，俯察品类之盛，所以游目骋怀，足以极视听之娱，信可乐也。"这是

149

一个层次性的总结。

"天朗气清，惠风和畅"指的是气候，也是心境。"仰观宇宙之大，俯察品类之盛"指的是天地广大而至精微。人生于天地之间，从来不在其外，"万物并作，吾以观复"是对道家自然观的集中体现，也契合当时的时代思想背景。这个背景是文本产生的动因，值得细究。

这个部分对时间、地点、人物、事件、环境及心境等，都做了交代。整体上，可以归为"良辰、美景、赏心、乐事"之"四美"。"四美具"，是作者生发出"信可乐也"之感慨的原因。

方法点拨━━━━━━━━━━━━━━━━━━━━━━━◆

对文本中"乐"与"悲"的部分进行大致划分后，还需要对这两个部分进行细致的信息提取和结构化分析。既要注意言语信息的准确性，也要注意它们前后的关联性。忽略前者，信息有偏差；忽略后者，则无法从整体上理解和把握文本。

2．"悲"的部分。

任务二：接下来分析"悲"的部分，此部分同样包含两个自然段，亦需逐段分析文本。

设问1：前文"仰观宇宙之大，俯察品类之盛"提到了"俯仰"；本段又提到了"夫人之相与，俯仰一世"，这两处的"俯仰"是一个意思吗？我们应该怎样理解？

教师引导：

紧承上一段，"俯仰"二字再度出现，但与前文之意不同，前文提到的"俯仰"是指动作行为，此处的"俯仰"是指对时间紧迫的感受。生命有限而短暂，这个核心论题在此首度提出。

设问2：面对"俯仰一世"的短暂人生，作者描述了哪些应对措施？

教师引导：

"或取诸怀抱，悟言一室之内；或因寄所托，放浪形骸之外。"
这个句子理解起来并不难，此处可以重点分析"或……或……"
二字当作何解。

"或……或……"译法极为活泼，一般地，可以理解为"有
的人……有的人……"；也可以理解为"有时候……有时候……"。
哪种理解比较好，需要结合文本来分析。

"或取诸怀抱，悟言一室之内"与"因寄所托，放浪形骸
之外"指的是两种抵消生命的有限性焦虑的行为模式，落实到
具体而复杂的人身上，这两种选择都有可能出现，一时是这样，
一时是那样，也正因如此，才充分突显这个生命带来的焦灼感。

设问 3：这两种应对措施有根本的不同吗？这两种应对措施
能彻底解决"人之相与，俯仰一世"的焦虑感吗？

教师引导：

前文所述的两种应对措施，表面上看是"趣舍万殊，静躁
不同"，但这只是形式上的区别，究其根本，并无不同。它们
有这样的一致性："当其欣于所遇，暂得于己，快然自足，不知
老之将至；及其所之既倦，情随事迁，感慨系之矣。"这是王
羲之对人类的生存状态和人性的深刻感悟。

引发"欣于所遇"的是欲望，"暂得于己"只是欲望的短
暂满足，新的欲望生起，旧有的满足只会带来厌倦，此即叔本
华所谓：人生就是在痛苦和无聊之间摇摆。面对如此周而复始
的循环，人除了感慨，根本无可奈何。

设问 4："向之所欣，俯仰之间，已为陈迹"，此处再度出

151

现"俯仰"二字,我们应该怎么理解?

教师引导:

这里的"俯仰"同样是指时间短暂,但更具体,此处短暂的是"欣于所遇"之"欣",这种"暂得于己"的愉悦感,也是短暂的。

设问 5:作者为什么借古人之口道出"死生亦大矣。岂不痛哉"?

教师引导:

"修短随化"最终指向"终期于尽"。生命"俯仰一世","欣于所遇"者,"俯仰之间"也会化作"陈迹",这是一种双重意义上的促迫感。这种终极思考一旦产生,便不容回避。它首先表现为焦灼的心情和无可奈何的叹息,也让作者不可能不深切哀恸。

(三)结构化整体分析

任务三:文本分析至此,本文的内在逻辑就梳理出来了。我们将梳理出来的信息进行整理,并将之结构化,形成对文本的全理解。

设问 1:面对生命短暂的无可奈何,作者王羲之是否提出了根本的解决办法?他认为应当如何做?

教师引导:

"兴感之由"之所以"若合一契"是因为生命的有限性是一个伴随着人类的基本问题,它有"终极"之称。实际上,无论是王羲之还是历代的中西圣哲,包括生活在科技发达时代的我们,也都无法从根本上解决这个问题。

但王羲之给出了一种态度:"一死生为虚诞,齐彭殇为妄

152

作。"面对终极问题，切忌自欺欺人，用文字游戏自我麻痹，用诡辩之辞消极遁世。"生死问题"虽不可解，但人生态度需要明确。直面此终极问题，哪怕"不能喻之于怀"，生命也因为人有直面生死的勇气和积极主动的思考而变得有意义。

设问 2：如何理解"后之视今，亦犹今之视昔，悲夫！"一句中"悲"所传达的情感？

教师引导：

王羲之在此文中所说的"悲"就是"同悲"之心，即"同理"之心。只要是人类，就必须面对这个问题，也会产生相似的情感。

"悲"所传达的情感要比前文所说的"痛"更加深刻，这是沉思以后产生的情感，它超越了浅表的感受层次。"悲"有强烈的"推己及人"之心，如何面对"死亡"，这是亘古不变的问题，它不会因时代改变而改变。本文也在这个意义上达成了对哲学思考的共识，完成了对生命终极问题的追问。

这个问题可能永远没有答案，但哲学之意义在于思考的过程，它是"爱智慧"而非"爱结论"的。

设问 3：王羲之认为"生死问题"能从根本上解决吗？

教师引导：

"虽世殊事异，所以兴怀，其致一也。后之览者，亦将有感于斯文。"表明王羲之深信无论过去，现在，还是将来，这个问题将始终伴随着人类，且无法从根本上解决。我们能做的只是一次又一次地回到这个问题面前，去面对它。苏格拉底曾说："未经思考的人生不值得一过。"

由此，我们可以将全文的核心议题总结为三句话：

1. 生死问题是人类的根本问题。

2. 这个问题无法从根本上解决。

3. 对此，我们应该积极面对，不可以自欺欺人。

本课以王羲之的情感变化为线索，通过层层追问的方式，弄清段落内部的文本意义，并在各结构的层次之间建立起理解的联系。

虽然本文重在议论抒情，但是由于文本并无明显的逻辑线索，初读此文会让人一头雾水。我们应该抓住"乐极生悲"这一明显的传统主题，将文本分成几个板块来解读，先从各板块内部理解突破，再在各板块之间建立联系，从而将暗含的逻辑线索串联起来。

层层追问是文本分析的根本方法。教师需要用设问的方式引导学生对文本进行细致地梳理，这个过程就是叩问文本，提取信息的过程。信息呈现得越丰富，文本分析的依据就越充分，而充分的依据是理解文本意义的前提。

设计意图：通过设问形成问题组，促使学生完成对文本信息的提取和整理，形成整体的理解。

三、评价鉴赏课

困境与自洽
——关于中国古代抒情散文的评价课

成都树德中学·肖敏 / 成都市教育科学研究院·袁文

教学目标

通过对古代抒情散文的整合阅读，我们可以品析古代文人在面对人生困境时的生命体验、人生选择与价值追求。

教学过程

导入：观察篆书"穷"字的字形，结合欧阳修的名言，了解中国古代"诗穷而后工"的文化现象。

写人情之难言，盖愈穷则愈工。然则非诗之能穷人，殆穷者而后工也。

　　　　　　　　　——欧阳修《梅圣俞诗集序》

明确：穷，同"窮"。从字形来看，它就像一个人躬着身子，被困在洞穴之中，无法挣脱，引申为达到极点，走投无路，陷入困厄。欧阳修的这句话的意思是：写出了人所难于言传的感受，大概越困厄，其诗就写得越工巧。并非写诗使人困厄潦倒，而是人困厄潦倒后才能写出好诗。中国古代杰出的文人，绝大多数都有"穷而后工"的生命体验，这也是我们研读其作品的一条有效路径。

方法点拨————————————————◆

运用传统训诂学的方法，了解"穷"字的本源和内涵，认识古代文人"诗穷而后工"的文化现象。

设计意图：介绍文化现象，激发学生的学习兴趣。

（一）梳理体验，品味情感

任务：仿照示例，从"穷"的视角出发，梳理作者的生命体验，品味其情感态度。

作品	困境中的生命体验		情感态度
《兰亭集序》	"人之相与，俯仰一世。""修短随化，终期于尽。"	为生命渺小、人生短暂所困	悲痛
《小石潭记》			
《项脊轩志》			
《湖心亭看雪》			

明确：

156

作品	困境中的生命体验		情感态度
《兰亭集序》	"人之相与，俯仰一世。""修短随化，终期于尽。"	为生命渺小、人生短暂所困	悲痛
《小石潭记》	寂寥无人，凄神寒骨	为被贬永州，孤独寂寞所困	凄怆
《项脊轩志》	瞻顾遗迹，如在昨日	为家族分崩离析，母亲、妻子离世，仕途不顺，孤单难诉所困	寂寞
《湖心亭看雪》	莫说相公痴，更有痴似相公	为人生无常、知音难觅所困	孤高

方法点拨————————————◆

梳理文本中与"穷"相关的表述，通过归纳作者"为……所困"的境况或体验，分析作品的情感态度。

设计意图：初步感知作者的生命体验、作品的情感态度。

（二）辨析态度，思考选择

任务：小组讨论，仿照示例，辨析几位文人的不同的人生选择，完成下面表格。

人物	文本表述	人生选择
王羲之	故列叙时人，录其所述，虽世殊事异，所以兴怀，其致一也。后之览者，亦将有感于斯文。	面对无法超越的死生之痛，作者坦然承认，直面生死。
柳宗元		
归有光		
张岱		

157

明确：

人物	文本表述	人生选择
王羲之	故列叙时人，录其所述，虽世殊事异，所以兴怀，其致一也。后之览者，亦将有感于斯文。	面对无法超越的死生之痛，作者坦然承认，直面生死。
柳宗元	隔篁竹，闻水声，如鸣珮环，心乐之。	作者虽被贬，但仍然有游玩的兴致，以美景来抚慰其受伤的心灵。
归有光	"吾家读书久不效，儿之成，则可待乎！"顷之，持一象笏至，曰："此吾祖太常公宣德间执此以朝，他日汝当用之！"瞻顾遗迹，如在昨日，令人长号不自禁。	作者承担着家族复兴的使命，努力读书，一刻也不敢懈怠。
张岱	余挐一小舟，拥毳衣炉火，独往湖心亭看雪。	明朝灭亡之后，作者无意仕进，只寄情于山水之间。

方法点拨━━━━━━━━━━━━━━━━━━◆

根据表格的提示，提炼文本的关键信息，然后进行分析、总结。

设计意图：从体会情感态度到辨析人生选择，使我们对文本和人物有了更深的认识。

（三）探究选择，做出评价

任务一：结合生平，评价选择。

问题1：面对不同的困境，几位人物做出了不同的人生选择。结合各自的生平来看，他们是否实现了精神上的自治？

明确：王羲之坦然承认"一死生""齐彭殇"思想的虚幻，实现了精神上的自治；张岱寄情于山水之间，著书避世，孤芳自赏，也实现了精神上的自治。归有光屡试不第，命途困蹇，回思往事，痛彻心扉；柳宗元在宦海中沉浮，虽试图寄情于山水，但始终心情郁结，无法排遣。归有光和柳宗元都没有实现精神上的自洽。

问题2：结合作者生平和自己的人生经验，思考为什么有的人能实现精神上的自洽，而有的人却不能。

补充资料：王羲之等人的生平资料。

明确：每个人的人生经历、家庭环境、个人性格、思想境界、志向追求都有所不同，他们面对困境时所采取的态度也就不同。例如归有光，肩负着振兴家族、安抚家庭的重任，他的情感负担尤其沉重。他自幼聪颖，一开始对举业满怀信心，但在乡试中连连落第，只能以讲学谋生。理想和现实的巨大落差，注定让他很难走出内心的困顿，实现精神上的自洽。

任务二：研读文献，评价选择。

本文从"儒释道"思想影响的角度评价中国文人在面对困境时的人生选择。

拓展资料：

《儒释道思想与中国古代文人精神》（阮宾）、《从〈兰亭集序〉看王羲之及魏晋士人精神》（龚莎莎）、《柳宗元〈永州八记〉的道家文化解读》（王劲松）、《"大时代"语境中儒家士人的精神境遇及其经典意义——以明代作家归有光为例》（张金锋）、《张岱〈陶庵梦忆〉中的佛教色彩》（梁圣峰）。

明确：中国古代有"儒家治世""道家治身""佛家治心"的说法。儒家文化是"入世"的，提倡积极的人生态度，要求人们有所追求、积极有为。道家文化和佛家文化是"出世"的，道家着眼于自然和超越，引导人们超越对生死、功名的执着；佛家以解脱为旨归，指出摆脱人生痛苦的法门。中国古代文人的人生选择体现了"儒释道"思想对他们的影响，往往顺遂时积极入世，失意时又以"儒释道"思想聊以自慰，三种思想杂而有之，为中国古代文人开拓了极为广阔的精神生存空间。

方法点拨————————————◆

要对人物进行评价，就需要了解人物的生活环境、文化语境、思想观念、性格特征等对其人生抉择可能产生的影响。"人是依据观念而行动的"，评价的重点在于还原人物的思想观念，探究其背后的文化语境。

设计意图：从不同的维度出发，思考中国古代文人的人生选择，提高学生的评价能力。

（四）学以致用，完成任务

任务一：阅读下面的材料，根据要求写作。

"入世、出世、遁世"是人生的三种姿态。"入世"是积极进取、当仁不让，是"天下兴亡，匹夫有责"。"出世"是与自己所处的时代、社会保持一种心灵的距离，这种距离可以让自己回身审视，从而生活得淡泊超脱、从容自在；但如果不能把握好"出世"的"度"，就会陷入"遁世"的境地，从而心灰意冷、消极逃避。人生奋斗的过程不是一帆风顺的，以怎样的姿态面对充满机遇和挑战的大千世界，就显得至关重要。

读了上述材料你有怎样的感悟和思考？请结合材料写一篇文章。

要求：选准角度，确定立意，明确文体，自拟标题；不要套作，不得抄袭；不得泄露个人信息；不少于 800 字。

任务二：阅读拓展资料，运用"还原思想观念"和"探究文化语境"的方法，评价梭罗的人生选择。

拓展资料：

《自然、发展与技术：梭罗生态道家思想新探》（郑怡，蔡咏春）、《逍遥之境：从庄子到亨利·大卫·梭罗》（张一冰，孟岗）、《不同的思想家，不同的隐士境界——〈瓦尔登湖〉和〈桃花源记〉的对比》（郭晋萍）

设计意图：学以致用，以写促读。教师要引导学生运用本节课学到的知识，完成更多的评价任务。

"近观""远望"中的情感意蕴

——关于回忆性文学作品视角的鉴赏课

成都树德中学·肖敏

教学目标

通过"经验自我"和"叙述自我"的视角来深入品味回忆性文学作品的情感内涵。

教学过程

导入：

问：上面有两幅图，如果让你选择其中一幅图作为《从百草园到三味书屋》的课文插图，你会选择哪一幅？为什么？

答案预设：

我选第一幅。第一幅图高大的房门、层层的院落与幼小的孩童形成了强烈的对比，从孩童的视角来看，展现了三味书屋的压抑感，能让人感受到孩童进学堂时的忐忑、惶恐、不安的心情。而第二幅图是当代游客视角的客观呈现，不带有情感色彩，无法让读者沉浸其中。

从分析图像的"视角"出发，体会视角不同，情感的表达也会有所差异。

设计意图：激发学生的学习兴趣，让学生初步了解艺术作品中"视角"的意义和价值。

(一)认识"双重视角"

任务一：阅读《从百草园到三味书屋》和《秋天的怀念》片段，思考文段是如何把过去和现在交织在一起叙述的。

[甲]双腿瘫痪后，我的脾气变得暴怒无常……可我却一直都不知道，她的病已经到了那步田地。后来妹妹告诉我，她常常肝疼得整宿整宿翻来覆去地睡不了觉。

那天我又独自坐在屋里，看着窗外的树叶"唰唰啦啦"地飘落。

[乙]先生读书入神的时候，于我们是很相宜的。有几个便用纸糊的盔甲套在指甲上做戏。我是画画儿，用一种叫作"荆川纸"的，蒙在小说的绣像上一个个描下来，像习字时候的影写一样。读的书多起来，画的画儿也多起来；书没有读成，画儿的成绩却不少了，最成片段的是《荡寇志》和《西游记》的绣像，都有一大本。后来，因为要钱用，卖给一个有钱的同窗了。他的父亲是开锡箔店的；听说现在自己已经做了店主，而且快要升到绅士的地位了。这东西早已没有了罢。

答案预设：

[甲]文中"双腿瘫痪后"是作者追忆往事，"后来"是作者对现实的陈述，而"那天"作者又在追忆往事。[乙]文中先生"读书入神的时候"是作者追忆往事，"后来"是作者对一

段时间后的往事的陈述,而"现在"是作者回归现实,讲述现在。

任务二:介绍"双重视角"的概念,结合文本,分析这样叙事的好处。

明确:回忆性文学作品一般都会采用"两重叙述视角"的叙事策略:一个是回忆往事的"过去"的"我"的视角,即用经验自我视角来叙事;一个是回顾往事的"现在"的"我"的视角,即用叙述自我视角来叙事。在选段中,经验自我视角代表了往昔的快乐,天真烂漫的生活的再现;而叙述自我视角则代表了现在的"我"对过去的审视,时过境迁、童真不再的痛苦。

板书设计:

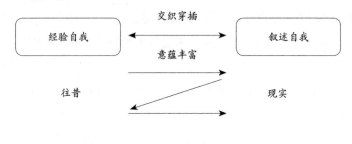

方法点拨━━━━━━━━━━━━━━━━━━━━━━━◆

通过概念介绍、文本分析等方法来引导学生认识"过去"和"现在"叙事背后隐含的"双重视角",以及这种"双重视角"所带来的表达效果。

设计意图:初步了解"双重视角"的定义、内涵和表达效果。

(二)品味"双重视角"

任务一:知人论世,了解"自我"。

阅读张岱生平相关资料,完成下面表格。

视角	人物身份	个人经历
经验自我	当时游湖的张岱（35岁）	
叙述自我	晚年回忆的张岱（55岁）	

明确：

视角	人物身份	个人经历
经验自我	当时游湖的张岱（35岁）	明崇祯五年（1632），大明王朝的统治还算稳定。在思想文化领域，王艮、李贽等人公开标榜人性的解放，主张童心、本真和率性而行。在此思潮的影响下，文人士子纷纷在反名教礼法的旗号下纵情于自然山水和人文艺术之间，挥洒个性。一方面，张岱出身于明朝的仕宦家庭，年少时为纨绔子弟，自小就享受着优渥的生活，这造成了他不能免俗的一面。另一方面，深受名士习气影响的他又优雅脱俗、追求个性。
叙述自我	晚年回忆的张岱（55岁）	晚年回忆游湖之举的张岱，已不再年轻，也不再是一个有纨绔习气和名士风度的公子。经历了国破家亡的动荡后，张岱不肯和大清合作，甚至还参加了抗清斗争，但最终惨遭失败，只能隐居在山中，过着异常凄苦的生活。

任务二：依据"自我"，品味情感。

问题1：根据张岱写作时的双重身份和叙述视角，品读重点词句，深入体味张岱在文中所寄寓的情感。

①崇祯五年十二月，余住西湖。

②是日更定矣，余拏一小舟，拥毳衣炉火，独往湖心亭看雪。

③问其姓氏，是金陵人，客此。

④及下船，舟子喃喃曰："莫说相公痴，更有痴似相公者。"

答案预设：

①为叙述视角，明朝灭亡后，张岱避居在浙江剡溪山中，专心从事著述，穷困以终。他追忆往事时，仍用明崇祯帝之年号，故国之思和沧桑之感溢于言表。

②为经验视角，"独"字并非实指，从后文来看舟中有"两三人"，此"独"字，更多地表现了张岱游湖时的孤高心境。

③到亭上偶遇二人，以中年张岱的视角来看，他巧遇了知音，这是一件幸事；而以晚年张岱的回忆性的眼光来看，知音难觅和人生聚散无常的感慨让此事不免也染上了一层悲凉的色彩。对经验自我来说，不提二人姓氏而只突出"金陵人"之籍贯，是为了表现自己和二人之脱俗；而对此时的叙述自我来说，则是要突出作为大明旧都的金陵在自己心中的分量。

④句中一"痴"字，兼有经验自我视角与叙述自我视角。作者痴迷于超凡脱俗的雅致，痴迷于天人合一的山水，痴迷于"独行"。而作者"痴"的背后，掩藏着一颗"痴心"，这颗"痴心"饱含着对故国往事的怀恋，对兴衰更替、沧海桑田的感伤与悲痛，以及对半生繁华、半生落寞的人生感慨。

明确："经验自我"的情感心境：彰显名士之风、不俗品位的惬意、优越感。"叙述自我"的情感心境：故国之伤，兴衰悲凉之感。

方法点拨

结合人物的今昔身份、个人经历，品味"经验自我"视角和"叙述自我"视角下的复杂情感。

设计意图：知人论世，运用"双重视角"分析方法对文本进行深入品味、涵咏。

（三）赏读"叙述自我"

任务一：阅读《社戏》被删减的开头部分，思考文章开头部分运用"叙述自我"视角的表达效果。

明确：删减部分记叙了"我"成年后两次看戏的经历，这属于"叙述自我"视角。在成年的"我"看来，剧场狭窄拥挤，氛围喧嚣杂乱，人与人之间的关系是冷漠的、疏远的，让"我"急于逃离那里。课文节选部分是"我"回忆儿时在乡村看戏的经历，展现了乡村人们的健康、热情、淳朴、善良，这属于"经验自我"视角。前后看戏，一略一详，一弃一扬，描绘的是理想图景，针对的是现实社会。如果文中仅以"经验自我"视角来叙事，那么文章内涵就显得很薄弱，只是单纯地怀念童年的美好生活了。

任务二：阅读《社戏》《背影》《秋天的怀念》的结尾，从"叙述自我"视角出发比较其异同。

［甲］真的，一直到现在，我实在再没有吃到那夜似的好豆，——也不再看到那夜似的好戏了。

［乙］又是秋天，妹妹推着我去北海看了菊花。黄色的花淡雅，白色的花高洁，紫红色的花热烈而深沉，泼泼洒洒，秋风中正开得烂漫。我懂得母亲没有说完的话。妹妹也懂。我俩在一块儿，要好好儿活……

［丙］近几年来，父亲和我都是东奔西走，家中光景是一日不如一日。他少年出外谋生，独力支持，做了许多大事。哪知老境却如此颓唐！他触目伤怀，自然情不能自已。情郁于中，

自然要发之于外；家庭琐屑便往往触他之怒。他待我渐渐不同往日。但最近两年的不见，他终于忘却我的不好，只是惦记着我，惦记着我的儿子。我北来后，他写了一信给我，信中说道："我身体平安，唯膀子疼痛厉害，举箸提笔，诸多不便，大约大去之期不远矣。"我读到此处，在晶莹的泪光中，又看见那肥胖的、青布棉袍黑布马褂的背影。唉！我不知何时再能与他相见！

明确：这三篇文章的相同之处在于最后都通过"叙述自我"视角，站在成年人（或者更成熟的自我）的立场上进行了总结，表达了"我"回忆往事时的深深遗憾、怀念之情。其不同之处在于《社戏》是直接以成年后的"我"的口吻议论作结，表达了往事难再的遗憾；《秋天的怀念》描写了菊花在"我"的眼前盛开的景象，"我俩在一块儿，要好好儿活"与母亲临终前念叨的"我那个有病的儿子和我那个还未成年的女儿……"形成呼应，表达了"我"对母亲的沉痛的悼念和永恒的怀念；《背影》结尾还穿插了"我"对父亲少年时的辉煌往事的回忆，与如今颓唐的老境对比，更显凄凉，也让自己对父亲的记挂，多了几分沉重的意味。

板书设计：

方法点拨

通过文本内部的比对和不同文本的对比，品味"叙述自我"

视角在回忆性文学作品中的深层意蕴，并对其表达效果进行归纳总结。

设计意图：相对于"经验自我"视角，"叙述自我"视角在回忆性文章中的篇幅往往较短，容易被忽略，但它对解读文章内涵有着重要的作用，需要我们细细品味。总的来说，以"经验自我"视角书写的文字构成了文章的主要内容，奠定了文章的情感基调，表现了文章的中心思想；而以"叙述自我"视角书写的文字则构成了对"经验自我"的审视、思考，"叙述自我"视角往往可以和"经验自我"视角构成对比，从而为读者提供更加丰富的阅读视角，让主题意味更加丰厚、耐人寻味。

（四）运用"双重视角"

根据本课学到的知识，完成下面的写作任务。

下面这篇文章是小明同学在小学四年级时写的作文，现在他已经是一名自信、沉稳的高中生了。如果你是小明，回忆起这段往事，你该如何讲述？请运用"双重自我"视角写一篇回忆性文章，且不少于500字。

有一次，数学老师给我们留了几道题，当作作业，前几题还很简单，可最后一道思考题却难倒了我，我想了想，前几步做对了，可后面的那道算式我却做不出来。突然，我想起了奶奶房间里有一个计算器。于是，我便偷偷地跑到奶奶房间，把计算器拿了过来，输上了题，一下子就算出了正确答案。后来我又偷偷地放了回去。做完作业，我拿着本子让妈妈看，妈妈说："把算草本拿过来。"我便拿了过来。妈妈看了一会儿，问我："最后一题的算草纸在哪儿啊？"我支支吾吾地说："最后一题的算草写得……写得很乱，所以扔了。"妈妈却不甘心："扔了去捡回来。""我……我……撕了……然后……才扔的!"我不敢抬头看妈妈的眼神,只听见她叹了一口气。最后我也没有鼓起勇气告诉妈妈事情的真相。

设计意图:学以致用,以写促读。教师指导学生运用"双重视角"的方法写作,赋予回忆性作品丰富、多层次的情感内涵。

"有我"之境，独抒性灵

——写景抒情散文个性化语言表达的鉴赏课

成都树德中学·肖敏

教学目标

品味散文个性化的语言表达，学习运用个性化的语言写景抒情。

教学过程

导入：

说一说，下面文段是否是同一位作家的作品？你判断的依据是什么？

［甲］这里春红已谢，没有赏花的人群，也没有蜂围蝶阵，有的就是这一树闪光的、盛开的藤萝。花朵儿一串挨着一串，一朵接着一朵，彼此推着挤着，好不活泼热闹！

"我在开花！"它们在笑。

"我在开花！"它们嚷嚷。

每一穗花都是上面的盛开，下面的待放。颜色便上浅下深，好像那紫色沉淀下来了，沉淀在最嫩最小的花苞里。每一朵盛开的花像是一个小小的张满了的帆，帆下带着尖底的舱。船舱鼓鼓的，又像一个忍俊不禁的笑容，就要绽开似的。那里装的是什么仙露琼浆？我凑上去，想摘一朵。

［乙］揪着草，攀着乱石，小心探身下去，又鞠躬过了一个石穹门，便到了汪汪一碧的潭边了。瀑布在襟袖之间；但我的心中已没有瀑布了。我的心随潭水的绿而摇荡。那醉人的绿呀，

仿佛一张极大极大的荷叶铺着，满是奇异的绿呀。我想张开两臂抱住她；但这是怎样一个妄想呀。——站在水边，望到那面，居然觉着有些远呢！

答案预设：

［甲］文的作者是宗璞，出自《紫藤萝瀑布》；［乙］文的作者是朱自清，出自《绿》。宗璞的散文，清新明快，内涵丰富，善用比喻、拟人等修辞手法，语言优美而生动。朱自清的散文，清新、朴实、真挚、优美，情感细腻而隽永，意境圆融而富有诗意。

方法点拨 ━━━━━━━━━━━━━━━━━━━━━━━━◆

勾连初中课文，感知不同作家的语言风格。明确个性化的语言表达是散文的一大特点。

设计意图：初步感知，了解本节课的学习对象。

（一）品析个性化的语言风格

任务一：对比阅读——同样是写"花"，朱自清笔下的荷花与郁达夫笔下的牵牛花有何不同？

景物描写	手法	色调	风格	情感表达
层层的叶子中间，零星地点缀着些白花，有袅娜地开着的，有羞涩地打着朵儿的；正如一粒粒的明珠，又如碧天里的星星，又如刚出浴的美人。微风过处，送来缕缕清香，仿佛远处高楼上渺茫的歌声似的。	叠词、比喻、拟人、排比（博喻）、通感	雅丽（绿白、粉碧等色彩）	诗意、朦胧、典雅	表现了自己沉浸于荷塘的美景之中，暂时忘却身边的一切烦忧。

续表

景物描写	手法	色调	风格	情感表达
……或在破壁腰中，静对着像喇叭似的牵牛花（朝荣）的蓝朵，自然而然地也能够感觉到十分的秋意。说到了牵牛花，我以为以蓝色或白色者为佳，紫黑色次之，淡红色最下。最好，还要在牵牛花底，教长着几根疏疏落落的尖细且长的秋草，使作陪衬。				

明确：

景物描写	手法	色调	风格	情感表达
……或在破壁腰中，静对着像喇叭似的牵牛花（朝荣）的蓝朵，自然而然地也能够感觉到十分的秋意。说到了牵牛花，我以为以蓝色或白色者为佳，紫黑色次之，淡红色最下。最好，还要在牵牛花底，教长着几根疏疏落落的尖细且长的秋草，使作陪衬。	比喻、白描、叠词	清冷(蓝、紫黑等颜色)	古朴、细腻	表达了自己对北国秋日"清、静、悲凉"之境的独特喜好和眷恋。

任务二：勾连阅读——仿照示例，勾画《故都的秋》中其他语段，进一步品味作者的个性化语言风格和情感表达。

示例：《荷塘月色》语言风格文白夹杂。对荷花的细腻动人的描写，是纯口语化的，读起来流畅自如，余味无穷。文中采用了"霎时""宛然""凝碧"等典雅典词，以及摘引了《采莲赋》和《西洲曲》中的诗句，这增添了本文的古典美。口语化的表达更利于作者情感的倾泻，文言文的运用则让作者的情感显得含蓄、凝练，耐人咀嚼。

明确：不同作家的语言表达方式各有不同，营造的意境也千差万别，笔下的景物也就都打上了鲜明的个性烙印。而这些独具个性和审美特点的景物，又贴合了作者的情绪和心境，达到物我合一的境地。

任务三：方法提炼——以《荷塘月色》和《故都的秋》为例：思考可以从哪些方面对个性化语言进行品味，从而领会作者独特的感悟与情思。

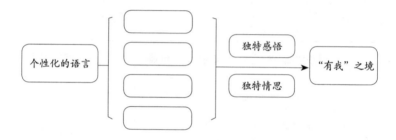

明确：意象选择、遣词造句、手法运用、风格呈现等。

方法点拨————————————————◆

选择同一种描写对象——"花"，让学生从"手法""色调""风格"等角度对不同作家的文字进行对比阅读，从而更好地体会什么是"个性化的语言表达"。

设计意图：先回归文本，感受作家的个性化的语言风格，这是"个性聚焦"；再进行方法提炼、概括，这是"类型勾连"。

（二）探究个性化语言的形成

任务一：知景见人，明了"有我"之境。

问题1：《故都的秋》中的"我"是一个怎样的人？试着结合文意对其加以分析，注意加点词语。

①在北平即使不出门去吧，就是在皇城人海之中，租人家一椽破屋来住着，早晨起来，泡一碗浓茶，向院子一坐，你也能看得到很高很高的碧绿的天色，听得到青天下驯鸽的飞声。

②从槐树叶底，朝东细数着一丝一丝漏下来的日光，或在破壁腰中，静对着像喇叭似的牵牛花（朝荣）的蓝朵，自然而然地也能够感觉到十分的秋意。

补充评论：

有我之境，以我观物，故物皆著我之色彩。（王国维）

"清新幽微，如诗如画"，从极细极微处，开拓出广大的感性天地，他的细腻是双重的，既是事物的细枝末节，也是内心的幽微感受。一个感伤的江南才子，一个充满古典趣味的士大夫，郁氏文心，让人百读不厌。（王乙）

答案预设：郁达夫笔下的"我"，是一个旧式文人，生活悠闲，带着点颓废。

任务二：知人论世，辨"有我"之因。

问题2：研读补充资料，思考郁达夫形成这样的语言风格的原因，完成表格。

补充资料：

朱自清生平资料、《浅谈朱自清散文风格与人格》（张惠平）、《试论朱自清散文风格的形成》（王心敏）。

作家	语言风格	个性禀赋	审美眼光
郁达夫	古朴、细腻、苍凉	郁达夫的性格：孤独、敏感、颓废，愤世嫉俗又放荡不羁。他是典型的浪荡才子型。	①中国传统的"悲秋"情结；②日本的"物哀"文化；③在文艺和审美观方面，提倡"静的文学"，写的也多是"静如止水似的文学"。
朱自清			

明确：

作家	语言风格	个性禀赋	审美眼光
郁达夫	古朴、细腻、苍凉	郁达夫的性格：孤独、敏感、颓废，愤世嫉俗又放荡不羁。他是典型的浪荡才子型。	①中国传统的"悲秋"情结；②日本的"物哀"文化；③在文艺和审美观方面，提倡"静的文学"，写的也多是"静如止水似的文学"。
朱自清	早期色彩浓丽、工笔细描，后期文言与口语相结合，风格典雅柔和、自然隽永。	朱自清为人诚恳、谦虚、温存、朴素，人生态度严肃认真、一丝不苟，他在家国大义面前也是一身正气、刚直不阿。	①既吸收古典文学的养分，又善于运用新鲜活泼的口语；②倡导文学语言：一要自然，二要创新；③提倡"写真"，强调对生活要做精细的观察和体验。

方法点拨 ————————————◆

文学作品中的"我"，不能简单地和作者画等号，"知人论世"的方法也不可滥用。例如作者的"个人经历"，对个性化语言表达的影响微乎其微，我们应该更多地从"个性禀赋"和"审美眼光"的角度，探究个性化语言表达的成因。

设计意图：理解"有我"之境的内涵，辨析"有我"之境的成因，从而更深入地理解散文个性化语言的表达特点。

（三）运用个性化语言来书写

根据本课学到的知识，完成下面的写作任务。

①假如朱自清要离开北平回到故乡扬州，租住在北平的一椽破屋里，他会用怎样的文字来表达自己的眷恋、不舍之情？请以朱自清的口吻写一段话，不少于200字。

②假如你是一名高一的学生，去北京研学时来到清华园的荷塘，看到眼前的景致，你有何所思所想所悟？请写一段文字，将独特的"自我"融入景物描写之中，不少于200字。

设计意图：运用个性化的语言来写作，从而达到读写结合、学以致用的目的。

四、文学史课

摹物记事，有所兴感
——"记体文"的文体流变

成都树德中学·肖敏／成都市教育科学研究院·袁文

教学目标

了解"记体文"的发展历程，重点赏析明代"记体文"的特点。

教学过程

导入：

1. 想一想，我们学过多少篇名为"××志"或"××记"的文章？

2. 观察篆书中"志"的写法，联系《说文解字》和段玉裁的注释，归纳"志"的含义。

《说文解字》：志，意也。从心，之声。

《周礼述注》：志，古文"识"。识，记也。

明确："志"，既可以理解为记录"心之所向"，也可以解读为记录一种文体。"记体文"是中国古代非常重要的一种文体，作为我国古典文苑的一朵奇葩，它自问世以来，就吸引了众多文人学者的关注和研究。

运用传统训诂学的方法，了解"志"字的本源和在古文中的多重含义，让学生对"志"的概念有更明确的认识。

设计意图：关联新旧知识，激发学生的学习兴趣。

（一）梳理中国古代"记体文"的发展历程

任务一：阅读论文，梳理归纳。

阅读李佳《论记体文创作的发展历程及阶段特征》一文，完成下面表格。

时代	文体特征	代表作品
唐以前（发轫期）		

明确：

时代	文体特征	代表作品
唐以前（发轫期）	"记"字不仅是一种行为方式，还包含了客观记录、主观议论、行文结构等特质。这时的"记"字已经有了文体标志的意义。	东汉马第伯的《封禅仪记》、东汉佚名的《益州太守高联修周公礼殿记》。
唐代（发展期）	重客观描绘，体例、风格基本成熟定型。	韩愈的《画记》、柳宗元的《永州八记》。

时代	文体特征	代表作品
宋代（繁荣期）	从以实录为中心转向以说理为中心，议论成分大大增加。	范仲淹的《岳阳楼记》、欧阳修的《醉翁亭记》、王安石的《游褒禅山记》等。
明代（变革期）	一方面沿袭唐宋记体文的既定体例、格局发展；另一方面开辟新境，关注小我，独抒性灵，具有悠然亲切的审美特质。	归有光的《项脊轩志》、徐渭的《豁然堂记》、袁中道的《西山十记》等。
清代（融合期）	融合前人风格，又有个性追求，如桐城派散文推崇先秦散文或程朱理学，标举义法。	姚鼐的《登泰山记》等。

任务二：对比阅读，深化理解。

对比阅读《小石潭记》和《项脊轩志》，从"记体文"文体特征的角度来比较两篇记体文的异同，并简要分析。

［甲］从小丘西行百二十步，隔篁竹，闻水声，如鸣珮环，心乐之。伐竹取道，下见小潭，水尤清冽。全石以为底，近岸，卷石底以出，为坻，为屿，为嵁，为岩。青树翠蔓，蒙络摇缀，参差披拂……

［乙］……项脊生曰："蜀清守丹穴，利甲天下，其后秦皇帝筑女怀清台。刘玄德与曹操争天下，诸葛孔明起陇中。方二人之昧昧于一隅也，世何足以知之？余区区处败屋中，方扬眉瞬目，谓有奇景；人知之者，其谓与坎井之蛙何异？"（将课文删减部分补充完整）

答案预设：

相同：两者都对所记对象进行了鲜明生动地描写。柳宗元笔下的小石潭，水清石奇，树茂鱼乐。《项脊轩志》中写书阁虽然破旧，但花鸟增胜，珊珊可爱。两篇文章的文笔生动，细腻传神。

差异：《小石潭记》通篇叙事写景，偏重于客观再现；而《项脊轩志》既有叙事写景，也有议论。议论画龙点睛，将作者仕途艰难的隐痛、不愿意低头认输的远大抱负抒发得淋漓尽致。

方法点拨 ━━━━━━━━━━━━━━━━━━━◆

先归纳，再演绎。

设计意图：古代"记体文"的发展过程基本上已有定论，学生通过阅读梳理，了解这一发展过程，并通过对具体文本的比较阅读，深入理解不同时期的"记体文"在文体特征上的异同。

（二）欣赏明代"记体文"的独特之处

任务一：了解背景，分析成因。

阅读陶应昌的《公安派"独抒性灵，不拘格套"的主张及其主体意识》，归纳公安派的文学主张及其成因，完成下面表格。

文学主张		
产生原因	政治	
	经济	
	思想	
	文学	

明确：

文学主张		其一，反对模拟，反对复古；其二，"独抒性灵"，要写"自己胸臆流出"的诗文；其三，"不拘格套"。
产生原因	政治	天下承平，以"三杨"为首的馆阁诸公统治文坛。
	经济	随着资本主义经济因素的萌芽滋长，程朱理学逐渐开始动摇。
	思想	左派王学的兴起，使长期禁锢人们身心"存天理，去人欲"的封建传统教义、伦理道德观念受到严峻的挑战，使一些有志之士产生了一股反传统礼教，追求个性解放的新思潮。
	文学	"复古派"剽窃成风，毫无生气，从根本上扼杀了文学的生机。

任务二：对比阅读，发现区别。

对比阅读范仲淹的《岳阳楼记》和袁中道的《游岳阳楼记》，从表达主题的角度比较二者的不同。

［甲］庆历四年春，滕子京谪守巴陵郡。越明年，政通人和，百废具兴，乃重修岳阳楼，增其旧制，刻唐贤今人诗赋于其上，属予作文以记之……

［乙］……昔滕子京以庆帅左迁此地，郁郁不得志，增城楼为岳阳楼。既成，宾僚请大合乐落之，子京曰："直须凭栏大哭一番乃快！"范公"先忧后乐"之语，盖亦有为而发。夫定州之役，子京增堞籍兵，慰死犒生，边垂以安，而文法吏以耗国议其后。朝廷用人如此，诚不能无慨于心。第以束发登朝，入为名谏议，出为名将帅，已稍稍展布其才；而又有范公为知己，不久报政最矣，有何可哭？至若予者，为毛锥子所窘，一往四十余年，不得备国家一亭一障之用。玄鬓已皤，壮心日灰。近来又遭知己骨肉之变，寒雁一影，飘零天末，是则真可哭也，真可哭也！

答案预设：

《岳阳楼记》是道统文章，范仲淹对"古仁人之心"的追求，对"先天下之忧而忧，后天下之乐而乐"的坚持，是对"文以载道"理念最好的诠释。而在《游岳阳楼记》中，公安派代表人物袁中道认为，滕子京怀才不遇、被贬岳阳的经历，和自己比起来，实在不值一提：功业未成、年已半老、骨肉（指二兄袁宏道）病故、飘零在外。与范仲淹强烈的家国情怀相比，袁中道只是借别人之酒杯，浇自己之块垒，表达一个小人物的一腔忧愤。

任务三：依据理论，赏读文本。

结合公安派"独抒性灵"的文学主张，赏读《项脊轩志》。

问题1：《项脊轩志》中提到了哪些"真情"？

问题2：作者运用了哪些手法来表达这些情感？

答案预设：

1.《项脊轩志》中"多可喜"之情，亦"多可悲"之情。"可喜"者，有读书轩中的怡然自得，有天伦之乐，有夫妻相伴的甜蜜温馨；"可悲"者，有家庭分崩、亲人去世的凄凉，有难以面对先祖的愧疚，有科举仕途的艰难的隐痛。

2. 作者善于运用结构"关"情、细节"撩"情、朴质"增"情、叠字"助"情等手法来表达这些情感。（言之成理即可）

方法点拨 ————————————————◆

以小组合作的方式完成这个部分的学习任务，尽量避免空洞的理论分析，将文学主张与具体文本相结合，从而增进学生的理解，深化其认识。

设计意图：明代是"记体文"发展的重要阶段，既有对唐宋"记体文"的既定体例、格局的继承，又有开辟新境的发展。

通过对这个环节的学习，教师要让学生了解明代"记体文"产生文体流变的原因，归纳明代"记体文"独特的审美特征，并结合《项脊轩志》等经典作品来分析，训练其分析鉴赏的能力。

（三）运用"记体文"知识进行读写

任务一：根据"记体文"的文体特征的相关知识，赏析下列两组文章的异同。

第一组：柳宗元《永州八记》、袁中道《西山十记》

第二组：范仲淹《岳阳楼记》、徐渭《豁然堂记》

任务二：阅读下面的材料，按照要求写作。

文学究竟是为了道德教化，还是只为了抒写自我的性情，历来多有争论。唐代韩愈有感于声色之文的流弊，发起古文运动，举起"文以明道"的大旗，从此有了"道统"。而在文人习惯说道德之后，又衍生了太多"假道学"的伪作，在明朝正统文人群体之外又出现了一股逆流——袁宏道与其兄袁宗道、其弟袁中道组成的"公安派"。公安派的核心宗旨就是"独抒性灵，不拘格套，非从自己胸臆流出，不肯下笔"。于是，"独抒性灵"和"文以载道"相并立，成为两座高峰，区分、统领着千古文脉的源流。

请以"文以载道"和"独抒性灵"为话题，结合自己的人生经历、读写经验，写一篇不少于800字的文章，表达你的思考、判断。

设计意图：拓展运用，利用本节课学到的"记体文"的知识来完成更多的读写任务。

第三单元

思想

一、预习课

第三单元预习课

成都市金苹果锦城一中·宋红琨

预习目标

扫清阅读障碍，完成文言篇目特殊语言现象的归类梳理；审视文章说理方法，梳理文章思路；对文章中的观点或意见进行阐释或质疑，为后续学习张本。

预习准备

1. 不同颜色的笔（用黑笔批注，用蓝笔质疑，用红笔交流讨论）。

2. 工具书：《现代汉语词典》《古汉语常用字字典》《说文解字》。

预习任务

（一）扫清文字障碍

具体内容	教师活动	学生活动	举例
通读本单元，借助课文注释和工具书，力求把文章读正确、通畅。	提出阅读要求：①默读课文，标注段落，借助课文注释或工具书标注出生词的读音；把重点或有疑难的字词标记出来；②划出文言长句的停顿处。	1.认真默读课文，标注段落，注音；2.划出文言长句的停顿处。	1.《庖丁解牛》一文中的"踦、砉、騞、窾、綮、軱、硎、謋"的读音。2.《劝学》一文中的"鞣、参、省、暴、跂、跬、骐、骥、螯"的读音。3.《鱼我所欲也》中"如使 / 人之所欲 / 莫甚于生，则 / 凡可以得生者 / 何不用也？使 / 人之所恶 / 莫甚于死者，则 / 凡可以辟患者 / 何不为也？"等句子的停连。

（二）基本熟悉文本

具体内容	教师活动	学生活动	举例
能完全自主、准确地翻译文言课文，了解文章的大意。	提出自主翻译任务：借助课文注释和工具书口译全文，翻译重难点词句；标注不能理解的词句。在此过程中教师需给求助的学生提供指导。	1.利用注释和工具书，口头翻译全文；2.批注重难点词语释义，翻译重难点句子，记录自己的收获与疑问。	1.查阅《〈论语〉十二章》中的"学""习""温"，参考《说文解字》中的部分释义："学"，觉悟也。"习"，数飞也，这里意为练习实践；"温"字在甲骨文中的字形很像一个人正在容器中沐浴洗身，这里意为复习。2.有同学翻译"人不知而不愠"时疑惑：根据注释应译为"人们不了解我，我却不生气"，应该是讲君子的修养好，但是该句怎么出自《学而》呢？

（三）文言现象归类

具体内容	教师活动	学生活动	举例
梳理总结文言特殊的语言现象，关注其与现代汉语表达的差异。	出示文言现象分类和梳理任务单：①通假字。②词类活用。③古今异义。④一词多义。⑤特殊句式。	完成文言单元特殊的语言现象的分类和梳理，并进行质疑与交流。	梳理五篇文言中"而"字用作连词的用法、释义，并举例说明。（详见下面连词"而"的用法小卡片。）

连词"而"的用法小卡片：

用法	释义	举例
表转折	却	"人不知而不愠"《学而》 "乡为身死而不受"《鱼我所欲也》 "而见者远"《劝学》 "而刀刃若新发于硎"《庖丁解牛》
表并列	又	"切问而近思"《论语·子张》 "舍生而取义"《鱼我所欲也》 "则知明而行无过矣"《劝学》 "官知止而神欲行"《庖丁解牛》
表递进	并且	"君子博学而日参省乎己"《劝学》 "技经肯綮之未尝，而况大軱乎"《庖丁解牛》
表顺承	然后	"学而时习之"《学而》 "积善成德，而神明自得"《劝学》 "善刀而藏之"《庖丁解牛》
表修饰	地／着	"吾十有五而志于学"《为政》 "呼尔而与之"《鱼我所欲也》 "吾尝终日而思矣"《劝学》 "提刀而立"《庖丁解牛》
表假设	如果	"锲而不舍……锲而舍之"《劝学》

（四）文章内容梳理

具体内容	教师活动	学生活动	举例
筛选信息并做好圈点勾画，初步理解文章内容。	1. 出示预习提示： （1）五篇文章的核心思想是什么？其论说方式及思路有什么异同？ （2）根据实际情况，教师还可以提出如下问题： ①《〈论语〉十二章》有无一以贯之的思想？ ②《鱼我所欲也》中段落之间的关系是什么？ ③《劝学》是如何论述学习的必要性的？ ④《庖丁解牛》中的解牛过程与"养生之道"有何关联？ ⑤《人应当坚持正义》的作者是否赞同在任何情况下都无条件坚持正义？ 2. 指导学生勾画、分析内容。	1. 筛选信息，在原文中勾画并批注答案； 2. 厘清文章思路； 3. 提出疑惑，自主批注。	《人应当坚持正义》的思路： 第一部分：苏格拉底直接表明自己的观点，格黎东的意见如果合乎正道，"我"就听从；否则"我"便不能从命，因为"我"一向坚持正道。 第二部分：从重视好的意见，不管坏的意见的角度分析，表明"我"听从真理。 第三部分：从格黎东逃跑或越狱的理由入手，"我"对他的逃跑或越狱行为进行分析，以此来证明坚守道义不越狱的行为才是正当的。

（五）质疑交流讨论

具体内容	教师活动	学生活动	举例
交流预习过程中的疑难问题，记录有价值的问题和困惑，为后续学习做准备。	组织问题并进行交流与讨论，对学生的问题进行分析与归类：文本分析类、评价鉴赏类、文学史类等。	质疑问难，与同学展开交流与讨论。	《鱼我所欲也》的质疑归类： （1）文本分析类提问： ①本文的分论点与中心论点有什么关系？ ②本文是如何采用层层推进的方法来阐明作者观点的？ （2）评价鉴赏类提问： ①舍生取义的"义"为何意？ ②在本文中反复使用相似的句式有何作用？ ③为什么把鱼和熊掌放在一起比较？妙在哪里？ ④本文多次运用对比论证的方法有什么作用？

二、文本分析课

《〈论语〉十二章》文本分析课

成都市金苹果锦城一中·宋红琨

教学目标

通过联系上下文和分类梳理内容,准确理解《〈论语〉十二章》中君子治学、修身的内涵。

教学过程

(一)导入

截取杨绛先生《我是怎样读〈论语〉的》中的一段话,引出:

"四书"我最喜欢《论语》,因为最有趣,读《论语》,读的是一句一句话,看见的却是一个一个人,书里的一个个弟子,都是活生生的,一个一个样儿,各不相同。

今天我们也用杨先生的方法来读一读《〈论语〉十二章》,一句一句地读,认识里面一个个活生生的人。

设计意图:开门见山地引入阅读方法,激发学生的思考。

(二)关联前后明语义

任务一:关联前后语义,逐章翻译,概括每章的内容。

第一章 子曰:"学而时习之,不亦说乎?有朋自远方来,不亦乐乎?人不知而不愠,不亦君子乎?"(《学而》)

【译文】孔子说:"学习知识之后,能在适当的时机运用所学的知识(去解决问题),不也是很舒心吗?有同学从远方来切磋所学,(分享学习所得或探讨学习上的疑惑,)不也很愉悦吗?别人不了解(自己学习的进境),自己并不恼怒,不也

190

是有修养的君子吗？"

明确：本章主要谈君子治学之乐，分别谈学而能用的畅快、切磋所学的快乐、学有所成时内心稳定而自足的愉悦。

第二章　曾子曰："吾日三省吾身：为人谋而不忠乎？与朋友交而不信乎？传不习乎？"（《学而》）

【译文】曾子说："我每天从三个方面省察自己：为别人谋事未能尽心？与同学和同道交往是否能守信？老师传授给我的那些知识和道理，未被付诸实践？"

明确：本章主要谈君子的自我反省的学习方法。儒家是主张"反省内求"以不断求得进步的，反省学习的内容涉及广泛：对别人而言，谋事需尽心，交往需讲信，对自己而言，知识需付诸实践。尽心是一种做事态度，讲信用是一种做人品质，那些被传授的道理和知识，多多反省是否被付诸了实践。

一、二章主要谈君子的治学，它们都被收录在《学而》中，分别讲述了学以致用的目的和切磋分享、自我反省的学习方法。两章共同强调了学习对于治学的重要性，治学的目的是解决实际问题。

第三章　子曰："吾十有五而志于学，三十而立，四十而不惑，五十而知天命，六十而耳顺，七十而从心所欲，不逾矩。"（《为政》）

【译文】孔子说："我十五岁时立志于学习，三十岁时能够形成自己的主见，四十岁时能有所辨别不被迷惑，五十岁时能理解什么是天命，六十岁时能听到任何意见都不会扰动自己的情绪，七十岁时（通达人生之道），能随心所欲却不越出规矩。"

明确：整段话是孔子自述其人生的认知发展历程。五十岁之前修己关注自身的成长：十五岁时用心学习，但未必有自己的主张；三十岁时能够有自己的主张，但这主张未必成熟；四十岁时能有成熟的认知，因而不被迷惑。五十岁时开始关注影响自己的外在因素，天命、他人意见、法律法规等。"耳顺"并非指听得进不同的意见，因为各种年龄段的人都可能做到倾听不同的意见，而是说无论听到什么样的意见内心都波澜不惊。这章启示我们修身是循序渐进的。

第四章　子曰："温故而知新，可以为师矣。"（《为政》）

【译文】孔子说："温习旧知识以充分熟悉这些知识，并懂得在新的情境中运用这些知识，就可以当老师了。"

明确：本章讲温故知新的方法。温故必须能知新才是当老师的条件，故而对于君子来说，知新——在新情境中运用这些知识——更为重要。

第五章　子曰："学而不思则罔，思而不学则殆。"（《为政》）

【译文】孔子说："只是向外学习而不自主思考，就会因缺乏判断而陷于迷茫。只是自己思考而不向外学习，就会因缺乏收获而懈怠。"

明确：本章讲学思结合的方法。学的作用，是迅速地积累知识；思的作用，是做出分析判断。"殆"，怠，懈怠。没有知识积累而进行思考通常是低效的，思而无得则会兴味索然而懈怠。学习并迅速积累知识和思考能做出分析判断同样重要，二者缺一不可，否则，人就会迷茫、懈怠。

第六章　子曰："贤哉，回也！一箪食，一瓢饮，在陋巷，人不堪其忧，回也不改其乐。贤哉，回也！"（《雍也》）

【译文】孔子说："颜回的品质多么高尚啊！一竹筐饭，一瓢水，住在简陋的巷子里，别人不能忍受的那种困苦，颜回却不改变他自有的快乐。这是多么高尚啊，颜回！"

明确：本章夸赞颜回具有安贫乐道的品质，也暗含了孔子的追求。

第七章　子曰："知之者不如好之者，好之者不如乐之者。"（《雍也》）

【译文】孔子说："（对于求知这类事情，）与其运用智力去理解，不如带着情感去喜欢；带着情感去喜欢，又不如发自内心地去享受。"

明确：本章讲求知的三种境界，强调了好学乐学的态度（一说兴趣的重要）。

第八章　子曰："饭疏食，饮水，曲肱而枕之，乐亦在其中矣。不义而富且贵，于我如浮云。"（《述而》）

【译文】孔子说："吃粗陋的食物，喝白水，弯着胳膊当枕头，（不用怀着对'不义'的忧惧）快乐也就在这中间了。用不正当的手段获得富贵，对我来说就像是天上的浮云一样（不可得）。"

明确：与第六章同讲安贫乐道，本章则表达自己追求安贫乐道的原因，"不义"让人忧惧，反之正义的富贵则可取。君子爱财，当取之有道。

第九章　子曰："三人行，必有我师焉。择其善者而从之，其不善者而改之。"（《述而》）

【译文】孔子说："几个人同行，其中必定有我所能学习的。选择那些好的部分去模仿，找出那些不好的部分来改掉自己类似的缺点。"

明确：本章讲治学要谦虚，学会取别人之长补自己之短。

第十章 子在川上曰："逝者如斯夫，不舍昼夜。"（《子罕》）

【译文】孔子在河边说："一切事物的变迁就像这河水一样啊，昼夜不停。"

明确：本章讲世界不断变化的现象。"逝者"是指包含时间在内的一切事物和现象的变迁，故"逝者"仅仅理解为珍惜时间是不够的，而应该有更宽广的哲学思维，万物皆变，理解为珍惜当下以应万变或许更为妥当。

第十一章 子曰："三军可夺帅也，匹夫不可夺志也。"（《子罕》）

【译文】孔子说："即使三军可以失去主帅，一个人也不可以失去志向。"

明确：本章侧重讲确立志向对人很重要，主帅统御三军，三军无帅会非常危险，但这种危险性也比不上"匹夫夺志"。

第十二章 子夏曰："博学而笃志，切问而近思，仁在其中矣。"（《子张》）

【译文】子夏说："（一个人）广泛地学习而使志虑趋于专一，围绕切近实际的事情提问和思考，'仁'就在他心中了。"

明确：本章讲心中存仁的方法：博学笃志，切问近思。同样谈到志向，第十一章强调确立志向的重要性，本章则强调志向专一需要广泛地学习走向精纯后才能做到；围绕切合实际的事情进行提问和思考，因为泛泛提问和思考玄远的问题，会劳而无功。做到这样，都只是思辨，而不是力行，故说仁在心中，因为尚未付诸实践。

明晰语义需关联前后句，使句意一脉相承；辨析主题相关句子，使句意更明确。

设计意图：教给学生文本分析的方法，不能囫囵吞枣，要先一句一句地理解到位，通过关联前后文进行语义识别，与主题相近的相关章节比读，在辨析中明晰语义，为下一环节的主题分类打好底子。

（三）主题分类悟思想

任务二：梳理整合《〈论语〉十二章》的内容，明确其思想内涵。

1.《〈论语〉十二章》主要谈了哪几方面内容？

除第十章讲世界不断变化的现象，其他大致可归为治学和修身两方面。

2.《〈论语〉十二章》中哪几章主要谈治学？谈了治学的哪些方面？

第一、二、四、五、七、九章。

梳理小结：这六章主要谈治学的三个方面。

治学目的：学以致用（第一章）。

治学方法：切磋分享（第一章）、自我反省（第二章）、温故知新（第四章）、学思结合（第五章）、取长补短（第九章）。

治学态度：好学乐学（第七章）、谦虚（第九章）。

小结：学习的最终目的是学以致用，解决问题，在切磋分享中进步，学会自我反省。复习是在熟悉所学的知识后能在新的情境中加以运用，学会外部学习与自主思考相结合。好学乐学很重要，谦虚可以取长补短。

3.《〈论语〉十二章》中哪几章主要谈修身？谈了修身的哪些方面？

第三、六、八、十一、十二章。

梳理小结：这五章主要谈修身的两个方面。

修身方法：坚守道义（第六、八章）、明确志向（第十一章）、博学笃志、切问近思（第十二章）。

修身特点：循序渐进（第三章）。

小结：修身是循序渐进的，要能安贫乐道，讲求正义，坚守专一志向，通过广博而精纯的学习，使心有所守，思考围绕切合实际的事情使心中有仁。

4. 你能从《〈论语〉十二章》中读出描述对象是怎样的一个人吗？用原文中的词来概括。

引导得出结论：君子（或心中存仁的人），这也是孔子及其弟子终身追求的目标。

5. 简要概括《〈论语〉十二章》的思想。

《〈论语〉十二章》的核心思想是：君子之道，心中存仁，学以致用。治学和修身方法虽有很多，但目的却是一致的，君子治学意在实用，君子修身意在存仁，治学更是修身的最重要的途径。

方法点拨 ————————————————◆

主题分类即分析文本内部的意义单元之间的关联性，要注意寻找反复出现、语义相近的词汇，要区分各个意义单元的相关性，这是在文本分析中实现对文意整体理解的基本方法。

设计意图：将语录进行分类，帮助学生更好地辨析主题，提炼思想，有利于培养学生的文本分析能力、整体把握文意的能力。

（四）方法总结

任务三：回扣导入，总结我们阅读《论语》的方法。

杨先生说："读《论语》，读的是一句一句话，看见的却是一个一个人……"

我们一句句地读，通过关联前后语境，确定每一章的语义；通过主题分类化繁为简：梳理概括出修身治学的目的、方法、态度、特点，知道了这些文字背后站着一个活生生的人：君子（或心中存仁的人），这也是孔子及其弟子终身追求的目标。

明确：关联前后明语义：关注语意的连贯性。

主题分类悟思想：关注主题分类。

总结：《论语》中的君子之道主要关注治学修身，修身需先治学，治学与修身难以分开。此外，《论语》中的君子还有师生之情、家国之志……大家不妨去读读《论语》整本书。

设计意图：总结本节课读《论语》的方法，培养学生的迁移应用能力，激发课后的阅读兴趣。

【板书设计】

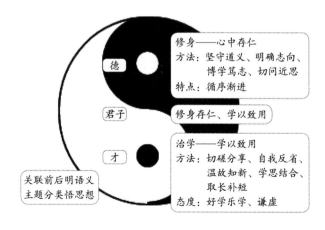

《鱼我所欲也》文本分析课

成都高新大源学校 · 牛仲毅

教学目标

引导学生准确提取、理解语义信息，分析、概括各部分内容，探究各部分的关系，找到中心论点，学习对论点予以证明或证伪的方法。

教学过程

（一）发现疑点，找到生发点

预习课结束后，很多学生认为"舍生取义"是本文的中心论点。可据此设问："舍生取义"是本文的中心论点吗？教师可以借助如下问题引导学生思考：

1. "舍生而取义"在文中是否指生命可以随意舍弃？请联系前后文分析回答。

2. "万钟则不辩礼义而受之""为宫室之美、妻妾之奉、所识穷乏者得我与"，存在"舍生"的问题吗？

答案预设：

1. 文中"舍生而取义"并不是指生命可以随意舍弃。"生，亦我所欲也"，作者强调的是"生命"跟"鱼"一样是有价值的，只有在"二者不可得兼"和"得之则生，弗得则死"的极端情况才需要"舍生"。

2. 接受"万钟""宫室之美、妻妾之奉、所识穷乏者得我与"等均无关生死，明显不存在"舍生"与否的问题，只牵涉到"本心"坚守与否的问题。

学生不难发现"舍生取义"这一论题并不适合作为本文的中心论点，其正确与否亟待考证。

方法点拨————————————————————◆

通过认知冲突，促使学生产生好奇心，形成学习期待。

设计意图：找寻本文的中心论点是有难度的。通过对预习课的学习，很多学生误认为本文的中心论点就是"舍生取义"。学生通过自主阅读获得的感受和认知存在偏颇、不全面乃至错误的情况都是正常的，教学可以以此为生长点。

（二）表意单元切分

问题一：本文可以分成几个部分？

答案预设：

文章有两个段落，按照内容和论证方式的不同，可以将其切分为类比论证部分、道理论证部分和举例论证部分。

方法点拨————————————————————◆

对文章信息进行简单提取、概括，即可发现本文有 3 个表意单元。

设计意图：本文不长，包含了类比论证部分、道理论证部分和举例论证部分 3 个表意单元，如此切分有利于下一步的局部分析。

（三）文章局部分析

问题二：文章的各部分是如何进行论述的？各部分的观点是什么？

答案预设：

1.分析类比论证部分。

鱼，我所欲也；熊掌，亦我所欲也。二者不可得兼，舍鱼而取熊掌者也。生，亦我所欲也；义，亦我所欲也。二者不可得兼，舍生而取义者也。

教学时，教师必须引导学生关注文段中的比较和类比用法：

（1）比较："熊掌"比"鱼"重要，"义"比"生"重要；

（2）类比：舍鱼而取熊掌，舍生而取义。

总结：通过对有价值的部分进行类比，得到"义"比"生"重要，"义"的价值更高的结论。

2. 分析道理论证部分。

生亦我所欲，所欲有甚于生者，故不为苟得也；死亦我所恶，所恶有甚于死者，故患有所不辟也。/ 如使人之所欲莫甚于生，则凡可以得生者何不用也？使人之所恶莫甚于死者，则凡可以辟患者何不为也？由是则生而有不用也，由是则可以辟患而有不为也。/ 是故所欲有甚于生者，所恶有甚于死者。非独贤者有是心也，人皆有之，贤者能勿丧耳。

这部分的内容比较长，教学时，教师应先将其切分。概括可知，此部分可分为三层：正面论证部分—反面论证部分—总结部分。

先分析正面论证部分。学生很容易发现这里体现了"所欲有甚于生者，故不为苟得"和"所恶有甚于死者，故患有所不辟"这两种现象。这两种现象的存在，证明了"义"是存在的。

接着分析反面论证部分。梳理基本信息可知，这里体现了"所欲莫甚于生→何不用→有不用"和"所恶莫甚于死者→何不为→有不为"这两个现象。这两个现象从反面证明了"义"是存在的。

200

分析结论部分。"所欲有甚于生者"和"所恶有甚于死者"强调了"义"是存在的。"人皆有之,贤者能勿丧耳",依旧在强调"义"是存在的,"取义"是人固有的本性。

引导学生对这部分进行整体分析:作者首先从正面证明"义"是存在的,然后从反面证明"义"是存在的,最后在总结部分强调了"义"是存在的,"取义"之心是人固有的。很明显,这部分的结论是:"义"是心之所存,"取义"是人固有的本性。

方法点拨————————————————————◆

对于局部分析来说,如果文段比较长,或者比较难懂,可以先进行表意单元切分,再对各个表意单元进行语义分析,最后再对其进行整体梳理。

3. 分析举例论证部分。

一箪食,一豆羹,得之则生,弗得则死。呼尔而与之,行道之人弗受;蹴尔而与之,乞人不屑也。万钟则不辩礼义而受之,万钟于我何加焉!/为宫室之美、妻妾之奉、所识穷乏者得我与?乡为身死而不受,今为宫室之美为之;乡为身死而不受,今为妻妾之奉为之;乡为身死而不受,今为所识穷乏者得我而为之:是亦不可以已乎?此之谓失其本心。

此部分的学习方法跟道理论证的部分是一样的。我们要先进行表意单元切分,然后对各个切分的部分进行分析,最后进行整体梳理。这个环节,完全可以让学生运用上一个环节习得的方法来自学。

首先分析正面例子。"行道之人""乞人",保持"本心",不接受非"义"的羞辱,宁可饿死也要坚守本心,不仅证明了"义"

是存在的，而且也证明了在"取义"者看来，"义"的价值高于生命。

其次，分析反面例子。"今为宫室之美为之""今为妻妾之奉为之""今为所识穷乏者得我而为之"是"取利"者（"舍义"者）受利益支配而"失其本心"，非"义"的选择。证明"取利"者受到利益支配的选择是违背"本心"的。

此环节要引导学生特别注意这一部分涉及了"取义"与"取利"的价值比较：

（1）从类比论证部分可以得知"义"的价值要高于"生"；

（2）对"万钟"和"宫室之美、妻妾之奉、所识穷乏者得我"的满足并非"舍生"，而是"取利"。这些选择是对"生"的享乐，仅仅是属于"生"的价值的一部分，只能体现"生"的部分价值。因此，在价值判断上存在如下关系："取义"＞"取生"＞"取利"。

综上可知，举例论证部分的主要结论："取义"符合"本心"，具有最高的价值。

方法点拨 ————————————————◆

如果这两部分的表意方式是相似的，那么学生完全可以利用上一个环节的方法，自主地完成另一部分的学习，从而激发学生去体验和使用学习方法。

设计意图：准确分析各个表意单元，为下一个环节——发掘各个表意单元之间的结构关系做铺垫。

（四）表意单元之间的结构关系分析

问题三：梳理、探究三部分之间的关系。

1.梳理论证思路：根据下图，厘清本文论证的思路，并尝试表述。

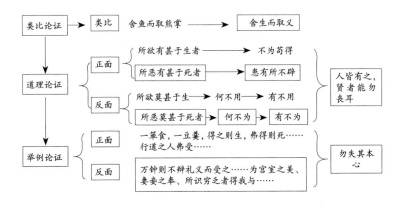

答案预设：

首先用类比论证的方法提出观点"二者不可得兼，舍生而取义者也"；接着用道理论证的方法通过正反两方面的论据对比推论出"所欲有甚于生者""所恶有甚于死者""人皆有之，贤者能勿丧耳"的结论；然后采用举例论证的方法以"乞人不屑也"和"万钟则不辩礼义而受之"两个鲜明的事例来论证"取义"符合"本心"，呼吁"勿失其本心"。

方法点拨——————————◆

梳理论证思路是理解议论文文本的重要环节。梳理论证思路常见的方法是画思维导图，学生可依据思维导图表述其论证思路。对于本课来说，这个环节是有难度的，学生可先依据图表自主表达，之后可以进行小组探讨、交流，教师要适时予以引导。

2. "是心"与"本心"的内容与关系。

第一段结束时说:"非独贤者有是心也,人皆有之,贤者能勿丧耳。"第二段结束处说:"此之谓失其本心。""是心"与"本心"指的是什么?它们与"义"有什么关系?

答案预设:

(1)分析课文第一段结尾处的"是心"。

"是"在文中解释为"这种","是心"就是"这种心"。学生阅读原文可知,"是心"代指上文中的"所欲有甚于生者"和"所恶有甚于死者"中的"所欲"和"所恶"。根据前文"熊掌——义"的类比可知,"所欲"即"义","所恶"即"不义"。

(2)分析第二段结尾处的"本心"。

很明显,"本心"即"行道之人""乞人""乡为身死而不受"者坚守的东西,也就是"义"。

结论:在本文中"是心"和"本心"都指的是"义"。此处可以从《孟子·告子上》《孟子·公孙丑上》中的相关内容来佐证,"本心"是指本身具有的"羞恶之心"。

至此,教师还可以引导学生进一步明确:文章在两次论证的结尾处都用"本心"来强调,无疑凸显了"本心"的重要性。

3. 三部分之间的关系是怎样的?三部分是否共同指向了中心论点?

答案预设:

类比论证部分论证了"义"比生命更重要;道理论证部分论证了"义"是"本心"所具有的,"取义"之心是固然存在的;举例论证部分论证了"取义"符合"本心",具有最高的价值。

很明显,三部分均围绕"义""本心""取义"这三部分来展开论述，这三部分构成了论述的三个层次，共同指向了本文的中心论点。

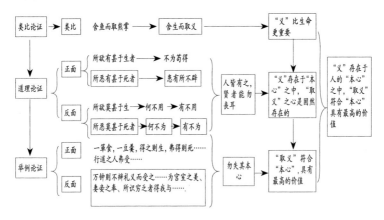

设计意图：通过对各个表意单元的分析，发掘各个表意单元之间的结构关系，通过整体分析，厘清各个表意单元之间的层次关系，找到文章的中心论点。

（五）中心论点概括

综合可得出本文的中心论点：

"义"存在于人的"本心"之中，"取义"符合"本心"，具有最高的价值。

设计意图：在发掘各个表意单元之间的结构关系的基础上，用简洁的措辞完成对主题结论的描述。

《劝学》文本分析课

成都教科院附属学校·谢昀昭

教学目标

通过对各个段落的关联来理解众多比喻句的旨意，进而梳理论证过程，理解文章的主旨。

教学过程

（一）预习回顾，引入文本研读的话题

真正读懂一篇文章，大多需要思考三个问题：写了什么（即文本内容），为什么写（即写作目的），怎么写的（即写作手法）。作为一篇议论文，本文的主旨是什么呢？

答案预设：有学生认为文章题为《劝学》，其主旨就是首段的"学不可以已"，即劝人努力学习；有学生认为文章题为《劝学》，不只是劝大家不要停止学习，而是要劝大家博学；也有学生认为这篇文章是在规劝大家坚持学习……

方法点拨————————————————◆

对文本的多角度的整体感知要进行归纳和梳理，为下一步研读找到切入点，这常常是教学的切入点，又或者是学生学习的突破口。

设计意图：基于对全文主旨的理解存在的不解和争议，自然而然地切入，在课堂中找到生发点，指导学生进一步梳理各段内容，以精准理解文章主旨。

（二）剥离比喻句，初探文章结构

对全文主旨的理解存在的分歧，我们可以在逐段解析的基

础上进行精准的把握。如何迅速地把握各段的旨意呢?

（在"怎么写的"这一点上,我们可以发现本文的写作有一个很大的特点,即运用了大量比喻句。而比喻句终究是为主旨服务的,于是我们可以做这样的尝试——通过剥离大量的比喻句来理解各个段落的旨意,最终解析全文的中心论点。）

剥离比喻句之后,归纳每段所剩文句如下:

第1段:君子曰:学不可以已。

第2段:君子博学而日参省乎己,则知明而行无过矣。

第3段:吾尝终日而思矣,不如须臾之所学也……君子生非异也,善假于物也。

第4段:全是比喻说理。

方法点拨————————————————◆

寻找所谓的关键句,反向思维是剥离大量非重点句子。这是分析文意的便捷之法。

设计意图:把文本当作一个自足、自洽的表达系统来处理,我们要从宏观的角度观察并把握文本结构,大致确定文意走向。

（三）大胆假设,推测文章主旨

任务:对于自己所理解的文章的主旨,每个人都可以结合各段内容加以论证。

答案预设:假如本文主旨即"学不可以已",能否在第2、3、4段中找到与之相呼应的字词?（学生可以自由发言）

方法点拨————————————————◆

找出文中的关键句（文章筋骨）之后,再用文中其他句子（文章血肉）来印证关键句的旨意。

设计意图：此环节是通过学生的自由发言，训练学生的分析论证的能力，进而碰撞出更多的火花，引出下一个理性分析的环节，答案也在下一个环节中变得更加明确。

（四）详细地分析比喻句，明晰各段喻旨

1. 分析第 2 段内容，梳理论证过程。

（1）解析非比喻句，推敲其主旨。

我们很容易发现：第 2 段的"日"字，译为"每天"，与"不可以已"相呼应。而"每天"反省的结果就是原文中的"知明而行无过矣"。

意思：学习可以使今日之我胜于昨日之我，为学可以超越所学。

设计意图：分析非比喻句，理解第 2 段内容和文章主旨句的关系。

（2）关联比喻句，印证其主旨。

各比喻句是如何证明主旨"学不可以已"的？

答案预设：以"青，取之于蓝，而青于蓝；冰，水为之，而寒于水"，比喻任何人都可以通过发奋学习来取得进步，今日之我可以胜过昨日之我，学生也可以超过老师。同时，要能"青于蓝""寒于水"，绝不是"今日学，明日辍"所能办到的，必须不断地学，也就是说："学不可以已。"所以，这两个比喻句是将道理隐含其中，再深刻有力地印证主旨，催人奋进。

仔细推敲文中 5 个比喻句：青胜于蓝、水寒于冰、木不挺直、木受绳则直、金就砺则利，其实都旨在说明"学不可以已"。故本段比喻句与文章主旨句完全吻合。

将句子拆解之后再进行分析、关联，就如同数学中的验证过程一样，这对于理性地分析文本是必要的。

设计意图：关联非比喻句和比喻句，理解第2段的表意功能，并印证其主旨。其能力指向综合。

2. 解析第3段。

（1）解析非比喻句，推敲其主旨。

①推敲第一句：吾尝终日而思矣，不如须臾之所学也。

解析："终日思"不如"须臾学"，鲜明的对比，足以印证学习的重要性，空想是不如学习的。故"学不可以已"。

②关联最后一句：君子生非异也，善假于物也。

解析："假于物"意为"借助外物"。即要想实现超越的目的就需要借助外物。此"物"，也可指学习本身。

设计意图：分析非比喻句，理解第3段和文章主旨句的关系。

（2）关联比喻句，印证其主旨。

讨论梳理，即可发现：

5个例子 ⎰ 登高—博见
登高而招—见者远
顺风而呼—闻者彰
假舆马—致千里
假舟楫—绝江河 ⎱ "学不可以已"

"登高而招，臂非加长也，而见者远""假舟楫者，非能水也，而绝江河"这两句都是先设比喻，再引出道理。君子要超越，需假借他物，而学习的作用正好弥补自己的不足，故"学

209

不可以已"。

设计意图：关联非比喻句和比喻句，理解第 3 段的表意功能，并印证文章主旨。其能力指向综合。

3. 解析第 4 段。

（1）解析比喻句，进行推敲、关联。

第 4 段的特殊之处是全部为比喻句，主要写了两个方面：一个是"积"，另一个是"一"。直接分析这些比喻句，我们可以发现它们的关联如下。

文中先用两个比喻句来引出论点："积土成山，风雨兴焉；积水成渊，蛟龙生焉；积善成德，而神明自得，圣心备焉。"这说明学习要注意积累。荀子不认同 "天生圣人"的说法，他指出人要努力学习，"积善积德"即可具备圣人的思想。正如他在《性恶》篇中所说："积善而不息"，"涂之人可以为禹"。论述"积善"的作用，这与开头提出的"学不可以已"是一脉相承的。

接着，"故不积跬步，无以至千里；不积小流，无以成江海。"这是从反面设喻来说明积累的重要。当然，文章还反复设喻对比：先以"骐骥一跃,不能十步"与"驽马十驾,功在不舍"相比，再以"锲而舍之，朽木不折"与"锲而不舍，金石可镂"相比，充分显示出"不舍"的重大意义，由此可见：本段与开头提出的"学不可以已"遥相呼应。

设计意图：寻找关键词，关联各个比喻句，理解第 4 段的表意功能。

（2）咀嚼关键词，深悟其主旨。

经过以上分析可见第 4 段有"积"这样的关键词是与首段

观点遥相呼应的。继续引导学生寻找能印证，以及直接与第1段"学不可以已"相呼应的关键词，文本中"锲而不舍""用心一也"也就随之入目。

进一步追问：对于坚持用心、专一做某件事，你还会想到用哪些词来形容？

答案预设：坚持不懈、持之以恒、水滴石穿、绳锯木断……

"锲而不舍"和"用心一也"，既是一种学习态度，又是一种学习方法，更是一种学习效果。由此，最终引导学生步步纵深，明确本段的指向是"学不可以已"。

设计意图：分析不同的比喻句，理解不同的表意倾向，是对文本多个段落即存在的多个表意单元进行切分，便于分析之后对各个表意单元进行关联整合，从而印证文章主旨。

（五）回顾全篇，概括主旨，达成教学目标

小结呈现：

全文围绕着"学不可以已"展开论述，指出学习的意义在于改变自己、发展自己、提高自己，阐述学习的作用在于弥补不足、助力自己做到更好，而要做到这些，就需要有贵在积累、重在坚持、用心专一等好的学习方法和态度。

设计意图：基于前面的分析进行主题结论概括，以合理的、恰如其分的措辞来完成对主题结论的描述，达成文本理解的教学目标。

《庖丁解牛》文本分析课

成都信息工程大学常乐实验学校·杨洁

教学目标

通过对文惠君两次赞叹庖丁解牛中所蕴含的丰富内涵进行分析，我们可以理解庄子是在"庖丁解牛"这一具体可感的现象中领悟出"养生"之道的。

教学过程

（一）整体感知内容，切分表意层次

通过预习课文，疏通文意，概括本文的主要内容。

答案预设：文章主要讲了庖丁为文惠君宰牛，当文惠君看到庖丁解牛的场景后，对其解牛技术赞叹不已并就其如何达到如此高超的技术提出了自己的疑惑，而后庖丁从解牛"技进乎道"的历程、解牛理念、解牛方法、解牛态度等方面进行了解答，最后文惠君听了庖丁的话懂得了养生的道理。

文惠君在整个过程中运用了两个"善哉！"，对庖丁和庖丁解牛这一行为进行了赞叹，两次赞叹的原因相同吗？（不同）

过渡：文惠君分别赞叹庖丁和庖丁解牛的原因是什么呢？找出原文语句，翻译这些句子，并进行简单的分析。

方法点拨————————————◆

文本分析要基于整体感知，不少文本中会重复出现一些词语、句子等，这通常是一个切入点，教师要引导学生有意识地注意文本重复处，这是观察、理解文本的一种方法。

设计意图：通过提问的方式，引导学生关注文本中重复的信息：两个"善哉"，从而给学生制造一种深刻的印象：分析文本时，我们可以观察文本中有无重复之处，这是分析文本的一种途径。

（二）文意局部分析

1. 初步分析，感知赞叹缘由之一。

原文：庖丁为文惠君解牛，手之所触，肩之所倚，足之所履，膝之所踦，砉然向然，奏刀騞然，莫不中音。合于《桑林》之舞，乃中《经首》之会。

文惠君为何发出"嘻"的感叹？

答案预设：

①熟练的动作：庖丁的解牛动作熟练自如，无不彰显了他宰牛动作的架势。"手之所触，肩之所倚，足之所履，膝之所踦"，这四个动作和谐流畅，接触牛的四个部位用力也轻重有别，而且动作极富美感，和谐流畅，一气呵成，可以感受到庖丁解牛的技术之高超。

②美妙的音响：庖丁解牛时发出的声音"砉然向然，奏刀騞然"，解牛之悠然自得，"合于《桑林》之舞，乃中《经首》之会"。动词连贯流畅，拟声词形象，几个"之"的连用也有调节音节的作用。整个场面像是在表演音乐舞蹈一样，是一场视听盛宴，其中韵律和谐，动作优美，声音悦耳，让人不禁觉得这是艺术，而并非解牛的技术。

③艺术的解牛场面：在描写解牛的场面的最后，说这样的场景"莫不中音：合于《桑林》之舞，乃中《经首》之会"。这不禁引发我们的思考，为什么要说这样的场景"合于《桑林》

之舞，乃中《经首》之会"？《桑林》和《经首》是传说中商汤和尧时的乐曲名，是圣贤的音乐，这是达到了一种道的高度，所以庖丁解牛的这些动作、发出的声音以及呈现的场面，不仅是高超的解牛技术、完美的艺术呈现场面，还承载着道的解牛灵魂。

总结：这一段是对庖丁解牛的细节描写，我们看不见牛的挣扎之状，听不到牛的惨叫之声，也看不到血腥的场面，与其说文惠君赞叹的是庖丁的高超的解牛技术，不如说文惠君赞叹的是艺术的解牛场面，或者说文惠君赞叹的是承载着道的解牛灵魂。由此引出由技至艺、由艺而道的三重境界。

方法点拨————————————————————◆

关注关键句子中的修辞词语（动词、形容词、拟声词、色彩词）、表现手法、描写方法、句式等，由此切入文本的语义分析。分析文本的具体内涵，这是文本解读的重要方法之一。

2.深入分析，领悟赞叹缘由之二。

过渡语：文惠君在赞叹庖丁高超的解牛技术、艺术的解牛场面以及承载着道的解牛灵魂后，听到庖丁解释"技盖至此乎？"后再次发出了"善哉"这样的赞叹，这一次文惠君又赞叹了什么呢？

答案预设：依乎天理的解牛之道。

①"技进乎道"的历程。

原文：始臣之解牛之时，所见无非牛者；三年之后，未尝见全牛也。方今之时，臣以神遇而不以目视……良庖岁更刀，割也；族庖月更刀，折也。今臣之刀十九年矣，所解数千牛矣，而刀刃若新发于硎。

214

在这儿我们感知了"庖丁解牛"的三个境界。

第一个境界：（开始解牛之时）"始臣之解牛之时，所见无非全牛者"，庖丁不懂规律，眼睛和心理感知到的是整头牛，只见其现象，这是片面的认识。

第二个境界：（三年之后）"未尝见全牛也"，目无全牛，懂得规律。庖丁动手解牛时而又"未尝见全牛也"，对牛的全身结构已经完全摸清了，不再把一头牛看成全牛，而是把它看成类似积木之类可以拼装、拆卸的东西。这说明他已经完成了对牛的认识。

第三个境界：（方今之时）"以神遇而不以目视，官知止而神欲行""依乎天理""因其固然"，这是庖丁在运用规律。此时的庖丁依天理，因固然，完全靠精神活动批郤、导窾，避开技经肯綮与大軱，游刃于彼节者之间。

②理念、方法与态度。

原文：依乎天理，批大郤，导大窾，因其固然，技经肯綮之未尝，而况大軱乎！

庖丁解牛的理念是依照牛的生理结构，击入牛的骨缝，顺着骨间的空处下刀，避开脉络相连和筋骨结合的地方，按照牛的生理结构解牛。

做任何事都要有指导思想和理念，解牛也一样，要从大的缝隙处击入，顺着空隙下刀，还要避开脉络相连和筋骨结合的地方。理念是科学的、独特的，其解牛手法也是妙不可言的。

原文：以无厚入有间，恢恢乎其于游刃必有余地矣！

解牛的方法是找准关键点：庖丁知道刀刃极其薄，牛的骨缝是有空间的。用不厚的刀刃，深入骨缝之中，找准解牛的关键点，刀刃在宽敞的骨缝内施展才能游刃有余。庖丁解牛，解牛不用蛮力，不和牛骨头硬碰硬，解牛的突破口就是找准关键点，之后也就迎刃而解了。

③专注的态度。

原文：怵然为戒，视为止，行为迟。动刀甚微。謋然已解，如土委地。

庖丁在解牛时的态度是谨慎的、专心的。"怵"，足见庖丁的谨慎，他的目光集中在难解之处，动作慢下来，动刀的幅度也小了。虽然庖丁的技艺高超，解牛顺畅，但是他从来不马虎大意。这种认真做事的态度也是准确使用方法的前提。

④精神的状态。

原文：臣以神遇而不以目视，官知止而神欲行。

这里的"神"是精神，是人主宰行为的精神活动。"神"既说明了超出目视的层面，又说明了庖丁解牛技艺之高超。庖丁看起来像是在解牛，但实际上他不用眼睛看牛，而是靠着直觉和牛接触，用精神去感受牛的生理结构。"精神的直观"是道家的方法。

庖丁解牛的过程生动地说明了这样一个事实：只有经过长期的解牛实践，才能获得解牛之"道"。规律的洞悉、掌握和娴熟的运用，全在于长期专注的实践。

方法点拨————————————————◆

提炼文本关键句子之间所蕴含的抽象内涵，高度概括法也是文本分析的重要方法之一。

设计意图：通过引导学生分析关键句、词语、句子的表层含义和深层含义、句子之间的逻辑关系，感知文惠君第一个赞叹和第二个赞叹的具体内容，为下文做铺垫。

（三）文意的结构化分析

1. 两次赞叹的文意串联。

文惠君第二次赞叹庖丁是因为他有顺应天理的解牛的先进理念，有怵然为戒的严谨态度，有以神遇而不以目视的方法，还有反复实践的精神，因此庖丁说："臣之所好者道也，进乎技矣。"道：顺应牛的结构解牛（顺其自然），找准缝隙（抓住关键点），熟能生巧，享受过程。文惠君第一次赞叹的是庖丁解牛"技—艺—道"现象，第二次赞叹的是这种现象背后的深层次的原因，两次赞叹的具体内容是由现象到本质的认知过程。

方法点拨━━━━━━━━━━━━━━━━━━◆

分析文本内部的意义层次之间的关联，要关注文本内容之间的关系，如并列关系、转折关系、递进关系等，这也是文本分析的又一方法。

设计意图：引导学生感知文惠君第一次和第二次赞叹的内容。《庖丁解牛》中的"解"字有着丰富的内涵，两次赞叹的内容不仅是层层递进的关系，还是从现象到本质的认知过程，同时也是庄子借"庖丁解牛"这一具体可感的现象来阐释当时的养生之道的一个环节。

2. 解牛之道和养生之道的比较关联。

文惠君在听了庖丁解释"技盖至此乎"的原因后，突然懂得了养生之道。这种解牛之道和养生之道有什么联系？"庖丁解牛"这个寓言故事又告诉人们什么道理？

答案预设：

①解牛之道与养生之道具有相似性和可比性。"以无厚入有间",回避矛盾,就能保全性命,养护精神。人能在社会中游刃有余,精神和身体就不会受到伤害。

②"庖丁解牛"的故事告诉我们:人类社会充满了错综复杂的矛盾,人处世间,只有像庖丁解牛那样顺应自然才能避开矛盾,保身、全生、养亲、尽年。

课堂方法小结:学生在学习时需要掌握一个很重要的文本分析方法:抓住重复出现的信息,仔细推敲。重复出现的信息,一般会出现在文本的开头或者结尾处,有时也会出现在文本的中间。我们可以抓住文本中重复出现的信息,进行推敲,体味重复信息出现时的具体内涵。我们再对分析出来的具体内涵进行结构化思考,从而探讨出文本的主题。在本文中我们抓住了文惠君的两个"善哉"的关键词,在进行仔细推敲之后,我们可以感受到文惠君两次赞叹的内容是不同的,也可以分析出两次赞叹的内容是层层递进的,是由现象到本质的认知过程,也探究出"庖丁解牛"的主旨。

方法点拨──────────────────────◆

在发掘各个表意单元之间的结构关系的基础上,我们可以运用比较的方法,即分析文本阐述的内容与文本主题之间的关系,梳理和探究文本的主题,这是对文本主题进行总结的一个有效方法。

设计意图:通过引导学生运用比较的方法,感知解牛之道和养生之道的共同之处,从而总结出本文的主旨,最后总结出文本分析的方法:抓信息重复处。引导学生抓住信息重复处,仔细推敲,厘清各自内涵后再综合,进而探究文本主旨。

《人应当坚持正义》文本分析课

成都市棕北中学西区实验学校·李青霞

教学目标

梳理文中关于"正义"的看法及行文思路，理解文章的核心观点。

教学过程

（一）解析题目，提取信息

《人应当坚持正义》节选自《柏拉图对话集·格黎东篇》（商务印书馆2004年版），主要记录的是苏格拉底被判死刑后，在狱中与格黎东就自己该不该越狱这一问题展开了讨论。

"人应当坚持正义"，不仅明确表达了文章的观点，还说出了苏格拉底不愿意听从格黎东的建议而执意赴死的原因。"应当"，必须之意，突出了"坚持正义"的重要性；"正义"，公正的、正当的道理。那么，苏格拉底是如何坚持正义的？让我们来看看下文。

方法点拨 ————————————————◆

"题目是文章的眼睛"，不少文章的标题通常包含了重要的信息，因而它可以作为一个切入点。

设计意图：从题目切入，指引本课研读的方向。

（二）整体感知，梳理思路

问题一：全文一共有49段（每人就一段话做一次发言），速读全文，圈画出格黎东"你说得对"或类似表达的词，并分析"对的"内容，明确苏格拉底的观点。

答案预设：

"你说得对"：第 2 段、第 28 段、第 34 段、第 48 段。

苏格拉底的观点：

1. 我们不必尊重人们的一切意见，有些意见要重视，有些就没必要。（第 1 段）

2. 重视好的意见，不管坏的意见。（第 3 段）

3. 应当只听内行的意见，听从真理本身。（第 17 段）

4. 不能毁了为道义所改善、为不义所毁灭的部分。（第 23 段）

5. 道义比身体更重要。（第 26 段）

6. 最重要的并不是活着，而是活得好，活得体面、正派。（第 29—31 段）

7. 不能以坏报坏，也不能对人做不正当的事。（第 49 段）

问题二：苏格拉底和格黎东探讨的主要问题（核心问题）是什么？找到原文并对原文进行概括。

答案预设：

原文：在我现在的情况下，格黎东啊，我们说的那个道理究竟是变了，还是仍然有效，究竟是应当放弃，还是必须遵从。

概括：越狱行为是否正当？我们应该越狱逃跑还是从容赴死，捍卫自己的信仰和正义？

问题三：围绕这个主要问题，苏格拉底和格黎东分别讨论了哪几个问题？据此文章可以分为几个部分？梳理文章的行文思路。

答案预设：

1. 人的行事应该听从谁？

2. 人行事正当与否的判断标准是什么？

3. 不正当的判断标准是什么？

从上述讨论的内容来看，全文可以分为三个部分：

第一部分（第1—28段）：阐明"听从道理"的处事原则。

第二部分（第29—36段）：讨论判断行事正当与否的标准。

第三部分（第37—49段）：讨论"正当"与"不正当"的标准问题，进一步阐述正义没有特殊性。

问题四：苏格拉底善于言辞，劝说艺术高超。那么，他是怎样使格黎东进入自己的逻辑思维轨道的？试着概括他的思路。

答案预设：

1. 表明立场：听从专业人士的道理。

2. 告知好友：追求正义，听从真理。

3. 引导好友：活得好、活得体面更重要。

4. 启示好友：不能做不正当的事。

方法点拨━━━━━━━━━━━━━━━━━━━━━◆

对于长篇幅的文章，如何梳理行文思路是一个难点。通读文章，明确主问题、支问题及关键信息，并据此梳理出本文的行文思路。

设计意图：整体把握全文内容，理清思路，有助于进一步理解文本。

（三）筛选信息，明确观点

苏格拉底为什么不选择越狱？仅仅是为了他心目中的"正义"吗？这所谓的"正义"到底该如何理解？这其中又包含了哪些概念呢？

问题五：圈画出促使苏格拉底选择赴死的相关语句，筛选出高频出现的重要概念，梳理出苏格拉底关于"正义"的观点。

答案预设：

文章中有很多依据，比如说"听从道理""正义""听从真理""活得好""正当"等。

1. 因为我不但现在奉行，而且一贯遵守的原则是听从道理，凡是经过研究见到无可非议的道理我就拳拳服膺。

2. 例如正义和不正义，丑和美，好和坏，这都是我们现在所考虑的事情。

3. 只能听从那一个深知道义和不义的人的说法，听从真理本身了。

4. 我们应当认为最重要的并不是活着，而是活得好。

5. 你是不是也承认活得好就是活得体面、正派？

6. 慎重考虑我们行事是否正当，……只该考虑自己这样做不正当的问题。

7. 那就既不能以坏报坏，也不能对人做不正当的事，不管人家对我们做的什么事。

从上述语句中，我们可以看到促使苏格拉底选择赴死的依据是"道理""正义""道义""正当"等，也就是文章标题"人应当坚持正义"。很显然，"人应当坚持正义"就是苏格拉底和格黎东对话的逻辑前提，也是苏格拉底恪守的立身处世原则。

问题六：如果苏格拉底"不坚持正义"，他将使什么受损或者说会触犯到什么？请结合文中信息进行归纳概括。

答案预设：

如果"不坚持正义"，那么可能损伤"为道义所改善、为不义所毁灭的部分"；可能活得不体面、不正派；还会触犯到雅典人的法律。由此可知，苏格拉底坚守的是"为道义所改善的部分""活得体面""雅典人的法律"，他认为一个有价值的人不应该只考虑生死，而应该考虑行为的是非、善恶、正当与否。正如他说过的，他从来不会因为怕死而错误地向任何权威屈服。

方法点拨 ————————————————◆

明确"人应当坚持正义"的理由，是本堂课关注的重点。首先需要引导学生关注文章中高频出现的词，这些词可能跟本文重点内容"正义"有关，再对这些高频词进行筛选概括。其次，在梳理全文关键信息的基础上，对其中涉及的几个问题质疑，进而全面理解"人为什么应当坚持正义"。

设计意图：此环节的设计意图是以文本为基础，对"正义"的概念进行梳理，让学生更加清楚地认识到文本中的苏格拉底的"正义"内涵，为深入探究做好铺垫。同时，还能训练学生提炼和整合文本关键信息的能力。

（四）课后作业

苏格拉底将"正当""道义"视为自己的绝对原则，舍生取义，令人感动。但若雅典法律并不是正义的，会不会降低苏格拉底坚持正义的意义？苏格拉底不越狱是否值得欣赏？在当下社会，"正义"有何时代意义？请学生在课后讨论，并进一步理解"正义"的意义。

设计意图：在初识"正义"的基础上，引导学生走出文本，走进生活，联系自己的学习生活经验，多角度思考问题，以此来建立自己正确的人生观和价值观，并做出正确的判断和选择。但要注意的是，这种思考不要求有"标准答案"，能有理有据地说出自己的想法就好。

在这一堂课上，教师应该尽量帮助学生丰富词语积累，拓展视野。在理解了"正义"的内涵之后，学生有可能会有疑问，若雅典的法律并不是正义的，那么苏格拉底的坚持还有何意义？"正义"是否具有现实意义？以课后作业的形式让学生探讨苏格拉底越狱是否具有正义性，进一步理解"正义"的意义。

三、评价鉴赏课

持理解之同情，探思想之光辉
——思想性文本的分析与评价

成都七中·游俊松／胡丹

教学目标

对单元中文章所蕴含的核心思想进行思辨性评价，总结出评价他人思想时应秉持的立场与方法，以此来观照现实。

教学过程

导入：在人类文明的星空，诞生过很多闪耀着璀璨光芒的思想家，他们深邃的思想和高远的追求对人类文明产生过重大影响，即使与我们的时代相隔千年，它依然熠熠生辉。无论是中国的孔子、孟子、老子、庄子，还是西方的苏格拉底、柏拉图，我们都能从他们的言语中感受到无与伦比的思想魅力。

（一）温故知新

任务一：本单元所选的文章都是先哲们留下来的文本，请再次翻阅这些文章，回答以下问题。

1. 概括每篇课文蕴含的核心思想。

文章	核心思想
《〈论语〉十二章》	仁、礼
《鱼我所欲也》	舍生取义、不违本心
《劝学》	学不可以已
《庖丁解牛》	依乎天理、因其固然
《人应当坚持正义》	人应当坚持正义

225

2. 思想是人通过思维活动而形成的观点或者观念体系，从内容来看，这里面包含着两个方面，第一个方面是对现实的分析和描述，可以概括成"世界是什么"，这属于事实判断；第二个方面是对世界的呼吁和期待，可以概括成"世界该怎样"，这属于价值判断。本单元文章所蕴含的思想主要侧重于哪方面？

答案预设：本单元文章所蕴含的思想主要侧重于第二个方面，在表述上，每篇文章的核心思想都可以换成我们"应当"如何，它们不是在描述世界，而是蕴含着对世界的期待。

3. 这些文章的作者有哪些期待？请简要概括出来。

答案预设：

作者的期待包含了两方面，一方面是对理想人格的期待（道德理想），另一方面是对理想社会（社会理想）的期待。

方法点拨 ————————————————————◆

整体感知，结合文本细节进行信息整合。

设计意图：此环节的设计意图是让学生把注意力聚焦在"思想"二字上，从思想本身的内涵，涉及的角度、内容等方面出发对单元课文进行整体感知，重新审视，并为接下来的分析评价做好铺垫。

（二）评价质疑

任务二：你最认同本单元中哪篇文章所蕴含的思想，请结合文本并说明原因。

答案预设：

1. 《〈论语〉十二章》《鱼我所欲也》："仁"已经成为中国人的精神坐标，尤其是在礼崩乐坏的诸侯征伐的年代，它让沉沦的人性有了恢复的可能，让黑暗的世界有了走向光明的力量。

2.《庖丁解牛》："顺应天理"从"为人"的层面来看，每个人在开拓外部世界的时候还要注意向内拓展，思考人的天性是什么，如何让自己与自然不相背离，这样才有可能在纷繁复杂的世界中拥有平和的心境、自洽的心灵，回归生命的本真。

3.《人应当坚持正义》：无论何时都不能行不义之事，要无条件地坚守自己的信仰，即便这种坚守给自己带来毁灭也义无反顾，人也因这种坚守变得伟大。

4.《劝学》：学习是人类前进的动力，生命不息，学习不止。

教师总结：我们之所以认同某种思想，一方面是源于它在情感上和我们产生了共鸣，另一方面，也是源于思想本身的内在价值。

任务三：你最不认同本单元中哪篇文章所蕴含的思想，请结合文本并说明原因。

答案预设：

1.《人应当坚持正义》：苏格拉底坚持心中的正义，拒绝逃亡，甘愿付出了生命的代价，令人敬佩。但服从不正当的法律本身不就是对恶的纵容吗？不正当的法律会伤害城邦里更多的人，最终也不利于城邦本身，因此，苏格拉底对恶法的尊重是否真的符合正义？这种思想是否值得我们认同？

2.《庖丁解牛》：避开矛盾，保身、全生、养亲、尽年，这些思想作为个人的价值选择，固然没有错，但若这种思想成为个人立身处世的核心价值观，在面对社会的矛盾与不公时，是否会沦为犬儒主义呢？

3. 《〈论语〉十二章》《鱼我所欲也》：在大多数人温饱还未完全解决的情况下，要求人们舍生取义、以仁为己任，这不够现实。

4. 《〈论语〉十二章》体现的是巩固君王统治的立场，因为"仁义"不是最高的思想追求而是实现目的的工具。

任务四：请之前认同这些思想的同学回应以上质疑。

答案预设：

1. 《人应当坚持正义》：苏格拉底坚持正义并不是对恶的默许，更不是对恶的纵容，而是以拒绝逃亡的方式来宣告雅典法律的不正当性，以直面死亡的方式来警醒世人和城邦。就像他在庭辩中把自己比作牛虻一样附在雅典这匹马身上，说"这匹骏马由于太大太肥，年龄未老就行动迟缓，需要叮一叮才能焕发精神。我想是神把我拴在城邦上的，具有这样一种资格，可以走来走去，激发、催促和责备你们每一个人，整天不停地到处紧跟着你们"。这是苏格拉底临死前在法庭上的申辩，也是他最后一次扮演牛虻的角色了。

2. 《庖丁解牛》：虽然保身、全生、养亲、尽年已经成为个人的核心价值观，但在战火纷飞的战国时代仍然有其积极意义，他观照的是小我在面对外部纷杂黑暗的世界时，如何保持心灵的自由和快意。虽然人在面对社会的矛盾和黑暗时，可能会滑入犬儒主义的明哲保身的境地，它与儒家说的舍生取义相比，缺乏道德的光芒，但是如果把它的思想置于当下国泰民安的时代情境中，却依然有相当重要的现实意义，那就是我们如何在顺应时代和社会的规律同时，保持人的精神自由。

3. 《〈论语〉十二章》《鱼我所欲也》：缺乏现实的可行性

恰恰是思想的意义！超越性思想本身就不是对现实的描述，而是对理想的期待。在人们都在为生存而努力奋斗的时候，孔子和孟子却关注人高远的精神世界，提倡超越人性的人格，告诉我们人不仅要活着，还要活得更好，这本身就是思想的意义。

方法点拨 ─────────────────────────◆

对于他人的观点无论你是支持还是质疑，都应该多角度地去论证自己观点的合理性。

设计意图：通过引导学生结合文本，对文本所蕴含的思想的合理性、价值等进行评价、分析和质疑，从而深入探究本单元的文章所蕴含的核心思想。

（三）审视反思自己的思维方式

任务五：请大家回顾一下我们刚才说到的环节，思考一下当大家认同或质疑某种思想时，大家选择了哪些标准？哪些标准是合理的，哪些是不合理的？为什么？

答案预设：

1. 刚才在评价孔孟思想的时候，标准是要求思想具有现实的合理性，我认为不合理。因为孔孟思想是一种价值判断而不是事实判断，它告诉我们的是崇高的人性是怎样的，不能因为我们难以达到而否定这种思想的价值。

教师追问：那评价孔孟思想时，我们应该坚持的标准是什么？

答案预设：标准是思想的内在价值。

教师可继续追问：如何判断思想的内在价值？我们是否可以仅仅采取一种功利主义的评价标准，只看思想在社会中所起的作用？

2. 刚才在评价孔孟思想的时候，有人认为要关注思想背后的动机，我觉得也不合理。因为思想的价值在于它能否启发我们，能否让这个世界变得更好，至于动机是什么，并不重要，更何况它也是难以揣测的。

3. 在评价苏格拉底和庄子思想的时候，那些认同他们思想的同学虽然看到了其可能会有的后果，但是如果同学们能把它放到具体的社会情境中去评价，那么这个标准就是合理的。

方法点拨————————————————◆

深入思考、反思他人的言语逻辑，分析其不合逻辑、不合常识和不合情理的地方。

设计意图：引导学生思考如何评价思想并反思自己的评价标准的合理性，以此来提升学生的思维品质。

（四）总结评价

任务六：拓展阅读以下两则材料，结合刚才的讨论，总结我们应如何评价古人的思想。

材料一：凡著中国古代哲学史者，其对于古人之学说，应具了解之同情，方可下笔。……所谓真了解者，必神游冥想，与立说之古人，处于同一境界，而对于其持论所以不得不如是之苦心孤诣，表一种之同情，始能批评其学说之是非得失，而无隔阂肤廓之论。否则数千年前之陈言旧说，与今日之情势迥殊，何一不可以可笑可怪目之乎？

——陈寅恪《冯友兰〈中国哲学史〉审查报告》

材料二：当一个人因关注思想而沉溺于某种内心受局限的成见或者某种纯粹外在性的目的时，不管他有多么投入或者诚恳，他的智识都已经被狂热吞噬了。没有思想固然很不好，但是有一件事比这个更危险，那就是过度沉溺于某一种特别的、限制性的思想。这个后果在政治和宗教上都看得到：智识本应有的作用，因为在一个狭隘的范畴中过于强调虔敬而无法得到发挥。

——（美）理查德·霍夫施塔特《美国的反智传统》

答案预设：

1. 了解和同情，即回到思想产生的历史情境中去评价它。

2. 包容和开放，不能因为别人的思想和自己的价值观、立场有冲突就忽视它的价值。

教师总结：当我们评价他人思想时，会有以下三个结果：

①理解与否。

②尊重与否。

③认同与否。

理解是基础，即使我们不能认同他人的思想，也应该理解他们思想产生的社会文化土壤，不能脱离历史语境，以居高临下的态度去评价；

在理解的基础上，我们可能无法完全认同其思想背后的价值取向，但只要它在一定范围内有价值，不触及基本人伦底线，那我们应当对它保持尊重；

即便当我们认同一种思想时，也应该将其放到一个更加开放的思想中去，不能将其奉为圭臬，因为任何思想都是时代的产物，必然会有时代的局限性，比如儒道思想，千万不要将儒家和道家思想当作我们为人处世的唯一标准。只有本着包容开放的态度去面对先哲们的思想，才不会使其化约、令人失望。

此外，思辨的态度不仅可以用于语文文本，还可以运用到道德和社会意义的问题上。我们要做一个理性平和的现代公民。

方法点拨────────────────────◆

结合现实，归纳总结。

设计意图：引导学生总结评价课所蕴含的思想，启发学生把所学知识运用到人生实践中去。

说理的艺术及其限度

——《劝学》《人应当坚持正义》说理方法探究

成都七中·游俊松 / 胡丹

教学目标

选择本单元中比较突出的两篇文章的说理方法，反思其价值和限度。

教学过程

（一）导入新课、温故知新

本单元的文章都闪耀着思想的光芒，给我们带来了人生启迪。不同的作家在表达自己的思想时会使用哪些方法？不同的文章分别有怎样的特点和效果呢？本节课我们将围绕《劝学》《人应当坚持正义》这两篇文章展开讨论。

任务一：请结合文章内容，完成以下表格。

文章	核心观点	观点成立的理由	论证方法	文本示例
《劝学》	学不可以已。	①学习可以提升自己。②学习可改变自己。③学习可弥补自己的不足。	比喻论证	青，取之于蓝，而青于蓝；冰，水为之，而寒于水。假舆马者，非利足也，而致千里；假舟楫者，非能水也，而绝江河。
《人应当坚持正义》	不该听从大家的意见，选择逃亡，人应当坚持正义。	①要尊重经过研究和确认的道理。②行事要听专业人士的建议，不必尊重人们的一切意见。	道理论证	他如果不服从那一位内行，不理睬他的意见和赞许，而听信另外一些外行的话，不是要遭到损害吗？如果那个为道义所改善、为不义所毁灭的部分毁了，我们还能活吗？那一个部分，不管叫什么，是我们的那个与道义和不义有关的部分，我们认为它比身体差吗？

文章	核心观点	观点成立的理由	论证方法	文本示例
《人应当坚持正义》		③重要的并不是活着，而是活得好。 ④在任何情况下都不能做不正当的事情。		是不是我们在任何情况下都不能容许故意做不正当的事？是不是在某某情况下可做，在别的情况下不许做？……是不是我们必须承受一些比死刑更加重或者比较轻的刑罚？是不是做不正当的事在任何情况下对于做此事的人都不可避免地是邪恶的、可耻的？

方法点拨————————————————◆

概括核心观点，从文本中找出中心句和观点句。

设计意图：让学生注重说理方法的运用，整体感知单元课文，为接下来的鉴赏做好铺垫。

（二）鉴赏分析论证方法及其效果

任务二：请结合文章内容，比较分析两篇文章主要使用的论证方法及其效果。

答案预设：

《劝学》

青，取之于蓝，而青于蓝；冰，水为之，而寒于水。

假舆马者，非利足也，而致千里；假舟楫者，非能水也，而绝江河。君子生非异也，善假于物也。

论证方法：此处使用了比喻论证。

效果：以自然中青蓝、水、冰与生活中的骑马者和坐船人设喻，形象生动，贴近生活，让读者明白，学习的作用在于超越原来的自己，弥补自己的不足，加强论证的效果。

《人应当坚持正义》

他如果不服从那一位内行，不理睬他的意见和赞许，而听信另外一些外行的话，不是要遭到损害吗？

如果那个为道义所改善、为不义所毁灭的部分毁了，我们还能活吗？那一个部分，不管叫什么，是我们的那个与道义和不义有关的部分，我们认为它比身体差吗？

是不是我们在任何情况下都不能容许故意做不正当的事？是不是在某某情况下可做，在别的情况下不许做？……是不是我们必须承受一些比死刑更加重或者比较轻的刑罚？是不是做不正当的事在任何情况下对于做此事的人都不可避免地是邪恶的、可耻的？

论证方法：此处使用了道理论证。

效果：通过层层铺垫、步步设问的方式来引出自己的结论，那就是灵魂保持高贵的价值和意义远远高于身体的保全，因此，即使牺牲自己的身体也不应该做不正当的、有损于灵魂的事情。论证逻辑严密，层层深入，具有极强的说服力。

方法点拨————————————————◆

从一个观点能否被证明的角度来鉴赏论证的艺术。

设计意图：通过引导学生结合文本，对两篇文章运用的论证方法的特点及其效果进行鉴赏和分析，为接下来反思性评价环节做好铺垫。

任务三：分析比喻论证和道理论证这两种论证方法可能存在的不足。

答案预设：

比喻论证虽然形象生动，但不是严格的论证，因为任何比喻，即使在结论正确的时候，充其量也不过是一个"说明"。首先，

235

比喻的形象性会导致观点的模糊，就像《劝学》中"木直中绳，輮以为轮"这句，我们很难判断要论证的观点；其次，比喻的简单化削弱了论证的逻辑性，因为喻体和本体是两种不同的事物，喻体只具有本体的部分特征，从逻辑上看，喻体身上所体现的道理和原则用在本体身上不一定会成立。无论运用归纳法还是演绎法，都不能从譬喻里得到判断。因为它没有依据，所用的依据是假的。用了假的依据，怎么使人们信服呢？我们要知道譬喻是一种修辞方法，如果用它来作为议论的依据，我想它是不配的。

道理论证虽然逻辑严密，但很容易带有说教气息，而且如果遇到的是价值观上的严重冲突，我们是难以通过道理来说服对方的，因为对方若不认可道理论证所涉及的底层逻辑，那么整个论证的逻辑大厦就无法建立起来。比如格黎东之所以最后被苏格拉底说服，还是他在最底层的价值观上（违反法律越狱是不正当的、人不能做不正当的事情）与苏格拉底没有冲突，若格黎东坚持认为反抗恶法本身就是正当的，或者认为凡事有"经权之辨"，人在特殊情况下可以做不正当的事，此时任何逻辑说理都会显得苍白无力。

方法点拨━━━━━━━━━━━━━━━━━━━━━━◆

对论证方法的价值和限度展开辩证分析。

设计意图：引导学生思考两种论证方法的价值及限度，以此提升学生的思维品质。

（三）总结论证方法使用背后的原因，学以致用

任务四：两篇文章为什么运用了不同的论证方法？请大家从多角度进行探究。

236

答案预设:

1. 预设读者不同:《劝学》的读者是普通人,用比喻论证来说理,更加浅显易懂,更易被人接受。《人应当坚持正义》的读者是苏格拉底的学生,他们接受老师多年的教育,早已耳濡目染,习惯了逻辑说理。

2. 作者思维方式不同:荀子的思维方式偏感性,习惯从日常生活中设譬取喻。苏格拉底的思维方式偏理性,喜欢通过步步设问的方式,启发学生反思自己观点的合理性,用严密的逻辑推理思维来教育学生。

3. 观点能得到理解的难度不同:荀子的文章是劝勉大家学习,论证成本很低,读者易于接受,用抽象的逻辑说理反而显得说教味很重。苏格拉底的论证则需要他的学生认同他的牺牲,涉及价值选择的问题,论证难度很大,必须通过严密的逻辑说理才能达到说服的目的。

教师总结:这也启发我们要从作者角度思考如何提升自己的说服力,从读者角度思考如何面对他人的说理。

作者角度:亚里士多德在《修辞学》中曾提出三种修辞劝说模式:逻辑诉诸、人格诉诸、情感诉诸。我们在说服他人的过程中可以恰当使用这三种修辞劝说模式。使用这三种修辞劝说模式,说话者可以对听众"晓之以理、动之以情",以达到说服的目的。在应用的过程中,这三种修辞劝说模式不是孤立的,而是互相配合、互相补充的。说话者应该根据不同情境的需要,针对不同受众的特点,利用推理加以人格和情感诉诸,及时注意受众的反应,以理服人,以情动人,情与理相结合,最终让对方接受自己的说辞。

读者角度：在阅读中区分情感、事实和逻辑，提升其思辨力，避免被简单的论证轻易说服。缺乏思辨力的人很容易被情绪化的论证说服和同化，成为盲从的乌合之众，只有拥有思辨力的人，才能在信息迷雾中找到确定性，探索先哲思想的光辉，捍卫其思想的尊严。

任务五：运用前面的方法，分析下面这段文字所用的论证方法及其效果。

鱼，我所欲也；熊掌，亦我所欲也。二者不可得兼，舍鱼而取熊掌者也。生，亦我所欲也；义，亦我所欲也。二者不可得兼，舍生而取义者也。生亦我所欲，所欲有甚于生者，故不为苟得也；死亦我所恶，所恶有甚于死者，故患有所不辟也。如使人之所欲莫甚于生，则凡可以得生者何不用也？使人之所恶莫甚于死者，则凡可以辟患者何不为也？由是则生而有不用也，由是则可以辟患而有不为也。是故所欲有甚于生者，所恶有甚于死者。非独贤者有是心也，人皆有之，贤者能勿丧耳。

（《孟子·鱼我所欲也》）

答案预设：

1. "鱼，我所欲也；熊掌，亦我所欲也。二者不可得兼，舍鱼而取熊掌者也。"使用了比喻论证，用"鱼"比喻"生"，用"熊掌"比喻"义"。以鱼与熊掌设喻，引出舍生取义的命题，同时暗含"生"与"义"孰轻孰重的关系，以此引出本文中心论点"舍生而取义"。其效果在于能吸引读者的兴趣，把读者的注意点引向更抽象的"生死"问题。

2. 道理论证：从"生，亦我所欲也"到"所恶有甚于死者"。先从正面来讲：虽然生命是我所喜爱的，但是，因为我所喜爱

238

的东西比生命更重要，所以，我不会做苟且偷生的事；虽然死亡是我所厌恶的，但是，因为我所厌恶的东西有甚于死亡，所以即使有死亡之患，我有时也不避开它。这里所说的"甚于生者"就是指"义"，所说的"甚于死者"就是指"不义"。于是，人为了"义"，可以"舍生"，即使人有可能会死，也不会做"不义"的事。

再从反面来申述其观点：如果人们所喜爱的东西不会超过喜爱生命的程度，那么，凡是可以保全生命的手段，那有什么不可以用的呢？如果人们所厌恶的东西不会超过厌恶死亡的程度，那么，凡是可以躲避死亡之患的办法，那有什么不可以用的呢？这里隐含的意思是，当人对生命的爱惜和对死亡的恐惧达到了极点时，那么在其生命受到考验的时候，人的行为就会失去准则，会做出让人不齿的事情来，最终，人的价值和尊严会丧失殆尽。

效果：在对比中，运用道理论证，直接对论点进行较深入的分析，阐释作者的观点，增强了论证的说服力。

方法点拨————————————————◆

对所学的方法活学活用，对文章手法进行多角度鉴赏评价。

设计意图：运用本文所学的方法，帮助学生更好地鉴赏其他文章。

四、文学史课

文脉传承，思想绵延
——先秦儒家思想的发展脉络

成都七中·游俊松／胡丹

教学目标

梳理先秦儒家思想的发展脉络，初步理解儒学的价值。（本单元是思想单元，文学史课相应调整为探讨思想史）

教学过程

导入：本单元的文章都闪耀着思想的光芒，给我们带来了人生启迪。请同学们在这些文章中找出体现了儒家思想的文章。

答案预设：除了第4篇文章的作者是道家，第5篇文章的作者是古希腊哲学家，剩下3篇文章的作者都是儒家。今天我们主要聚焦这三篇文章，从文学史、思想史的角度来观照、梳理儒家思想的发展脉络。

（一）温故知新

任务一：简要概括下面这些文章的核心思想，以及读后的印象。

文章	核心思想	读后印象
《〈论语〉十二章》	仁、礼	凝练精微
《鱼我所欲也》	舍生取义、不违本心	气势磅礴
《劝学》	学不可以已	形象生动
《庖丁解牛》	依乎天理、因其固然	瑰丽多彩
《人应当坚持正义》	人应当坚持正义	鞭辟入里

对观点、论证思路及论证方法进行概括。

设计意图：文学史课是对不同时期、不同作者的文学文本加以联系，从历时性的维度来探究文学生产和作者、时代之间的关联，进而更深刻地理解作品。设计这个环节，主要是为了检验学生在文本分析课和鉴赏评价课中所学到的知识，并自然地迁移到下一个环节。

（二）探究作品与作家的关系

你是否能从这些作品里看出这些作者个性的异同？我们知道，作品的特色与作者密切相关。因此通过了解作者的经历和生活背景，能让我们更深入地走进作品，而通过分析阅读文学作品，我们能更真切地感受到作者的生命气息。

1. 知人论世。

任务二：阅读以下作者的相关资料并做好积累。

【资料补充1】

孔子（公元前551—前479年），名丘，字仲尼，鲁国人。中国春秋末期伟大的思想家和教育家，儒家学派的创始人。孔子学说不仅影响了中国几千年的发展进程，还深刻地影响着每一个中国人的思想和行为模式，成为东方人品格和心理的理论基础。

【资料补充2】

孟子（公元前372—前289年），名轲，字子舆，与孔子并称"孔孟"，是战国时期儒家思想代表人物之一，在人性方面，他主张性善论，以为人生来就具备仁、义、礼、智四种品德。人可以通过内省去保持和扩充它，否则将会丧失这些善的品质。

【资料补充3】

荀子（约公元前313—前238年），名况，字卿，又称荀卿、孙卿，战国时赵国人，与孔子、孟子一起被称为先秦儒学最重要的三个人物。其弟子甚众，著名的有韩非、李斯等。

2. 以意逆志。

任务三：为何大家会对以上文章有这样的印象？小组合作，结合本单元的文章，分组查找相关资料，推测孔子和其他作者是怎样的人？

答案预设：

孔子：道德理想主义者，性情温和，对人类充满温情和关怀。

文本依据：

①坚持自己的道德理想。例如：朝闻道，夕死可矣。

②语言平和。例如：质胜文则野，文胜质则史。文质彬彬，然后君子。

孟子：道德理想主义者，性情刚烈，恪守原则，充满正气。

文本依据：提倡舍生取义，行文多用反问句，言辞斩钉截铁，有不容辩驳的气势。例如：

万钟则不辩礼义而受之，万钟于我何加焉！为宫室之美、妻妾之奉、所识穷乏者得我与？乡为身死而不受，今为宫室之美为之；乡为身死而不受，今为妻妾之奉为之；乡为身死而不受，今为所识穷乏者得我而为之：是亦不可以已乎？

荀子：认识论上的唯物主义者，性情温和。

文本依据：相信通过学习可以认识世界，在表达上多用比喻修辞手法，语言平和。例如：

积土成山，风雨兴焉；积水成渊，蛟龙生焉；积善成德，而神明自得，圣心备焉。

◆方法点拨────────────────────────────────◆

结合文本，抓住文本中的关键细节，从思想内容、句法表达习惯、词汇的选择、表达的技巧、语言风格等方面来推测作者的性情。

设计意图：引导学生结合文本和相关资料，走进作者，为下一环节进行探究分析做好铺垫。

（三）梳理文体和思想的脉络

1.基于对作者的深入了解，探究先秦诸子散文的发展脉络。

任务四：从春秋时期的《论语》到战国时期的《孟子》《荀子》，其在文体和风格上有什么不同？请结合相关文本简要分析其背后的原因。

答案预设：

特点：从语录体的箴言式文章到对话体的论辩式文章再到逻辑严密的说理文章，文本从简单到复杂、风格从简朴到纵恣。

可能的原因：

（1）作者的性格、对言辞的态度。

孔子：如"巧言令色，鲜矣仁""质胜文则野，文胜质则史""君子欲讷于言而敏于行"。

孟子：如"我善养吾浩然之气""予岂好辩哉？予不得已也"。

荀子：如"言必当理，事必当务，是然后君子之所长也"。

（2）时代的发展。

生产力的提高带来了书写技术的提升，它让记录长文的难度降低，同时复杂的社会关系要求有更为严密、系统的表达方式。语录体是殷商时的流行文体，是由商周诏诰语录发展演变而来的，而随着人口的增多、经济的发展、文化的兴盛，语录体文章已经不能满足人日常交流的需要，此外，战国时期相对于春秋，诸子百家争鸣更为激烈，儒学要立足，就要有更为系统和周密的表达方式。

（3）预设读者的不同。

《论语》中孔子的言论大多是说给弟子听的，教师与弟子在思想上、认识上的共性要多一些，他可以直截了当地说理。《孟子》在文中大多预设了反对自己立场的人并与之展开辩论，而荀子预设的读者范围更广、更复杂。

2. 基于对文章的深入分析，梳理儒家思想的发展脉络。

（1）孔子：孔子建构了完整的"德道"思想体系，在个体层面上主张"仁、礼"之德性与德行。

（2）孟子：孟子发展了孔子"仁"的思想，主张"仁政"，要实行仁政就要恢复和扩充人的善性，在价值观方面，他强调舍生取义，强调要以"礼义"来约束自己的言行，不能因为优越的物质条件而放弃礼义。

（3）荀子：针对孟子的"性善论"，荀子提出"性本恶"，强调用礼乐来规范人的行为，通过后天的学习使人向善。经过孟子、荀子的改造和发展，儒学体系变得更加完整，儒家思想更能适应社会发展的需要。

方法点拨━━━━━━━━━━━━━━━━━━━━◆

从文本与社会、作家等维度来探究文学发展的规律。

设计意图：文学史课既不是分析文学作品，也不是展现历史，而是聚焦文学与历史的交互关系，总结文学发展的内在规律，并且不能止步于文学规律的呈现，而应该鼓励学生探究此种规律的成因。

（四）总结儒家思想的价值和意义

任务五：请探究儒家思想能绵延千年不绝，不断发扬光大的原因，总结儒家思想的价值和意义。

答案预设：

1. 儒家知识分子的努力：儒家知识分子具有强烈的担当精神与开拓意识，在表达思想的方式上，能够循序渐进，不断创新，让其思想更具有力量。

2. 儒家文化的特点：儒家文化具有强烈的人性关怀、社会关怀特点，这契合普通人的心理。

3. 政治力量的推动：在汉代罢黜百家独尊儒术后，儒学成为官学，不断推动着儒学的发展。

总结：儒家学说不仅影响了中国几千年的发展进程，还深刻地影响着每一个中国人的思想和行为模式，成为东方人品格和心理的理论基础。以孔子为代表创立的儒家文化博大精深，构成了中华民族传统文化的主流和基础，时至今日它仍在社会生活中发挥着积极的作用，散发着耀眼的光芒。

方法点拨————————————————◆

从文本与社会、作家等维度来探究文学发展的规律。

设计意图：感受儒学的光芒，从中汲取价值和力量。

第四单元

诗赋

一、预习课

第四单元预习课

成都市棕北中学西区实验学校·李青霞

预习目标

扫清文字障碍，熟悉文本；梳理文本信息，理解文章内容；质疑，做出批注，为后续学习做准备。

预习准备

1. 不同颜色的笔（用黑笔批注，用蓝笔质疑，用红笔交流讨论）。

2. 工具书：《现代汉语词典》《古汉语常用字字典》。

3. 一个预习本。

预习流程

（一）扫清文字障碍

具体内容	教师活动	学生活动	举例
通读本单元诗赋，借助课文注释和工具书，力求把课文读准确、读通顺。	提出阅读要求： 1. 阅读速度稍慢，尤其是古诗阅读不宜太快。 2. 借助课文注释或查阅工具书，给生字注音。 3. 划分诗歌和文言长句的节奏。	1. 认真地阅读文本。 2. 遇到不认识或不理解的生字词，看课文注释或查阅工具书，给生字注音。 3. 按照要求划分节奏。	1.《阿房宫赋》题目中"阿（ē）房（páng）"，要注意区分其读音；文中"妃嫔（pín）媵（yìng）嫱（qiáng）"几个字要注意分清前后鼻音等。 2.《面朝大海，春暖花开》中"从／明天起，做一个／幸福的人 从／明天起，关心／粮食和蔬菜"等句子的停连。

（二）基本熟悉大意

具体内容	教师活动	学生活动	举例
能明白现代诗歌大意，能口头翻译古代诗歌。	布置任务并提供帮助和指导： 1. 借助课文注释和工具书，对诗歌进行口译，掌握本单元诗赋的大意。 2. 标注不能理解的词句，可与同学交流，也可询问教师。	1.利用课文注释和工具书，熟悉文本大意，进行口头翻译。 2.批注重难点词语、释义。	1.《登高》尾联的大意：历尽了艰难苦恨，双鬓长满了白发，穷困潦倒偏又暂停了浇愁的酒杯。 2.《浣溪沙·一曲新词酒一杯》中"一曲新词酒一杯，去年天气旧亭台"的大意：听一支新曲，喝一杯美酒，还是去年的天气，旧日的亭台。 3.要了解《短歌行》中"青青子衿，悠悠我心""海不厌深""周公吐哺，天下归心"这几句诗的意思，就必须先了解其中蕴含的典故。

（三）筛选关键信息

具体内容	教师活动	学生活动	举例
对文章重点进行圈点勾画。	告知学生对文中关键信息进行圈点勾画，如圈画出表示时间、地点、情感的词语。	使用不同符号圈点勾画出相关词语。	例如《再别康桥》题目中的"别"是一个关键词。

（四）梳理文章内容

具体内容	教师活动	学生活动	举例
梳理文本信息，进行思考、批注，初步理解文章内容。	1.出示预习提示，告知学生需要批注什么，如何批注：（1）围绕标题可以提出哪些问题，或圈出诗歌中的主题词。（2）批注抒情方式：本文是直接抒情还是间接抒情？批注表达方式：本文使用了哪些表达方式？批注表现手法：本文用了哪些手法？是借景抒情，还是托物言志？批注抒情议论：明确文本中的抒情议论，有助于理解作者情感，把握文章主旨。2.学生批注时，要有针对性的指导。	运用教师提示的批注方式，进行自主批注。	1.围绕诗歌标题思考：（1）《归园田居（其一）》围绕"归"提问：从何而归？为何而归？归向何处？归去如何？（2）《登高》：登高时的所见、所感、所思，各是什么？（3）《游山西村》：诗人为何游村（缘起）？游村见到了什么（见闻）？游村后有何感想（感悟）？2.通过提取主题词来理解诗歌：《短歌行》的主题词是"忧"；《将进酒》的主题词是"愁"《锦瑟》的主题词是"惘然"。3.《阿房宫赋》的表达方式，前半部分是描写，后半部分是议论、抒情。

（五）质疑交流讨论

具体内容	教师活动	学生活动	举例
思考答案，提出疑惑，交流讨论，为后续学习做好准备。	1.告知学生完成较基础的题目，并用铅笔批注出来。2.提示学生，对于有难度的题目，要选择性地做。3.如遇到较复杂或不能理解的信息，提醒学生在旁边标注问号，组织开展组内交流，适度参与问题讨论，引导学生思辨。	1.对照"预习提示"和"思考探究"，思考问题的答案，尝试写出要点。2.提出疑惑，标注问号，自主批注，交流讨论。3.记录有争议之处，以便在课堂提问。	1.《酬乐天扬州初逢席上见赠》作者的情感是从一而终，还是发生了变化？是"凄凉"还是从"凄凉"到"长精神"？2.杜牧为什么要写《阿房宫赋》，这篇文章反映了什么社会问题？3.《天上的街市》是诗人想象创造出来的世界还是实际存在的世界？作者想要表达什么样的情感？

二、文本分析课

《归园田居（其一）》《登高》《游山西村》文本分析课

成都市棕北中学西区实验学校·李青霞

《归园田居（其一）》

教学目标

通过准确地提取语义信息和确定语义之间的相应关系，理解《归园田居（其一）》所表达的情感，并将分析方法推广到其他两首诗歌的分析中。

教学过程

（一）预习回顾，整体感知

1. 解析题目，抓关键信息

眉目能传情，文章的标题一般也能传达出很多信息，所以我们在阅读文章前可以先观察题目。我们在看到"归园田居"这个标题时能看出哪些信息？古诗的诗眼是哪个字？

答案预设："归"字是这首诗的诗眼。

进一步点拨：

"归"的义项有：返回、归还、属于等，课题中的"归"是"返回"的意思，这里面又有着何种情感，需要我们立足诗歌去分析。

2. 朗读诗歌，梳理问题

理解诗歌需要多朗读，学生围绕"归"字边读边思考、提问。

任务一：梳理预习课中发现的问题。

学生问题预设：诗人从哪里"归"向哪里？诗人为什么要

"归"？诗人"归"之前和"归"之后各是什么心情？

方法点拨━━━━━━━━━━━━━━━━━━━━━━◆

文本分析要基于整体感知，"题目是文章的眼睛"，不少文章的标题通常都包含了重要信息，因此我们可以把它作为一个切入点。另外，理解诗歌一定要多读，俗话说"书读百遍，其义自见"，在读的过程中，我们还要有目的地思考，据此来理解诗歌大意。

设计意图：学生在预习后对诗歌内容已有初步感知，但可能了解得不深入也不全面，还需要进行具体的文本分析，而这一前提就是要对整首诗有一个整体感知。

（二）表意单元切分

观察文本，找到特征并进行初步切分。

在整体感知的基础上，教师围绕"归"字提出问题：诗人为何而归？从何而归？归向何处？归去如何？

任务二：学生围绕"归"的问题，对文本信息进行切分和筛选。

答案预设：

1. 为何而归？

爱丘山→少无适俗韵，性本爱丘山。

2. 从何而归？

弃官场→误落尘网中，一去三十年。羁鸟恋旧林，池鱼思故渊。

3. 归向何处？

归园田→开荒南野际，守拙归园田。方宅十余亩，草屋八九间。榆柳荫后檐，桃李罗堂前。暖暖远人村，依依墟里烟。

狗吠深巷中，鸡鸣桑树颠。

4. 归去如何？

返自然→户庭无尘杂，虚室有余闲。久在樊笼里，复得返自然。

方法点拨————————————————————◆

如何进行具体的文本分析？那就需要对文本进行表意单元切分。一个文本通常不止有一个表意单元，在整体感知的基础上对文本进行切分，这便于进一步理解文本。本诗关注"归"，围绕"归"有四个表意单元，切分后再分析、还原文本。

设计意图：文本分析不能笼统地进行，文本中有多个表意单元，需要进行切分后再做分析。

（三）文意的结构化分析

1. 局部分析

根据表意单元切分可以明确本诗的基本思路：从开头到"池鱼思故渊"围绕"为何而归""从何而归"，从"开荒南野际"到"鸡鸣桑树颠"围绕"归向何处"，最后四句围绕"归去如何"。

任务三：分析诗歌的四层意思。

（1）少无适俗韵，性本爱丘山。

→诗人本性"爱丘山"，这就是"归"的原因。

（2）误落尘网中，一去三十年。羁鸟恋旧林，池鱼思故渊。

→诗人把官场比作"尘网""樊笼"，把自己比作"羁鸟""池鱼"，现在急于挣脱世俗与黑暗的束缚，从官场而"归"。

（3）开荒南野际，守拙归园田。方宅十余亩，草屋八九间。榆柳荫后檐，桃李罗堂前。暧暧远人村，依依墟里烟。狗吠深巷中，鸡鸣桑树颠。

→诗人向往有茅屋、树木、鸡鸣、狗吠的田园生活，想要"归"向一种宁静、闲适的生活。

（4）户庭无尘杂，虚室有余闲。久在樊笼里，复得返自然。

→田园生活，宁静闲适，所以诗人"归"去之后的心情也格外轻松愉悦，"有余闲""返自然"。

2. 语义响应

通过寻找细节、挖掘语义关联等方法来分析诗歌中的情感。

陶渊明的"回归"表达了诗人怎样的情感与选择？诗人是如何表达自己情感的？我们据此提出主问题：这是一种_____（状态描述）的"回归"，我是从_____（事实描述）看出来的。

答案预设：

（1）轻松愉悦。

①方宅、草屋、榆柳、桃李、村庄、炊烟等。

诗人的住宅周围有十亩土地、八九间草屋，这是属于自己的小天地，自然让人愉悦。周围是榆树、柳树、桃树、李树，环境幽美，也衬托了诗人的欣慰情绪。

追问：为何写"榆柳""桃李"而不写"松柏""梧桐"？

前者是村里极为普通的树，能体现出田园的生活气息。后者多象征品行高洁、坚贞不屈，如"岁寒，然后知松柏之后凋也"。此处诗人要表达回归田园的轻松愉悦的心境，所以选用了"榆柳"和"桃李"这两个象征物。

②暧暧、依依。

暧暧，模糊的样子；依依，轻柔缓慢地上升。这两句从房前屋后的近景转移到乡村远景，将充满农家风味的茅舍融入到了深远的背景之中，乡土味浓厚，仿佛进入了一个宁静祥和的世外桃源。

③狗吠、鸡鸣、深巷、桑树。

如"阡陌交通、鸡犬相闻"的田园生活，宁静而祥和。

从以上词语可以看出诗人描绘了一幅恬静幽美、清新自然的画面，表明了诗人对恬淡生活的追求。

（2）闲适自在——无尘杂、有余闲、久、复。

"误落尘网中""久在樊笼里"等句子表达了诗人对官场的厌恶，因而选择归去，归去后"无尘杂""有余闲"，我们可以从中看出诗人回归后的心境是宁静的、闲适的、喜悦的。

方法点拨————————————————◆

一个文本内的语义信息通常具有关联性，它不是独立存在的。阅读一个文本，要充分注意并分析语义之间的相应关系。本诗的"归"所表达的主题情感要从细节去挖掘，明确了语义之间的关联后，主题情感也就呼之欲出了。

设计意图：词不离句，句不离篇，我们不能孤立地理解某个词语或句子，而是要把它放在具体的语境之中，然后注意前后语义之间的关联。通过对上一步表意单元的切分，引导学生深入挖掘表意单元之间的结构关系，从而印证对诗歌情感的理性分析。

（四）主题概括

用简洁的语言归纳本诗主题。

通过整体感知、表意单元切分以及表意单元之间的结构化分析等步骤，全面分析本首诗的思想情感内涵，由此归纳出本首诗的主题：本诗通过对美好的田园风光和农村生活的描写，抒发了诗人辞官归隐后的愉快心情和乡居乐趣。陶渊明的"归"

不是简单的逃避和躲藏，而是一种充满了生活气息的轻松愉悦、闲适自在的回归。

方法点拨————————————————————◆

这个环节就是综合课堂上的讨论与探究得出的答案，在完成整个课堂任务之后，再自然而然地用文字表述出来。

设计意图：在完成以上步骤之后，主题的概括将不再是对文本表意的过程进行分析，而是用合理的、恰如其分的措辞进行描述。

（五）归纳学法，拓展迁移

1.归纳学法

读懂诗歌，概括其主题思想，具体步骤如下。

（1）预习回顾，整体感知。

①解析题目，抓关键信息。

②朗读诗歌，梳理问题。

（2）表意单元切分。

切分文本，明确大意。

（3）文意的结构化分析。

①局部分析：寻找细节，分析诗人的情感。

②语义响应：分析局部之间的联系。

（4）主题概括。

2.拓展迁移

运用以上方法，解读杜甫的《登高》和陆游的《游山西村》。相关分析见后文。

设计意图：引导学生归纳本节课学习诗歌的方法，并做到举一反三。

《登高》

（一）预习回顾，整体感知

回顾预习课中的疑问，由"登高"一词，我们可以引出哪些问题？

（二）表意单元切分

问题一：思考后回答，诗人登高，见到了什么？想到了什么？

答案预设：前四句写诗人登高时的所见所闻，后四句抒发诗人登高时的所感所思。

追问：所见所闻的是乐景还是哀景？所感所思的是乐情还是哀情？

答案预设：全诗围绕"悲"，描写哀景，抒发哀情。

（三）文意的结构化分析

1. 局部分析

问题二：分析诗人登高时的所见所闻所感所思。

（1）登高时的所见所闻。

首联：

风——急（秋风瑟瑟），天——高（环境开阔，人渺小），

猿啸——哀（悲凉），渚、沙——清、白（凄冷），

鸟——飞回（孤独）。

颔联：

落木——无边、萧萧下（萧条，尽显生命的短暂），长江——不尽、滚滚来（无边无际，尽显时间的永恒）。

（2）登高时的所感所思。

颈联：

万里——离家远、思乡，悲秋——悲凉的秋天（环境悲、

心情悲），常作客——长期漂泊在异乡。

百年——老年、人生迟暮，多病——身体衰残，独——孤苦无依，登台——重阳节登高，倍思亲。

尾联：

艰难——国家和自己的命运，苦恨——极其遗憾，繁霜鬓——白发增多。

潦倒——衰颓失意、多病，新停、浊酒杯——本想借酒消愁，却因病不能喝，愁闷无法疏解，郁结于心。

2. 语义响应

问题三：思考主问题——全诗的诗眼是"悲"，悲在何处？并简要梳理出本诗的语义响应。

答案预设：

（1）悲在环境——风急、天高、猿啸哀、渚清、沙白、鸟飞回。

首联和颔联写诗人登高时的所见所闻，描绘出一幅肃杀凄凉、雄浑高远的秋景，借景抒情，暗含诗人的"艰难苦恨"。

（2）悲在心情——艰难、苦恨、繁霜鬓、潦倒、新停、浊酒杯。

颈联和尾联写出了诗人登高时的所感所思，以及"艰难苦恨"，描绘了一个多年漂泊不定、年迈多病的老者形象。

（四）主题概括

整首诗以"悲"为主线，诗人内心伤悲，想登高排遣忧愁，却触景生悲，想借酒消愁，却又无法消悲，于是悲上加悲。以悲景起笔，以悲情落笔，表达了诗人长期漂泊不定、老病孤愁、忧国伤时的复杂情感。

《游山西村》

（一）预习回顾，整体感知

齐读课题，回顾预习课中的疑问。

学生疑问："山西村"是山西一带的村子吗？我们应该如何理解这个题目？

答案预设："山西村"并非某个村子之名，而是山西面的村落。"游"，出游，这个"游"是指诗人到乡村随意转转。

（二）表意单元切分

问题一：围绕"游"读诗歌，思考：诗人为何游村（缘起）？诗人游村时见到了什么（见闻）？诗人游村后有何感想（感悟）？

答案预设：诗歌没有明说游村的缘由，前三联写诗人游村时的所见所闻，尾联写诗人游村后的感悟。

（三）文意的结构化分析

1. 局部分析

问题二：分析诗人游村时的所见所闻所感。

首联：

腊酒、丰年、足鸡豚——农家：丰年足食。

颔联：

山重水复、柳暗花明——村外：景色幽美。

颈联：

箫鼓、春社、简朴、古风存——村内：民风淳朴。

尾联：

闲乘月、夜叩门——希望：随时做客。

2. 语义响应

问题三：诗人如何描述此次出游？思考主问题——这是一

次＿＿＿＿＿＿＿＿＿（状态描述）的出游，我是从＿＿＿＿＿＿＿＿＿（事实描述）看出来的。并简要梳理出本诗的语义信息。

答案预设：

（1）欢欣愉悦——腊酒、丰年、足鸡豚、柳暗花明、箫鼓、春社、简朴、古风存等。

诗人见到丰年足食的农家生活，农人热情，跟官场上的尔虞我诈形成鲜明对比，而且此处环境幽美，民风淳朴，诗人心中自是欢愉。

（2）燃起希望——山重水复、柳暗花明、闲乘月、夜叩门。山西村山环水绕、柳暗花明，一派花团锦簇的景象，喻指诗人身处困境却仍然满怀希望。当陆游在朝廷为官时，他的报国热情却使他面对诸多是非。如今他远离了纷争，来到了依山傍水之地，却获得了心灵的慰藉。此情此景让诗人又燃起了希望。

（四）主题概括

本诗紧扣"游"字，描绘出色彩明丽的农村自然风光，以及自然淳朴的农村生活图景，表达了诗人对秀丽的农村景色及淳朴的农村生活的陶醉、向往与喜爱之情。

《短歌行》《将进酒》《锦瑟》《酬乐天扬州初逢席上见赠》文本分析课

成都市金苹果锦城一中·宋红琨

《短歌行》

教学目标

通过提取语义信息，初步理解情感，再用语义响应来验证，实现对诗歌的结构化理解。

教学过程

（一）诗题提问，思考导入

有的诗歌通过标题提问法，就能快速知晓诗歌大意和情感脉络，如我们已经学过的《归园田居（其一）》围绕"归"字提问：从何而归，为何而归，归向何处，归去如何。《登高》围绕"登高"提问：登高时的所见、所感、所思，各是什么？《游山西村》围绕"游村"提问：为何游村（缘起）？游村时见到了什么（见闻）？游村后有何感想（感悟）？

有的诗歌却不行。我们来看这一组标题：《短歌行》《将进酒》《锦瑟》《酬乐天扬州初逢席上见赠》，这些诗歌要么是乐府体裁，要么是劝酒诗，赠答诗，甚至是"无题"诗。今天我们换一种方法来学习诗歌：抓取诗人描绘的情感词进行猜读、分析、验证。我们先走进《短歌行》。

设计意图：分类可以使诗歌解读化繁为简，有利于学生快速判断诗歌内容，选取读诗的方法。

（二）初读提取主题词，推测情感

任务一：初读诗歌，快速抓取文中最能表现诗人情感的词句。

明确：忧。"忧思难忘""何以解忧""忧从中来"，文中三次出现"忧"。

方法点拨━━━━━━━━━━━━━━━━━━◆

文本分析要关注文中反复出现的词句，因为它就是开启诗人情感密码的钥匙。

设计意图：教给学生整体感知诗意的方法，只要是贯穿全文、多次出现的情感词，就可以作为主题词。

（三）细读提问，分析情感

任务二：分析诗人忧什么？如何解忧？是否能解忧呢？

1. 概括本诗中诗人忧什么。

"①对酒当歌，人生几何！②譬如朝露，去日苦多。"前两句诗使学生注意到了"朝露"这个比喻，朝露待太阳一出来就消失了，具有生命短暂，易消逝的特点，从而得出结论：

一忧人生短暂，时光易逝。

"⑤青青子衿，悠悠我心。⑥但为君故，沉吟至今。"一句用典，借《诗经·郑风·子衿》中女子思慕恋人之情，表达他对贤才的渴望。曹操虽然心有希冀，但也没有直接表露出来，表现得颇有几分英雄霸主的风度和气概，以及不卑不亢之意。

"⑦呦呦鹿鸣，食野之苹。⑧我有嘉宾，鼓瑟吹笙。"一句用典，引用《诗经·小雅·鹿鸣》中的"鹿"，比喻高士，表达他对贤才的尊敬和善待，暗藏着对人才匮乏的感叹。此句呼应后文，表达他效法周公，渴望招募高士之意。

262

"⑨明明如月，何时可掇？⑩忧从中来，不可断绝。"这两句，言我求贤之心如明月一般皎洁，可是人才何时才能获取呢？他想到人才难觅，忧思绵绵，不能断绝，忧思程度加深。

这六句是又一个意义单元，围绕渴望和会善待贤才之意来表明其忧的内涵已经发生变化：

二忧人才难觅，时间紧迫。

"⑪越陌度阡，枉用相存。⑫契阔谈䜩，心念旧恩。⑬月明星稀，乌鹊南飞。⑭绕树三匝，何枝可依？"

一解：前两句诗是诗人希望贤士能越过田间小路，蜂拥而至。月明呼应上文，表明他的求贤之心如明月一般敞亮，"星"和"乌鹊"比喻人才、贤士，我身边"星稀"，比如他的府中人才缺乏，贤士们"南飞""绕树"，暗示了贤士们四处寻觅，没有归宿。可是"心念旧恩"又作何解？

又一解：这四句又是一个意义单元。所谓生命的孤独，就是对旧友相访的期待和渴望，对乱世中像乌鹊一般归宿无依的人们的哀怜。故得出：

三忧人才缺乏，旧交失落。

方法点拨————————————————◆
文本分析要关注修辞、用典等手法，从而推敲出诗人的情志。

2. 结合诗句说说诗人如何解忧。

（1）诗人如何解忧？④何以解忧？唯有杜康。

（2）杜康是否能解忧？不能。⑨明明如月，何时可掇？⑩忧从中来，不可断绝。

诗人酒后忧更甚，不可断绝，故而继续吟诵诗歌。

（3）什么能解忧？

⑮山不厌高，海不厌深。⑯周公吐哺，天下归心。

这两句用典，前一句化用《管子·形势解》中的句子，表示诗人希望尽可能多地接纳人才，后一句借用《史记·鲁周公世家》中的故事，表示自己像周公一样，热切殷勤地接待贤士。

诗中虽然没有直接回答，但是从结尾来看，诗句里有诗人的追求，他没有再提忧思。我要广揽人才，让天下归附，无论是老朋友还是新朋友，我都能马上接见和宴请他们，以示我对人才的重视。

人生短暂，时光易逝，但有历史可考，我效仿前贤，广纳贤才，助我建功立业，从而达到解忧的目的。

方法点拨————————————————◆

教学生运用"三问法"，即"是什么""为什么""怎么样"，围绕主题词提问，可以快速锁定分析的方向。

设计意图：根据忧的内涵变化，划分意义单元，在拆分表意单元后，具体分析各个表意单元的不同作用，借表意单元的分析，为后面的情感关联、整合做铺垫，合理推敲诗情。

（四）联读抓住语义响应，得出结论

任务三：独立思考后讨论：诗中四处典故能否互换顺序？

明确：不能互换。第一个"思慕贤才"，表明自己对贤才的渴望；第二个"礼遇贤才"，想象贤才到来时的场景，表示自己对贤才的尊敬；第三个"多多益善"，表示自己广纳贤才的宽广胸怀；第四个"共创伟业"，则自比明主，体现君臣之义。四个典故层层深入，符合招揽贤才的发展过程。

通过梳理，我们能发现诗歌情感亦经历了这样的发展过程：

引发忧思：人生短暂，时光易逝。

忧思加深：人才难觅，时间紧迫。

忧思扩大：人才缺乏，旧交失落。

忧思得解：借鉴史事，效仿前贤。

结论：本诗旨在表现人生短暂，因此人需要建功立业才能不被埋没；建功立业需要贤人来辅佐自己，本人愿效仿周公广纳彷徨无依的人才。本诗表达了内涵丰富的忧思：诗人对人生短暂的感叹和忧伤，对旧友、贤才来访的期待和渴望，对乱世中像乌鹊一般归宿无依的人们的哀怜。

面对有限的生命，诗人没有选择悲观以待，也没有放纵自己及时行乐，反而更加迫切地、积极地追求着"一统天下"的理想。他把对人生苦短的忧虑转换为奋发向上的志气，可见其慷慨激昂的英雄气概。这首诗也引发了读者去追问人生的意义和归宿。

方法点拨━━━━━━━━━━━━━━━━━━━━━━◆

分析文本内部的意义层次之间的关联，要注意寻找与语义相近的词汇，以及反复出现的词汇；要比较各个意义层次的相关性；要梳理意义变化的脉络。在文本分析中，这是实现整体理解文意的基本方法。

设计意图：教学生用语义响应和结构化的思路来验证情感猜读是否是正确的，最重要的是能辐射整个文本。

（五）总结方法，迁移训练

在本诗中，我们用了主题词提问的方式来深入理解诗人表达的情感，通过"诗人忧什么""是否能解忧""如何解忧"来逐层提问，了解、分析典故和诗歌情感，最后联读抓住语义响应，得出结论。

构成这样一个文本分析的步骤：初读提取主题词，猜测情感——细读提问，分析情感——联读抓住语义响应，得出结论。

设计意图：引导学生总结本节课读诗的方法，有利于学生进行迁移训练。

接下来我们尝试用这种思路来读《将进酒》《锦瑟》《酬乐天扬州初逢席上见赠》。

《将进酒》

（一）初读提取主题词，推测情感

任务一：初读诗歌，快速抓取文中表现诗人情感的词句。

从诗句"高堂明镜悲白发——人生得意须尽欢——烹羊宰牛且为乐——与尔同销万古愁"中可以看出情感脉络：悲—欢—乐—愁，虽然诗人一度想尽情欢乐，但是仍然从悲转愁，"愁"是深藏在诗人心底的。

（二）细读提问，分析情感

任务二：围绕主题词提问："万古愁"指的是什么？如何消"愁"？"愁"消了吗？

概括"万古愁"的含义。

①君不见，黄河之水天上来，奔流到海不复回。

②君不见，高堂明镜悲白发，朝如青丝暮成雪。

这两句诗从空间和时间的范畴来看是用了夸张的手法，黄河之来，势不可当，黄河之去，势不可回，人生由青春到衰老的全过程尽在"朝""暮"之间，河水一去不复返喻人生易逝，白雪喻白发，极言人生易老之苦，年华易逝，生命短暂，个人在功业上却毫无成就。以黄河的伟大、永恒衬托出生命的渺小、

266

脆弱，有一种巨人式的感伤，以及惊心动魄的艺术力量。

"万古愁"指的是年华易逝、生命渺小之愁。

③人生得意须尽欢，莫使金樽空对月。

④天生我材必有用，千金散尽还复来。

生命的渺小无法挽救，能够解忧的唯有金樽、美酒。"天生我材必有用"，表明了诗人在表面上表现得乐观自信。"必"字实际上写出了诗人并没有受到重用。"千金散尽还复来"则表明了诗人并没有赚回来。仕途失意，生活困苦，字里行间都透露着诗人怀才不遇而又渴望用世的心情。诗人表面豪爽，内心却暗藏忧愁。生命的年华之"愁"已转为现实的处境之愁。

⑤烹羊宰牛且为乐，会须一饮三百杯。

⑥岑夫子，丹丘生，将进酒，杯莫停。

⑦与君歌一曲，请君为我倾耳听。

烹羊宰牛，有美酒、佳肴，劝岑夫子，丹丘生，将进酒，莫停杯，豪饮三百杯，写出了诗人想借酒消愁，暂且作乐，但愁未消。

⑧钟鼓馔玉不足贵，但愿长醉不愿醒。

⑨古来圣贤皆寂寞，惟有饮者留其名。

⑩陈王昔时宴平乐，斗酒十千恣欢谑。

劝酒是为了消愁，不在乎山珍海味，喝了酒清醒时愁不能消，但愿长醉能消愁。⑨⑩用典，陈王曹植虽然才华横溢，志向远大，但是由于"任性而行，饮酒不节"，最终没有得到其父亲曹操的重用，古往今来很多圣贤都是如此。现实处境之愁源于他们同样拥有才华，却同样怀才不遇，言论激愤，心中的愁就更重了。

⑪主人何为言少钱，径须沽取对君酌。

⑫五花马、千金裘，呼儿将出换美酒，与尔同销万古愁。

小结："万古愁"指的是年华易逝、生命渺小、怀才不遇之愁。

（三）联读抓住语义响应，得出结论

任务三：结合诗句分析如何才能消"愁"，"愁"消了吗？

③—⑫中从"莫使金樽空对月""烹羊宰牛""一饮三百杯""将进酒，杯莫停""与君歌一曲""呼儿将出换美酒"这几句诗中可以看出诗人努力通过劝酒、豪饮、作乐来消愁，他的言行状态在发生变化：③—⑦纵酒作乐，⑧—⑩慷慨愤激，⑪—⑫狂放自在，故而消愁后欲排解、有对抗、想释放；从"必有用""还复来""且为乐""但愿长醉不愿醒""古来圣贤皆寂寞"这几句诗中可以看出诗句是前后呼应的，万古愁难消。

结论：诗人所有的情感都是基于一个"愁"字，诗人因愁而悲叹时光易逝，因愁而纵酒作乐，因愁而慷慨愤激，也因愁而狂放自在。豪放是他的外壳，激愤才是他的内核。

诗人抒发了人生易老，青春不再，生命渺小，怀才不遇之愁。他借助饮酒消愁，以喝酒来排解内心的苦闷，以纵酒来对抗现实的黑暗，以精神的旷达来张扬自己的个性。

《锦瑟》

（一）初读提取主题词，推测情感

任务一：初读诗歌，快速抓取文中最能体现诗人情感的词。

明确："惘然"。

（二）细读提问，分析情感

任务二：围绕主题词提问：是什么造成了这种"惘然"？"惘然"具有怎样的特点？

1. 分析是什么造成了这种"惘然"？

"锦瑟无端五十弦，一弦一柱思华年。"

"此情可待成追忆？只是当时已惘然。"

首联和尾联：从"思华年""待追忆""当时"这几个词中可以看出这是一种"思华年"的惘然。

明确：诗人听到优美的锦瑟声，看到了五十弦，联想到美好的年华不再，时过境迁，只能追忆，想到当时的情景引发的惘然。

2. 思考这种"惘然"具有怎样的特点？

"庄生晓梦迷蝴蝶，望帝春心托杜鹃。"

"沧海月明珠有泪，蓝田日暖玉生烟。"

"庄生"句：

《庄子·齐物论》："庄周梦为蝴蝶，栩栩然蝴蝶也。自喻适志与，不知周也。俄然觉，则蘧蘧然周也。不知周之梦为蝴蝶与？蝴蝶之梦为周与？"诗人引用庄周梦蝶的故事，言人生如梦，往事如烟，曾经的一切都是美好的。

"望帝"句：

《华阳国志·蜀志》："杜宇称帝，号曰望帝……其相开明，决玉垒山以除水害，帝遂委以政事，法尧舜禅授之义，遂禅位于开明。帝升西山隐焉。时适二月，子鹃鸟鸣，故蜀人悲子鹃鸟鸣也。"诗人引用望帝春心的故事，抒发自己难言的苦楚和悲伤。

"珠有泪"：

《博物志》："南海外有鲛人，水居如鱼，不废绩织，其眼泣则能出珠。"诗人引用鲛人泣珠的故事，抒发自己的一片哀怨。

"蓝田"：

《元和郡县志》："关内道京兆府蓝田县有蓝田山，一名玉山，在县东二十八里。"诗人引用美玉生烟的故事，抒发其可望而不可即的无奈之情。

颔联和颈联：这种"惘然"的特点是迷蒙美好、苦楚悲伤、哀怨伤感、虚幻朦胧。

（三）联读抓住语义响应，得出结论

任务三：先思考再讨论：颔联和颈联中的四个典故能否交换位置？

庄周梦蝶：美好的情境——以迷梦喻美好，承接首联中第二句所思的美好岁月；

望帝春心：难言的苦楚——以冤禽抒悲怀，情感转为苦楚；

鲛人泣珠：泣泪孕珍珠——以异景写哀怨，比苦楚更甚；

美玉生烟：可望而不可即——以玉烟喻虚幻，让人叹息不已，开启最后一联往日的美好成了回忆。

四个典故所表达的惘然之情承上启下，且层层深入，故不可以调换位置。

任务四：分析"杜鹃鸣""珠有泪"与本诗的其他意象所寄寓的情感是否是一致的？

明确：虽然"杜鹃鸣""珠有泪"给人悲凄之感，但是"锦瑟""庄生梦蝶""沧海月明""蓝田日暖""玉生烟"却是一组明媚温暖的意象，给人美好之感。后者更让人叹息，怅然，这是因为美好的感觉已经随年华的逝去而消失，留下的只有惘然。又因为悲凄本来就能直接表达诗人的惘然，所以这两者所

寄寓的情感是一致的。

总结：本诗的首联和尾联言惘然的缘由，颔联和颈联言惘然的感受与特点，这表达了一种美好的年华逝去的惘然，随之消失的还有青春壮志、美好而又真挚的爱情以及蓬勃的生命状态。

《酬乐天扬州初逢席上见赠》

（一）初读提取主题词，推测情感

本诗写的是在扬州初次相逢的酒席上，诗人收到白居易的赠诗，他再以诗相答。

任务一：初读诗歌，快速抓取最能体现诗人情感的词。

学生质疑：诗人的情感基调是否发生了变化，从"凄凉"到"长精神"？

前两联低沉："凄凉""弃置""空"。

后两联昂扬："千帆""万木春""长精神"。

接下来我们来进一步分析本诗中最能体现诗人情感的词是"凄凉"还是"长精神"。

（二）细读提问，分析情感

任务二：概括这首诗写了哪些"凄凉"。

巴山楚水凄凉地，二十三年弃置身。

首联：被贬偏久之凄——"巴山楚水"地方偏，"二十三年"时间长，所以诗人觉得自己被遗弃而感到凄凉。

怀旧空吟闻笛赋，到乡翻似烂柯人。

颔联：亲旧凋零之凄——怀旧空吟、到乡翻似。

"闻笛赋"是指向秀路过嵇康旧居时，听到邻居吹笛，遂作《思旧赋》以怀念旧友嵇康，诗人借典故来表达自己对已经去世的好友王叔文和柳宗元等人的深切怀念；"烂柯人"是指晋人王质上山打柴，途中停下来观童子下棋，准备回家时，发现斧柄已经腐烂，回家后，发现已时过百年，家乡已经大变样，没有人认得他。诗人引用这个典故，用王质自比，表达了他被贬二十三年，人世沧桑的巨变给他带来了恍若隔世的感觉。

两个典故抒发了诗人对亲旧凋零、岁月流逝、人世变迁的感慨。

沉舟侧畔千帆过，病树前头万木春。

颈联：病弱落伍之凄——"沉舟""病树"比喻自己沉落、衰败的生命状态，然而身旁千帆竞发，前面万木争春。两相对照，更见悲凄。这个比喻不仅反映了自然界的新陈代谢规律，人生以变为常的通达观念，还能在语义上呼应首联：巴山上，我病，万木春；楚水间，我沉，千帆过。

今日听君歌一曲，暂凭杯酒长精神。

尾联：暂且振奋之凄——想到自己归来后，朋友白居易以诗相赠，暂且举起杯酒来振奋精神。

任务三：分析"暂"能否换成"就"。

明确：不能，暂是暂时，表达暂时凭借杯中酒来振作精神。说明诗人的精神状态不好，需要用酒来助兴，也只能起到短暂的振作作用。结合上文诗人因被长期被贬偏远荒凉之地，亲旧凋零，自己病弱落伍，官场中后生辈出，尽管自己有朋友鼓励，但也只能暂且振作。如果换成"就"就有释怀之感，表示已经开始振作精神。这与整首诗的基调不统一。

（三）分析语义响应，得出结论

任务四：结合诗句分析"凄凉"与"长精神"的关系。

通过语义响应观察：

与"凄凉"正向响应的词："弃置""空""沉舟""病树""暂凭"。

反向响应的词："千帆过""万木春""长精神"。

因为"千帆过""万木春"反而构成了"沉舟"与"病树"之悲，表达了诗人病弱落伍之意，而诗人"长精神"也只是"暂凭杯酒"才能做到。整首诗的主旨呼之欲出。

结论：本诗的主题词是"凄凉"，表达了诗人长期被贬偏远荒凉之地，亲旧凋零，人事全非之凄，后生人才辈出，自己病弱落伍之凄，沉郁中可感通达，悲凄中更添无奈，并无长精神的豪迈乐观之情。

板书设计：

《短歌行》	《将进酒》
主题词：忧 引发忧思：人生短暂，时光易逝 忧思加深：人才难觅，时间紧迫 忧思扩大：人才缺乏，旧交失落 忧思得解：借鉴史事，效仿前贤	主题词：愁 万古愁：年华易逝 生命渺小 怀才不遇 多变化：悲叹忧思 慷慨激愤 狂放自在 如何消：纵酒作乐 张扬个性 旷达精神
《锦瑟》	《酬乐天扬州初逢席上见赠》
主题词：惘然 首尾联——惘然的缘由： 美好年华逝去 颔颈联——惘然的感受 庄周梦蝶：迷蒙美好 望帝春心：苦楚悲伤 鲛人泣珠：哀怨伤感 美玉生烟：虚幻朦胧	主题词：凄凉 首联：被贬偏久之凄 颔联：亲旧凋零之凄 颈联：病弱落伍之凄 尾联：暂且振作之凄

273

续表

如何结构化理解一首诗？
提取主题词——猜读情感 主题词提问——分析情感 　　　　　　（修辞、典故、意象等） 抓住语义响应——印证结论

《浣溪沙》《渔家傲·秋思》《念奴娇·赤壁怀古》文本分析课

《浣溪沙》

教学目标

通过对词句的语义分析和信息关联分析，厘清文本结构，实现对词的整体意义的理解。

教学过程

导入：

请同学们想一想，当我们遇到一首陌生的词，你会采用什么方法去读懂这首词？

答案预设：

抓意象、抓情感词都是我们常用的读诗词的方法，但是如果只采用这种方法，那么我们对诗词主题的理解可能会不够完整或准确。今天我们来学习另一种读诗词的方法，即猜想—分析—印证：这是从推测到断定的方法。以晏殊的《浣溪沙》为例。

（一）初读文本，推测文本主题

任务一：初读文本，结合词句说说这首词表达了词人怎样的情感。

答案预设：

根据文本中直接表达情感的词语"无可奈何""似曾相识""徘徊"，推测出本词的主题是：表达了物是人非的惆怅和词人的伤春惜春之情。

在初次的阅读过程中，首先通过文本信息，猜测词人的意图，从而得出一个推测性的主题结论。

设计意图：教会学生使用整体感知词意的方法，即要关注文本中的情感词。

（二）细读文本，识别语义信息

任务二：细读文本，分析词句语义。

答案预设：

① "一曲新词酒一杯，去年天气旧亭台。"

写在明媚的春光里，词人一边听曲、一边喝酒，也可能是喝一杯酒的工夫，词人就填好了一首词。不论是哪一种，都展现了一种淡雅悠闲的生活。这种惬意的生活不经意地触发了词人对"去年"类似经历的追忆。所以写"天气"用"去年"来修饰，写"亭台"用"旧"来修饰，说天气和亭台都跟去年一样，这没有什么不同。可是真的都一样吗？眼前的亭台楼阁，清歌美酒似乎都是一样的，但今年毕竟不是去年，与此相关的一系列的人和事都不一样了。一种光阴流转、物是人非的感慨与惆怅也就轻轻袭来。

基本语义：表达词人对光阴流转，物是人非的感慨。

② "夕阳西下几时回？"

想到风物依然而时光飞逝，他不禁悄然暗问"夕阳落下去，什么时候才回来呢？"了解常识的人就知道，第二天太阳就会照常升起，但今天的太阳是不是明天的太阳呢？在词人心中这西下的夕阳，永远也没有回转的可能了，"几时回"折射出的是一种期盼其返，却又情知难返的矛盾心态。

基本语义：西下的夕阳没有回转的可能，这暗含着时光流逝、人和事变更且无法重复。

③"无可奈何花落去，似曾相识燕归来。"

"落花"写花的凋落，暗示春的消逝，词人虽然惋惜留恋也无济于事；"燕归"写燕子归来，令人欣慰，但是"似曾相识"，即词人无法肯定就是之前的旧相识。"花落""燕归"是指眼前景象，但与"无可奈何""似曾相识"相联系，就蕴含了某种生活哲理：一切必然消失的美好事物都无法阻止其消逝，消逝的美好事物再现却不等于原封不动地重现。

基本语义：对美好事物的消逝无法阻止，美好事物不能原封不动地重现。

④"小园香径独徘徊。"

这是一个高度浓缩的画面：夕阳西下时，词人在落英缤纷的园中小径，独自徘徊，陷入了沉思。独自徘徊的身影，他在思考什么呢？联系上文的"亭台""夕阳""落花""归燕"等意象，词人看着眼前的景象，感叹时间流逝，万物都在生住异灭中不断变化。

基本语义：感慨时间流逝，生命无常。

方法点拨————————————————◆

分析语义信息就是要一个字一个字、一个句子一个句子地读，特别要关注意象的情感内涵。

设计意图：引导学生分析词句的语义，是理解整个文本的基础。

（三）整合语义，验证推测主题

任务三：从语义信息关联、思路和结构的角度验证并推测主题。

问题1：结合上述语义信息判断，推测主题是否能统合文本信息，并说明理由。

答案预设：

能。首先文本开篇由词人雅致的日常生活引发对过去的类似经历的追忆，"去年""旧"非常明显地表达了词人对物是人非的惆怅。其次"落花"暗示春的消逝，令人惋惜伤感；"燕归"中"燕"能随时令回来，但人却不能"归来"，这也表达了词人对时光易逝、物是人非的感慨。文本中多处语义信息都表达了词人对物是人非的惆怅和伤春惜春之情，印证了此前对主题的初步推测。

问题2：词的上片和下片的关系是什么呢？

答案预设：

词的上片：写词人对时光流逝，景物依旧，物是人非的惆怅。

词的下片：写词人对时间一去不返且生命无常的感慨。

词的上片和下片的意思是一致的，全词写现在—过去—现在，即从眼前的景想到过去的景然后又回到眼前的景，表达了词人对时间流逝的惆怅；写"夕阳""落花""归燕"等景物表现了随着时间流逝，美好事物的消逝已经不可避免，即使它们根据时令重现也不再是原来的事物，表达词人对生命无常且不可复制的感慨。

因此本词的主题是：词人对时光易逝、物是人非的惆怅和繁华易尽、生命无常的伤感。这与之前的主题推测是一致的。

通过语义信息的关联找到语义的一致性；串联诗句意思，厘清思路，推测文本主题。

设计意图：教会学生观察并分析文本内部的语义关联，把不同的信息联系起来，进行归类组合，对文本信息结构加以分析，从而了解整个文本的意义。

（四）总结方法，迁移训练

本节课我们依据初读文本，推测文本主题—细读文本，识别语义信息—整合语义，验证推测主题，这三个环节运用了"猜想—分析—印证"的方法。

设计意图：引导学生总结本节课的文本分析方法，并用此方法来分析类似文本。

接下来我们尝试用这种方法来分析《渔家傲·秋思》《念奴娇·赤壁怀古》。

《渔家傲·秋思》

（一）初读文本，推测文本主题

任务一：初读文本，结合词句说说这首词表达了词人怎样的情感。

答案预设：

根据文本中表达情感的词语"雁去""家万里""归无计"推测出本词的主题是：表达戍边将士的思乡之情。

（二）细读文本，识别语义信息

任务二：细读文本，分析词句的语义。

答案预设：

①"塞下秋来风景异，衡阳雁去无留意。"

"塞下"点明地域是边塞，"秋来"点明了季节，"风景异"概括地写出了塞下秋景和中原的秋景有所不同，这个"异"字也统领了下文全部景物的特点。衡阳是地名，传说秋天北雁南飞，至衡阳的回雁峰而止。"雁去"是说大雁飞走了，"无留意"是指毫无留恋之意，这里说大雁在秋天的时候就早早地、没有留恋地飞往南方避寒，写出了塞下秋季的寒冷、荒凉。

基本语义：写塞下寒冷、荒凉的景象。

②"四面边声连角起。"

"四面边声"写出此地秋天的声音之多。在古典文学中秋天的落寞、怅惘往往伴随着各种秋声而更加强烈。在这里，风吼、马嘶鸣同不断起伏的号角声混杂在一起，四面回荡，在此时此地，这种独特的光景，也是中原地区所没有的。

基本语义：各种秋声伴随着号角声四面回荡。

③"千嶂里，长烟落日孤城闭。"

"嶂"形容像屏障一样的山峰，"千嶂里"写出了此地处在层层山岭的环抱之中。"四面边声"后接"千嶂里"则写出了这座城池与外界隔绝千里。征人们处在"千嶂""孤城"之地，眼见"长烟""落日"之景，耳听"边声""号角声"，连缀起来，展现在人们眼前的是一幅充满肃杀之气的战地风光画面，最后的"闭"字更凸显了这座城池的孤寂，暗示了戍守边疆之人的孤独。

基本语义：写城池的孤寂，实际上是写人的孤独。

④"浊酒一杯家万里，燕然未勒归无计。"

"浊"字写出了酒的浑浊和苦涩，"一杯"和"万里"相随，形成对照。"燕然未勒"的典故是有战事未平之意，"无计"的意思是没有办法。此句写出了因为"燕然未勒"，所以词人只能用"一杯浊酒"来排遣对家乡和亲人的思念之情。

基本语义：词人想回家却无法回家的心理。

⑤"羌管悠悠霜满地。"

"羌管"即羌笛，是古代西部羌族的一种乐器，它发出的是凄切之声。这里写夜寒霜浓时，悠悠羌笛，秋霜满地，更加重了戍边将士的思乡愁绪，从而引出下句。

基本语义：词人听凄切之音，见凄切之景，导致愁思满怀。

⑥"人不寐，将军白发征夫泪。"

"人不寐"指人睡不着。"将军白发征夫泪"，总收全词。将军为何"不寐"，为何有"白发"，很明显，是因为"燕然未勒归无计"所致。征夫为何不眠和流泪，也是出于同样的原因，他们和将军的情感是一致的。

基本语义："不寐""白发""流泪"的原因是"家万里"和"燕然未勒"。

（三）整合语义，验证推测主题

任务三：从语义信息关联、思路和结构的角度来验证推测主题。

问题1：结合上述语义信息验证推测主题是否能统合文本信息，并说明理由。

答案预设：

能。首先，上片写景以"孤城闭"结束，折射出词人的孤独心境。其次，"燕然未勒归无计"，揭示了"归无计"的原因。

"人不寐，将军白发征夫泪"，把戍边将士思归又不得归的悲凉之情用含蓄的手法表达了出来。文本中的多处语义信息都指向戍边将士的思乡之情，由此印证了此前对主题的初步推测。

问题2：词的上片和下片的关系是什么呢？

答案预设：

词的上片：描绘了边塞荒凉、孤寂、肃杀的景象。

词的下片：写戍边将士思归又不得归的悲凉之情。

本词采用的是借景抒情的典型手法，词的上片起笔就写塞外秋天的景致，突出一个"异"字，写出了边塞的萧瑟、荒凉和充满肃杀之气的景象，形成了浓厚的悲凉气氛，为下文抒情做铺垫；词的下片由景生情，抒发了戍边将士的思乡之情。

因此本词的主题是：戍边将士思念家乡而无法归乡的悲伤和痛苦。这与之前的主题推测是一致的。

《念奴娇·赤壁怀古》

（一）初读文本，推测文本主题

任务一：初读文本，结合词句说说这首词表达了词人怎样的情感。

答案预设：

通过"雄姿英发""谈笑间，樯橹灰飞烟灭""多情应笑我，早生华发"等词句推测出本词的主题是：表达了词人对历史英雄的崇敬之情以及对自己怀才不遇的感慨。

（二）细读文本，识别语义信息

任务二：细读文本，分析词句的语义。

答案预设：

①"大江东去，浪淘尽，千古风流人物。"

这是开头句，也是议论句。"逝者如斯"，水是象征时间流逝的经典意象。大江与人生，都是单向的流动，一旦过去就永不回头。但是，大江是无知的、无情的，"风流人物"是有知的、有情的。要注意，在这个语句中，大江之浪是行动的主体，而"千古风流人物"却处于被动地位。有情的人，在无情的自然面前是无能为力的，哪怕你是"千古风流人物"，也难逃被"浪淘尽"的宿命。

基本语义：人在自然面前的无力和渺小。

②"故垒西边，人道是，三国周郎赤壁。"

这是叙述句。赤壁鏖战的"故垒"依然可见，而"千古风流人物"周郎却不见了。这样既点了"赤壁怀古"这个题目，也响应了开头句。这个"故"字，也与后文形成了两处反差：第一，"故垒"作为人类活动的遗迹给人以荒废之感，与下句依然如故的自然山河形成对比；第二，荒废的"故垒"，与下文中周瑜的雄姿英发形成反差。

基本语义：呼应开头句，英雄人物被"浪淘尽"了。

③"乱石穿空，惊涛拍岸，卷起千堆雪。"

这是描写句，其内涵值得深究。"穿""拍""卷"这三个字很有力度，壮丽的景象之中蕴藏着奔腾的、不甘寂寞的力量，这是自然的力量；"周郎"逝去了，历史上的风流人物统统"淘尽"了，但自然亘古如斯，伟力依旧。很多分析家认为，这表现了苏轼"不但没有一丝伤感，反倒洋溢着一派豪情"，其实这是误解。为什么呢？因为这种理解与上文没有任何关系，凭空而起，来路不明。这句话虽无"豪情"，却写得有力。这里面不仅有英雄被"浪淘尽"的感慨，还有抒情主人公有感于自然的雄壮，从而产生出模仿自然、变得雄壮的生命冲动。这就是为什么他会"怀古"。

基本语义：呼应开头句，英雄人物被"浪淘尽"而自然永恒；但亦有苏轼对生命情怀的涌动。

④"江山如画，一时多少豪杰。"

这句是叙述句，"江山如画"是对"乱石穿空，惊涛拍岸，卷起千堆雪"的概括，也是"豪杰"的一个背景。苏轼怀古，怀的是"豪杰"，折射的是他内心深处的"豪杰梦"。上阕至此结束，但此句又与下阕有关。"一时多少豪杰"，那是周瑜们，不包括苏轼自己。同样是在赤壁，周瑜建功立业，雄姿英发，苏轼却是灰头土脸，"早生华发"。下阕的周瑜和苏轼的差别，也就在这里。

基本语义：苏轼对英雄豪杰的渴慕。

⑤"遥想公瑾当年，小乔初嫁了，雄姿英发。羽扇纶巾，谈笑间樯橹灰飞烟灭。"

这两句是叙述句，句中也用了描写手法。既然是怀古，当然是"遥想"了。周瑜既得了美人，雄姿英发，又在谈笑之间，建立不世之业。人生之成功，莫过于此。苏轼的内心有着对周瑜的羡慕，这可以想见。这与下一句写"我"的狼狈，形成了对比。

基本语义：苏轼对英雄豪杰的渴慕，对建功立业的渴望。

⑥"故国神游，多情应笑我，早生华发。"

这是叙述句。"生华发"是人到了一定年龄后的正常现象，但是加上一个"早"字，就显得有些不太正常了。人一生一事无成，年华虚度，内心苦闷，所以头发早白了。早生华发是因为词人伤今，而伤今正是词人怀古的心理基础。

基本语义：词人对自己未能建功立业、过早衰老的哀叹。

⑦"人生如梦，一尊还酹江月。"

这是议论抒情句。"江月"是水中月，"镜花水月"是比喻世界虚幻。人生既然"如梦"，当然就是虚幻的。虚幻之人生，虚幻之江月，是双重虚幻。对于苏轼来说，这句词表达的是自己悲切的人生幻灭感。此外，还应注意这句词与全词的首句的呼应关系。本词的首句，也有人生的虚幻感。

基本语义：人生是虚幻的。

（三）整合语义，验证推测主题

任务三：从语义信息关联、思路和结构的角度来验证推测主题。

问题1：结合上述语义信息验证推测主题是否能统合文本信息，并说明理由。

答案预设：

不能。根据语义信息关联，本词可以整合出两组语义不同的词：

第一组，以表现人生虚幻为基本意义的词句，包括①②⑧。

第二组，以表现词人对建功立业的渴望为基本意义的词句，包括④⑤⑥⑦。

第③句较为特殊，是景物描写，有引出第④句的作用。

很明显，通过上述语义信息推测的"表达了词人对历史英雄的崇敬之情以及对自己怀才不遇的感慨"的主题无法合理有效地解释全词。

问题2：本词中的两组不同语义的关系是什么呢？

答案预设：

粗看起来，两组意思是矛盾的。既然人生是虚幻的，千古风流人物都难逃被时间淘洗的命运，那么，人又何必渴望建功立业呢？即便是周瑜这样的风流人物，不也照样被时间的洪流冲刷，成为过眼云烟的人物吗？既然人生终归是虚幻的，那么，苏轼自己，又何必自叹自伤呢？

从表面上看，两者之间的对立是无法消除的，而这恰好是这首词的立意所在：人生就是一个不可消除的悖论。

人生就是这样一个悖论：人活着就渴望建功立业，有所作为；但在永恒的自然与时间面前，人是无力的和渺小的，再辉煌的功业也是过眼云烟，死亡将带走一切。无论是谁，有着怎样的功业，都禁不住时间的淘洗，因此人生没有什么意义。然而人总不能活着等死，活着就要努力奋斗，就要建功立业，以期建立起某种意义，虽说这种意义最终会被时间证明为虚幻。这是一个悖论，但同时也是人类的普遍命运。苏轼的这首词之所以能成为流传千古的名篇，就在于它表现了这个生存悖论，人类的这种永恒的宿命。

因此本词的主题是：人生就是一个不可消除的悖论。

《赤壁赋》文本分析课

湖南师范大学附属中学·丁中一

教学目标

学生能够从江与月这两个意象中把握苏轼在《赤壁赋》中所描绘的景色，以及苏轼在文中表达的情感与哲思。

教学过程

（一）表意单元切分

根据文本内容把本文所表达的信息切分为写景部分，写箫声、饮酒等人的活动部分，以及议论部分。

设计意图：切分表意单元，是文本分析课展开分析的基本动作。

（二）文本局部分析

1. 写景部分

任务一：明确写景部分的景物特点与作者心境。

这是作者在哪天晚上、什么地方看见的江与月？这些景物是什么样子的？作者的心情如何？

答案预设："壬戌之秋，七月既望""赤壁之下"。"泛舟"不仅写出了作者主观心情的随意与轻松，也写出了客观环境的江水平静，很自然地引出了景物描写。

"清风徐来，水波不兴"的对仗不够工整，但也正因为对仗不够工整，才避免了生硬。清风缓缓吹拂，水面波平如镜，这看似是在写眼前之景，实际上是在写语句的内在逻辑关联，同时与上句的"泛"相呼应。两个四字句，把清新的语言与优美的景色联系在一起，烘托出作者的惬意心境。

"少焉，月出于东山之上，徘徊于斗牛之间。"这里是作者对月亮移动的叙述，近似一种凝视，这是需要时间和一种悠闲的心情观赏的。"徘徊"一词既写出了月亮的移动，又暗示了小舟的缓缓飘荡（即观察者的移动）。

到这里，江水和月色都进入了我们的视线，"白露横江，水光接天"又是一个对偶句，作者把江水和月色打通，一起来写。其中还有视角的变化，上句写"横向"，下句写"纵向"，写得既饱满又干净。

作者产生了"浩浩乎如冯虚御风，而不知其所止；飘飘乎如遗世独立，羽化而登仙"这种极致的体验。此刻，在这样的月色下，苏轼的的确确可以暂时忘记那喧嚣庸常的人世，感受"自由"的快乐。

总结：景物绝美空灵，心情自由"乐甚"。

设计意图：让学生通过文字的表层含义、动词的使用去想象和还原景色，并将自己代入情境中，理解作者的情感。

任务二：把握写景部分所表达的情感与思想。

（1）除了现实中平静透明的江水与空灵优美的月色，苏轼还写到了哪里的江水和月色？

答案预设：《诗经》中的《月出》与《河广》。

（2）请大家结合《诗经》中两首诗的原文，谈谈苏轼要借《诗经》中的江月来表达什么。

答案预设：在这样美丽的环境中，他想到了《诗经·陈风·月出》。他用了一个对偶句 "诵明月之诗，歌窈窕之章"来说明。

《诗经·陈风·月出》

月出皎兮，佼人僚兮。舒窈纠兮，劳心悄兮。

月出皓兮，佼人懰兮。舒忧受兮，劳心慅兮。

月出照兮，佼人燎兮。舒夭绍兮，劳心惨兮。

值得注意的是，《月出》这首诗的大意——诗歌的作者看到了月光下的一个美人，这个美人令他感到忧伤。

《诗经·卫风·河广》

谁谓河广？一苇杭之。谁谓宋远？跂予望之。

谁谓河广？曾不容刀。谁谓宋远？曾不崇朝。

诗歌的主人公或许是旅居在卫国的宋国人，盼望归家而不得，这也许令苏轼联想到了自己的处境。即便抛开典故，个体"一苇"的渺小与空间"万顷"的辽阔依然可以让读者看到鲜明的对比，这种对比再一次体现了生命的焦虑、孤独和无助。有趣的是，这种焦虑、孤独和无助被"纵"和"凌"这两个动词消解了一大部分，并且这两个动词还体现了苏轼的强大的生命力与主体性——再渺小的人也是自由的（纵），也是超越的（凌）。

总结：表达了主人公对美人（屈原的"美人香草"传统下的"君主"）的求而不得以及对故国的怀念。

设计意图：通过对《诗经》中江月意象的讨论来理解苏轼隐藏的悲伤。

2. 箫声部分

任务三：理解歌词中潜藏的悲伤与箫声的悲凉。

（1）《诗经》中的江月引出了苏轼唱的歌，这首歌里的江水、月色是怎样的？你是如何读出来的？

答案预设："击空明兮溯流光"，空明流光同时写出了江水

289

月色连成一片的美丽之景。

（2）那么，这首歌词传递出了怎样的情绪？

答案预设：歌词里写到了精致的船只、美丽的景色、旷达浩远的胸怀，却结在了一个渴慕（但渴慕往往暗示的是缺失）上——"望美人兮天一方"。这个缺失概括了前文两处对《诗经》的暗引——《月出》中的"令人忧伤的美人"和《河广》中的"看得见却回不去的宋国"，也是"爱别离""求不得"的文学表现。

总结：歌词正是对前文景色的空灵与复杂的心情的总结。

（3）"倚歌而和之"的箫声也传递出了怎样的感情？

答案预设：如怨如慕，如泣如诉的悲伤。

设计意图：从歌词中的"江水月色"的形象入手，通过对歌词的解读，让学生明晰箫声的悲伤只是歌词里的潜在悲伤的外显化，要明确悲伤的理由，为后面的议论做铺垫。

3. 说理部分

任务四：困境的解读。

（1）客人之所以吹出悲伤动人的箫声，是因为他想到了赤壁之战的主人公——曹操，请大家说说曹操的形象是怎样的。

答案预设：客人的回答是从一个了不起的失败者"曹操"——"困于周郎"和"而今安在"开始的。"困于周郎"指的是现实的事功，"而今安在"指的是终极问题"人终有一死"。这两种失败在本质上是同一个问题——人终有一死。试想，倘若人可以永生不死，那么一切事业的功绩的意义就会被"永恒"消解掉。正是因为人终有一死，所以人才会有一种迫切地要成就功业的冲动。

但对于"我"而言，比起客人说了什么，"我"更感兴趣客人如何说。

客人在陈述这两场"失败"时，使用了非常相似的表达手法：

"西望夏口，东望武昌，山川相缪，郁乎苍苍，此非孟德之困于周郎者乎？"

"方其破荆州，下江陵，顺流而东也，舳舻千里，旌旗蔽空，酾酒临江，横槊赋诗，固一世之雄也，而今安在哉？"

客人用大量的短句来渲染曹操的野心勃勃、踌躇满志，节奏的紧凑与密集也制造出一种宏大炫目又紧张焦虑的感觉，然后他又用了一个相对长一点的反问句，这个反问句把前面所有的勃勃野心、丰功伟绩、志得意满一扫而空，让人产生一种"一切有为法，如梦幻泡影"一般的幻灭之感。

总结：野心勃勃、志得意满；"困于周郎""而今安在"。

（2）想象曹操的形象是为了回答现实里的"箫声"为什么如此凄婉动人，所以，曹操形象的存在势必是要与现实的"自我"形象有对照，根据文本，曹操与"我们"又有哪些对照呢？

答案预设：

曹操	吾与子
破荆州，下江陵	渔樵于江渚之上，侣鱼虾而友麋鹿
舳舻千里，旌旗蔽空	驾一叶之扁舟
酾酒临江，横槊赋诗	举匏樽以相属
固一世之雄也	寄蜉蝣于天地，渺沧海之一粟
而今安在哉？	哀吾生之须臾，羡长江之无穷

291

在想象完曹操的形象之后，客人又回到了平常的生活。带有楚辞特征的长句代替了四字句，节奏变得舒缓悠长，一如我们的人生的确不如曹操的人生精彩。

除了节奏上的对比，我们与曹操的比较还在于究竟是"破荆州，下江陵"还是"渔樵于江渚之上"；是"舳舻千里"还是"驾一叶之扁舟"；是"酾酒临江，横槊赋诗"还是"举匏樽以相属"；是"一世之雄"还是"寄蜉蝣于天地，渺沧海之一粟"。客人的话告诉我们，和伟大的人物相比，普通人在现实的事功上注定是"失败"的，而且还不是"轰轰烈烈的失败"，不是能引发"崇高感"的失败，而是一种微不足道的失败，一种庸俗的失败。这种事业上的"失败"反过来又凸显了终极问题"人终有一死"的悲哀。

设计意图：通过把想象中的失败者曹操与自身处境作对比，来理解此刻作者心中的失落与人生的终极困境。

任务五：再次从江与月的角度来理解"解脱之道"。

①针对"终有一死"（而今安在）和"抱负落空"（困于周郎）的人生困境，苏轼又提出了怎样的解脱之道？

答案预设：变与不变，取与不取。

②我们又该如何从苏轼所说的"江月"的角度来理解变与不变，取与不取？

答案预设：

	江	月	结论
变	流逝	盈虚	天地曾不能以一瞬
不变	未尝往	莫消长	物与我皆无尽

	江	月	结论
不取	非吾之所有		虽一毫而莫取
取	耳得之而为声， 目遇之而成色		造物者之无尽藏也， 而吾与子之所共适

苏轼的回答被概括为两点——"变与不变"和"取与不取"，正好也回应了客人表述的曹操的"而今安在"（终有一死）和"困于周郎"（功业难成）。

对辩证法熟悉的中国人，对于"变与不变"应该不会觉得晦涩，唯独在"自其不变者而观之，则物与我皆无尽也"中的"我无尽"上可能会觉得难以理解。现代物理学的"能量守恒"定律可以很好地解释"物无尽"，但如何理解"我无尽"则是一个更麻烦，也更切身的问题。

一般而言，传统的高中语文教学大致会提供两条解释路径——一条是《春江花月夜》中的"人生代代无穷已"，也就是将"我"理解成"人类"；另一条是《庄子·德充符》中的"自其异者视之，肝胆楚越也；自其同者视之，万物皆一也。"这也是庄子的"齐物"的思想表现。既然"天地与我并生，而万物与我为一"，那么"物无尽"也就是"我无尽"。应该承认，这两条解释路径都是从苏轼的角度来看的，也都是合理的。

然而这两种解释只是把"我"这个概念进行了扩充，它并不是我们日常所表述的第一人称，也不是指某个主体的"自性"（一切个体的实有性）。把概念进行扩充的解释在逻辑上可以站得住脚，但是因为离日常语言还有一定的距离，所以本质上是在回避或者扭曲问题——那个我们平时所说的"我"真的可以"无尽"吗？

在这里，可以有两种理解——其一，把"我"按照第一人称来理解，那么根据最基本的因果定律，"存在"的确是"变化"的，但"存在过"是"永恒"的。用最日常的语言可以表述为——已经发生的事情不能再改变了，"我"既然已经来到了这个世界，那么"我"就要永远地给这个世界打上"我"的印记。其二，把"我"按照"自性"来理解，根据佛教的"诸法无我"来理解，"我"是不存在的，"我"只是一切因缘和合而成，这也是大乘佛教所主张的"缘起性空"之说。"我"既然不存在，只是各种因缘和合变化而成，而变是唯一的不变，那么"我"在某种意义上看就是"无尽"的。

在"解决"了"终有一死"的问题后，"功业难成"的问题就更好理解了。

"功业"往往表现为一种人对外物的"占有"——"取"，"取"的过程往往是用自身的"自性"压倒外物的"自性"，也就是要把外物变成客体，从而实现"占有"。如果认可"自性"是存在的，那么"物各有主"，如果我们勉强为之，总是会有失败的时候；如果认可"自性"是空，那么我们其实根本"占有"不了"外物"。我们唯一能做的仅仅是审美和欣赏——"耳得之而为声，目遇之而成色"。

苏轼在这里有一个表达上的对照，在客人对曹操的雄心的描写中——"西望夏口，东望武昌"，"占有"的冲动、非分的企图是用"望"来表达的，这更加证明了"占有"的无效性——面对这江山明月，我们最终能做的只有"望"。带有欲念的"望"

最终会失败，我们只能用不带有欲念的，欣赏的"目遇"，才有可能得到自己想要的结果。毕竟，对大自然的美的享受是无穷尽的——"造物者之无尽藏"，是不分贫富贵贱的——"吾与子之所共适"。

任务六：最后的超越与胜利。

在聆听完苏轼的解读后，客人的反应是怎样的？此处的"喜"和开头的"饮酒乐甚"的"乐"有什么不一样吗？

答案预设：客人听到这样一番高见后，心情回归平静，或者说升华到了"喜"。比起文本开头的"饮酒乐甚"的"乐"，这种"喜"更有一种平静祥和之感，是人有了觉知后的释然与坦荡。大家一起把酒杯洗干净，再次重回宴席，夜深之后横七竖八地睡在小船上，甚至不知道天已经亮了。

设计意图：最后一次分析江月意象来理解苏轼的解脱之道。

（三）整体分析

文本最后的部分跟前文内在意义是一致的，都指向了相同的主题。

文本的最后一句非常有趣——"不知东方之既白"，从表面上看，这是写苏轼与客人在船上睡得很沉，以至于天亮了都不知道。但是，从隐喻的角度来看，"东方之既白"指的正是时间。这正是前文在这个夜晚讨论的重要命题。人在本质上属于时间维度，苏轼在这里使用"不知"这样一个否定的表达，与其说是"不知时间"，不如说是已经超越了"时间带来的焦虑感"。此刻摇动的江水如同温暖的怀抱，而皎洁的月色退场后，就迎来了新一天的太阳。

295

《阿房宫赋》文本分析课

成都市盐道街中学·陈虹伊

教学目标

通过对赋文描写和议论的分析来厘清文本思路，理解本文的讽谏旨意。

教学过程

（一）回顾预习，切分表意层次

导入：通过预习本课，从表达方式的角度来分析作者是如何围绕阿房宫进行书写的，并进一步思考作者为什么要写这样一座宫殿。

答案预设：描写、议论和抒情。课文以秦代阿房宫为核心对象，前两个段落对阿房宫进行了细致的描写，后半部分则以议论为主，主要抒发作者的情感和阐明文章主旨。

方法点拨————————————————◆

要对《阿房宫赋》进行整体把握，就必须从"阿房宫"这一核心描写对象切入，明确描写和议论是本文的主要表达方式，为具体的文本分析建立逻辑框架。

设计意图：从表达方式（描写、议论）的角度来切分文本的表意层次，为下一步分析做准备。

（二）分析文中描写部分的表达意图

任务一：细读文本，作者分别从哪些方面刻画了阿房宫？这样写的目的是什么？

答案预设：课文的第一、二自然段对阿房宫进行描写，分别从宫殿修建的背景、宫殿结构、宫中女子和六国进贡的珍宝这几个方面进行刻画。

1. 修建背景

"六王毕，四海一"为阿房宫的出场提供了宏大的历史背景：六国都灭亡了，且为秦所灭；"四海"的概念来自古代中国"天圆地方"的宇宙观，秦国统一四海，即一统天下。"蜀山兀，阿房出"，秦始皇为了建造阿房宫，伐光了蜀山的良木，这也从侧面说明了横空出世的阿房宫的规模是何等宏伟。

2. 建筑宫室

点面结合。先概述宫殿群的形制和规模，占地面积之大，"覆压三百余里……流入宫墙。"极尽夸张和铺陈。"五步一楼……各抱地势，钩心斗角……矗不知其几千万落！"再写各类宫殿建筑繁多，有高有低，错落参差，都随着地势高低修建，有着自己独特的景观，又都与中心建筑相连，形成整体结构。宫殿数以千万计，整座建筑既精巧又庞大。

接下来是细节刻画。"长桥卧波，未云何龙？复道行空，不霁何虹？"这两个反问的句式相同，并且都运用了比喻的修辞手法。（请同学们找一找它的本体和喻体：长桥似龙，复道如虹。）"高低冥迷，不知西东"则是对上文"各抱地势"的一种呼应，由于地形的关系，建筑的高低不同，所以光线亦不同。歌台、舞殿、春光、冷雨，这些都是作者用主观感受来作比，接着又描述了在同一个宫殿内，气候不同，这些都是为了表现阿房宫的建筑规模之大，宫室形制之奢华。

3. 宫中的人物与珍宝

从第二段开始，描写的对象由宫殿转向宫中的人物。注意此处的"王子皇孙"指的是女性，六国灭亡之后，他们的宫妃和宗室女子纷纷来到秦国，成为取悦君王的宫人。"明星荧荧……焚椒兰也"，此处的比喻和夸张的运用，都是在写宫女之多，而"雷霆乍惊……有不见者，三十六年"更是写出了帝王生活的奢靡：秦始皇在位的三十六年，其宫妃众多，甚至有人一生都没有见过皇帝。整个阿房宫内，声色女乐，取之不尽，接下来描写对象再次转换，"燕、赵之收藏，韩、魏之经营，齐、楚之精英"合起来就是六国的珍宝，这里用三个句式相同的短句，是典型的赋的写作特点。这些都是从六国那里获得的珍宝，是长期从百姓那里抢夺、搜刮而来的，而秦王用之不竭，以至于到了随意丢弃它们的地步。此时作者写作的真正意图才开始显现。

提示：作者对阿房宫的各个方面的细致描写，是辞赋写作中不可或缺的铺陈，而铺陈虽多，作者要表达的内容却是统一的：帝王的奢靡生活是依托于庞大繁复的阿房宫这一载体之上的，同时阿房宫本身就是穷奢极欲的巅峰之作。

方法点拨 ━━━━━━━━━━━━━━━━━━━━━━◆

作者选取阿房宫作为表达主题的中介，对阿房宫进行了细致的刻画和描写。教师引导学生学习描写的方法时，要注意细节，充分调动学生的想象能力，进入文本空间，体会描写手法的作用。注意视角和描写对象的变化，是划分文本层次的重要依据。

设计意图：具体分析描写阿房宫的段落，明确描写的具体内容，使之具体可感；引导学生思考作者的写作构思和写作意图，为分析议论部分和探究主题做准备。

（三）分析写志，探究主旨

从结构上看，文本前两段是对阿房宫的铺陈描写，从第三段开始，作者开始加入议论和个人情感的抒发，进而归纳和总结文本的讽谏主旨。

任务二：在第三段中作者是怎样把秦始皇与百姓联系在一起的，这样写表达了作者什么样的观点？

答案预设：作者由秦始皇一人推导至天下的万千百姓，点明秦始皇的奢靡生活正是建立在对百姓的无情的剥削之上的。文本中使用了六个排比句，再加上夸张的想象："使负栋之柱，多于南亩之农夫；架梁之椽，多于机上之工女；钉头磷磷，多于在庾之粟粒；瓦缝参差，多于周身之帛缕；直栏横槛，多于九土之城郭；管弦呕哑，多于市人之言语。"通过对阿房宫的建材数量和声色奢靡的夸张描写，把阿房宫的繁华和百姓的贫苦生活作了比较和联系。这种对人民的压迫，终致"独夫"和人民对立，使秦国迅速灭亡。

"戍卒叫，函谷举"的战乱，对应前文"六王毕，四海一"的王朝的强大，"楚人一炬，可怜焦土"，历史进程被高度浓缩，昔日阿房宫的繁华一朝落尽，真正可惜的不是阿房宫，而是阿房宫背后的万千百姓的心血——大兴土木的背后是对普通百姓的无情压榨。

第三段是赋和论的结合，意在过秦；最后一段则是以论代赋，引出作者的核心结论，是对当下政治的讽谏，意在谏唐。

任务三：通过对文本的最后一段的分析，关联前文，探究文章主旨。

1. 作者为什么在最后一段中反复写"六国"和"秦"？你从中得出了什么结论？

答案预设：作者首先对秦和六国的灭亡做了判断和推论，认为灭亡他们的并非别人，而是他们自己，得出他们都是自取灭亡的结论。接着是两个假设，如果秦和六国都能够关爱自己的百姓，他们也就不会灭亡了。最后得出结论：六国与秦都是因为不能爱民，所以才会自取灭亡。在过秦和谏今之间，学生需要体会作者的讽谏手法。

2. 最后一段的议论与文章前半部分对阿房宫的细致刻画，有着什么样的关联？

答案预设：描写在阿房宫中秦始皇的奢靡生活，是影射文本中提到的"后人"，也就是当朝统治者，为后文写在阿房宫压榨下的百姓做铺垫；这些对奢靡生活的具体细节的描写非常详尽，对比之后秦灭亡的速度，可以让讽谏更有力量……作者由写作主题出发构思《阿房宫赋》，选取的方法是讽谏，以阿房宫为介质。

描写是基础，是铺垫和蓄势，议论是在此基础上对主旨的阐发。以秦代阿房宫的兴衰论述，为当代讽谏提供依据。

3. 回顾导入提问，作者为什么要写阿房宫这样一个纯文学想象的宫殿？

答案预设：作者从秦代的历史中截取阿房宫这样一个极具代表性的建筑，通过文学想象使之具体可感，通过揭示统治者和人民之间的矛盾，使讽谏更具有震撼力。作者借阿房宫的兴衰，暗指秦国的兴衰，讽谏当朝统治者切勿将其奢靡生活建立在百姓的苦难之上，要爱民才能避免重蹈覆辙。

主旨总结：六国与秦灭亡的根本原因，是统治者缺乏仁爱之心，建立在对百姓的剥削和对人民的压迫的奢靡生活上，如阿房宫，正是君王无仁爱的表现。明确作者写《阿房宫赋》的意图，即为借古讽今，希望当朝统治者能够吸取秦朝的教训，讽谏君王要安天下就必须要做到"爱民"。

方法点拨————————————————◆

要对辞赋文本中抒情和议论部分进行分析，就需要厘清文本的论证思路，注意体会作者情感的变化，从中提炼出作者的核心观点。

设计意图：信息结构化分析，厘清文本描写和议论之间的关系，分析其一致性，归纳文本的讽谏主旨。

《天上的街市》文本分析课

成都市武侯区西川实验学校·夏锐锋

教学目标

借助重要词句和意象来厘清诗人的思路，概括诗歌的内容，体会诗歌表达的思想感情。

教学过程

（一）回顾预习，整体感知

任务一：说说这首诗描绘了怎样的画面？请概括各节诗歌的内容。

1. 概括诗歌第一节描绘的画面。

答案预设：街灯明星辉映图。

2. 概括诗歌第二节描绘的画面。

答案预设：街市物品陈列图。

方法点拨 ————————————————————————◆

通过提取诗歌中的关键意象加意象的特征方法来概括诗歌的内容。第一节中主要意象是"街灯"和"明星"，意象特征呈现出："街灯"像是闪着的无数的明星，"明星"像是点着的街灯，街灯与明星交相辉映，通过意象加意象特征的方法，可将此节概括为街灯明星辉映图。第二节用类似的方法来处理。

3. 概括诗歌第三节描绘的画面。

答案预设：眷侣骑牛来往图。

诗歌中第三节的主要意象是不甚宽广的"天河"和隔着天河的"牛郎织女"，其主要活动是他们定能够骑着牛儿来往，通过某人做某事的方法，可将此节概括为眷侣骑牛来往图。第四节亦可用此方法来处理。

4.概括诗歌第四节描绘的画面。

答案预设：眷侣提灯闲游图。

设计意图：用概括的方法对诗歌内容进行概括，能通过抓取诗歌中的关键意象加意象特征、某人做某事的方法来概括诗歌内容。以四个小节的诗歌分析为抓手，引导学生运用概括的方法，把握诗歌所表达的主要内容，从而体会诗歌所表达的情感。

（二）整体性分析

任务二：分析本诗中画面之间的关联，从而获得对全诗的结构化理解。

1.分析诗歌中哪些图画是现实的，哪些图画是虚构的。

答案预设：

（1）街灯明星辉映图（现实）。

（2）街市物品陈列图（虚构）。

（3）眷侣骑牛来往图（虚构）。

（4）眷侣提灯闲游图（虚构）。

诗歌第一节主要描绘了现实生活中的"街灯"和"明星"，从中我们可以看出它是现实存在的。第二节的"缥缈的空中，定然有美丽的街市"，其中"定然"是世上没有的珍奇，我们可以看出它是虚构的。第三节的牛郎织女骑着牛儿来往，这一情节与现实不同，可以说是虚构的。第四节的牛郎织女"定然在天街闲游"，"那朵流星""是他们提着灯笼在走"，可以说是虚构的。

2.分析诗人是如何由现实写到想象的，诗人笔下的牛郎织女与神话传说中的牛郎织女有什么区别？

答案预设：

（1）诗人先描述现实生活中的街灯，又想到天上的明星，从天上的明星想到天上的街灯，从天上的街灯又想到天上的街市，天上的街市定然有珍奇的物品，进而再想到牛郎织女骑牛来往、提灯闲游。

（2）神话故事中的牛郎织女被无情地分隔在天河两岸，而在诗歌中的他们则在一起过着幸福美满的生活。

方法点拨

联想和想象分别有什么特点呢？联想是由甲事物想到乙事物，两者有相似的地方。两者还必须都是客观存在的事物。想象是由甲事物创造出乙事物，甲事物是存在的，乙事物是不存在的。如从明星想到街灯，从街灯想到街市，这些都是联想；可想出天上有街市，那就是一种创造，这就是想象。

3.诗歌的每一小节分别表达了什么情感？本诗抒发了诗人什么情感？

答案预设：

第一节的"街灯""明星"表现了诗人乐观的情感；第二节的"定然有美丽的街市""世上没有的珍奇"表现了诗人向往幸福的情感；第三节的"浅浅的""定然""能够骑着牛儿来往"表现了诗人自由自在的幸福的情感；第四节的"闲游""是他们

提着灯笼在走"则表现了牛郎织女生活的自在、舒适与幸福的情感。

从整首诗来看,本诗表达了诗人对美好而自由的生活的向往,体现了诗人想改造现实中的生活的愿望。光明虽然遥远,但是它依然存在,无穷无尽。

方法点拨————————————————◆

通过前面环节的铺垫,运用语义响应,结构化关联,在整体感知的基础上概括每一小节所表达的情感,进而体会全诗所表达的情感。

设计意图:在整体感知内容的基础上,综合分析,剖析现实和虚构,从联想和想象的角度来分析诗歌的情感主旨。

《再别康桥》文本分析课

成都教科院附属学校·谢昀昭

教学目标

通过意象的分析以及诗节的分析和关联，准确理解文本所表达的情感。

教学过程

（一）解析标题，导入新课

1. 解析标题，生发文本分析的话题。

设问：在《再别康桥》这一题目中，哪个字最能看出诗人的情感？

答案预设：学生的答案几乎都会朝向一个字——"别"。

教师可以在此点拨："别"情确实是一望而知的，但又是笼统浮泛的，甚至是含糊的。倘若仅用一个"别"字来叙说诗人的心绪，那是粗糙的也是肤浅的，欲读懂诗情，还得立足文本进行精细分析。

2. 整体感知，质疑深化研读的话题。

设问：单说诗歌中的"别"情，既可能包含了诗意的浪漫，又可能有着甜蜜的忧愁，还可能属于无奈的感伤……本诗中的别情的底色有什么不同？

答案预设：有的学生可能会从"不带走一片云彩"这样的句子中，发掘出别情所含的"潇洒"意味，有的学生可能会从"金柳、青荇、天上虹……"这些意象中发掘出别情的"浪漫"意味，有的学生可能会从"夏虫也为我沉默"这样的句子里面发掘出别情的"感伤"意味。

借此，教师可以引领学生走向下一步：拆分与关联诗节。

方法点拨————————————————————◆

文本分析要基于整体感知，通过对感知的质疑和印证，使理解由模糊走向精确，这是文本分析的关键。注重理性，是文本分析的前提。不少文本（不是所有文本）的标题通常都是一个切入点，教师可以引导学生认识到：观察标题是观察文本的基本方法。

设计意图：在预习课中，学生已经对文本有了一定的感知，但这种感识是粗浅的、模糊的，甚至可能是偏颇的，只对文本进行分析，才能使学生从感性的感知提升为理性的感知。但是学生通过自主阅读而获得的感知未必是准确的感受和深入的认识。如果教师对此处理得当，则可以借此生发研读的话题，大致确定研读走向。

（二）表意层次切分

观察文本，找到文本的特征并对其进行初步切分。

首先，教师可以引导学生关注诗中相似的小节，让学生发现诗的首、尾两个段落。其次，教师可以引导学生关注诗歌内部的情感变化，让学生发现"但我不能放歌"的转折之处。

方法点拨————————————————————◆

首先，我们必须意识到切分文本是文本分析的基础。其次，要运用文本中的首尾照应的相关知识来观察文本中的首尾在措辞、语意上的关联。再次，具有一定长度的文本的主体部分通常不止一个表意层次，我们要注意观察文本在何处出现了语意的跃进、反差等情况。

设计意图：不能笼统地分析文本，必须要对文本进行切分。

（三）文意的局部分析

1. 研读首尾，合理地假设并推敲诗情。

设问：诗作的首尾很相似，但具体有何异同？

答案预设：教师首先引导学生理解文本的"同中求异"，区别起首之"轻轻的"有别于结尾之"悄悄的"，起首之"招手"有别于结尾之"挥一挥衣袖"，起首之"作别云彩"有别于结尾之"不带走一片云彩"。

设问：如何理解诗歌的首尾的"异"和"同"？

引导分析："同"：诗歌的首尾均表达了离别之情，这与标题相互印证。这意味着整首诗确实是指向离别的。"异"："悄悄的"一词较"轻轻的"，看似程度更深；"挥一挥衣袖"较"轻轻的招手"，看似别情更浓；"作别云彩"只是申明别情，"不带走一片云彩"则在别情中增添了云彩带不走的无奈。

方法点拨————————————————◆

文本分析尤其要注重"同中求异"或者是"异中求同"。我们不仅要关注相似的文句或文段，还要在相似的文句或文段中寻找它们的不同之处，并思考它们的不同之处在哪里。

接下来，教师可以引导学生关注句式，推敲情志。以"轻轻的我走了"为例，按常规语序应当是"我轻轻的走了"，这样讨论就很明确了。诗人将"轻轻的"前置，就是为了强调其情感。在什么情况下重返故地会"轻轻的""悄悄的"，而非欢天喜地的，甚至活蹦乱跳的呢？很快学生可以感知到：故地重游，有爱与留恋，但如果还有更多的无奈与伤感时，我们就

308

会变得尤其安静和低调，而非兴高采烈。

方法点拨————————————————————◆

关注文本的措辞特点和句式特点，从而推敲情志，这是文本分析的又一方法。对于特殊句式，要尤其关注其成因，并对其进行理性分析。

2. 分节探讨，梳理情感变化脉络。

设问：关注第2—6小节，如果由诗的首、尾段推敲出别情的底色是难言的、伤感的、无奈的，那么"金柳""艳影""青荇""天上虹"中所含的"浪漫"又该如何理解？

引导分析：倘若第2—6小节诗中的情感有变化，那么变化最大的一节无疑是第6小节。第6小节的起首有一个"但"字，故而有的学生会认为这是诗人的情感陡转。

此处分析也印证了此前表意层次切分的合理性。

方法点拨————————————————————◆

发掘文句中的"转折"，进而分析该转折是否构成了文意或文情的转折，这是文本分析的又一方法。

设问："但"字肯定是转折，但是诗情是不是也属于"陡转"呢？

（借此引导学生梳理第2—6小节的内容，从而进入诗歌意象分析这个更为重要的环节）

首先，教师引出对第2、3小节的研讨，并由此引导学生思考：为什么说诗情有转折？诗的情感是如何转折的？讨论明确：第2—3小节中诸如"金柳""艳影""青荇""天上虹"这一类意象的共同特点是美，而"在我的心头荡漾"与"我甘

309

心做一条水草"，则传递出景物令"我"沉醉甚至使"我"折服的感觉。这一点，可参考罗晓晖老师在《串讲示例：〈雨巷〉〈再别康桥〉》中的相关阐释：

第二诗段："河畔的金柳""波光里的艳影"——这与中国古典诗中写柳的情绪特征不一致，有新意。"金柳""艳影"比较光亮，色彩感也强。其特征是情绪比较明朗，有喜悦之感。

第三诗段："软泥上的青荇"和康河的柔波里的一条水草——柔顺是其特质。这些特征表现了康桥的温柔，也折射出作者对康桥的顺从和留恋。

——罗晓晖《串讲示例：〈雨巷〉〈再别康桥〉》

"在康河的柔波里，我甘心做一条水草"，可理解为：我愿与之融为一体，成为它的一部分。故第2—3小节的喜悦与沉醉、折服与留恋与第6小节的"但我不能放歌"形成了诗意的转折，可见转折之后的"别情"含有某种有别于转折之前的"无奈"。

方法点拨

分析"意象"，从"意象"的特征中具体把握诗情以及诗情的变化，这是文本分析的重中之重。而要把握意象，就必须要观察和分析意象名词的形态、色泽以及可能引发的感觉反应和情绪反应。

而置于诗情的转折究竟是否是"陡转"，为什么是或不是"陡转"，则可继续引入对第4小节的研讨。教师引导学生分析、讨论榆荫"下"的一潭，为何是"天上"虹，这可以再次印证诗中含情，因为诗人爱康桥而诗化了美景。"沉淀"一词，则意味着梦因往昔而生，也意味着此梦的隐遁或沉潜；"彩虹"这一意象的特点是美轮美奂，但同时又转瞬即逝，故"彩虹似的梦"即可理解为往昔有过但今已成空的美景、佳人或美梦，同时也呼应了诗句中的"揉碎"一词。

　　基于第4小节对"彩虹似的梦"的理解，我们继续引入第5小节的讨论可知："寻梦"是明知"梦"已破，却依旧自问"还寻否"或"还能寻否"。情到深处，却是明知梦破却偏要寻而往之，故"寻梦"虽用问号，却问而不答，只"撑一只长篙，向青草更青处漫溯"，这是诗人不由自主地又沉溺于往事的回忆之中了。同时"青草更青处"无疑也是"青草更深处"，紧扣漫溯之"溯"字，即可以理解为诗人所寻之梦即昨日之梦，是属于再也回不去但又藏于记忆深处的不可磨灭的过往；同时也可以理解为，之所以要"溯"，其实也是因为诗人对过往的留恋，对青春梦幻的追忆。如此我们可以觉察到文意与情感并非"陡转"或"反转"，而是一种有序的、符合情感逻辑的递进。这一点，我们在罗晓晖老师的《串讲示例:〈雨巷〉〈再别康桥〉》中也有相关阐释:

第四诗段："榆荫下的一潭清泉""浮藻间彩虹似的梦"——前实后虚，由实入虚。全诗由此从写景抒情，转换到下面的以情带景。"天上虹"暗示梦的美好与虚幻。"揉碎"表示当初的梦想已然破灭。

第五诗段："一船斑斓的星辉"——当初的梦不可寻，只留下斑斓的追忆和灿烂的回响。

——罗晓晖《串讲示例：〈雨巷〉〈再别康桥〉》

方法点拨————————————————◆

关注转折，同时辨析转折属不属于"陡转"，这是进一步梳理诗情脉络和文本分析的又一方法。

设计意图：在拆分表意单元之后，我们要具体分析各个表意单元的不同作用，通过对表意单元的分析，为后面的情感关联整合做铺垫，最终我们会合理地推敲出诗情。

（四）文意的结构化分析

语意关联，理解诗人渐变的诗情。

至此，教师可以引导学生思考第4、5小节在第6小节的转折中起到了什么作用，经过讨论明确：基于对第4、5小节的理解，我们可以确定诗人的诗情变化，是从沉醉往昔而又觉得过往已不复存在，渐变为"但我不能放歌"，于是"悄悄"一词悄然出现在第6小节中，并且在末段中反复出现。

教师继续引导学生关联第6小节的"悄悄"和第7小节中反复出现的"悄悄"一词，可以印证：诗末改起首之"轻轻"一词为"悄悄"，这绝非单纯意义上的写作技巧变化，而是诗人情感的递进，而这份浓郁、深沉的别情，底色更为无奈、伤感、难言。关联第 6 小节的"但我不能放歌"，也足以印证第 7 小节中的"悄悄"是为"情动于衷"的无奈之感，而非刻意为之的"浪漫诗意"。

> 第六诗段："悄悄的笙箫"和"沉默的夏虫和康桥"——黯然和低徊的情绪和无声的景象。
>
> 第七诗段："一片云彩"——响应第一诗段。"不带走一片云彩"，云彩其实是谁也带不走的，所以诗句看似洒脱，实则有无奈和感伤。
>
> ——罗晓晖《串讲示例：〈雨巷〉〈再别康桥〉》

方法点拨 ◆

分析文本内部的意义层次之间的关联，要注意寻找语义相似或相反的词汇，反复出现的词汇；要比较各个意义层次的相关性，尤其是相似性或相反性；要梳理意义变化的脉络。这是文本分析中实现对文意整体理解的基本方法。

设计意图：基于各个表意单元的分析，关联发掘各个表意单元之间的结构关系。这一步既是文本分析课的重点，也是难点，其能力指向是综合性的；这一步也是回归情感或主题的理性印证。

（五）主题的揭示

再次关联首尾诗句，精准总结主题。

基于对诗情变化的梳理，我们理解了末段中"悄悄"所蕴含的无奈之情、感伤之情，读懂了诗人诗中之"但我不能放歌"的惋惜，读懂了"弃我去者，昨日之日不可留"的感伤，也再次证明首段之"轻轻"与末段之"悄悄"不能互换，末段之"挥一挥衣袖"有别于首段之"我轻轻的招手"，而"不带走一片云彩"看似是作者的潇洒与旷达，实则更多的是即便是诗人想要"带走"云彩却深知"带不走"甚至"不能带走"云彩的无奈与感伤。

概而言之，作为抒情诗，本诗的主题指向离别；但本诗中的"别情"的与众不同之处在于：诗人除了追忆往昔的浪漫温馨，更有对过往的留恋以及往昔不可追之失落、无奈甚至感伤。至此，我们才能将诗情理解得更深刻、更精准。

学生用以描述主题的措辞可能是不准确或有遗漏的。教师应先令学生进行自我总结，然后再加以引导，使其措辞更加精密妥帖。

> "轻轻"是外部动作，"悄悄"则是内心动作（《月出》的"劳心悄兮"、《前赤壁赋》的"苏子愀然，正襟危坐而问客"）。如此，全诗表现了由外而内的情感表达结构。
>
> ——罗晓晖《串讲示例：〈雨巷〉〈再别康桥〉》

设计意图：在发掘各个表意单元之间的结构关系的基础上，以合理的、恰如其分的措辞完成对主题结论的描述，这是对情感或是主题的理性总结与精准表达。

《面朝大海，春暖花开》文本分析课

成都信息工程大学常乐实验学校·吕晓晶

教学目标

通过分析诗歌中多个意象的内涵和关系，进而归纳出诗歌的主题。

教学过程

导入：看到这首诗的标题，你有什么疑问？

答案预设：

标题中的两组意象是互相矛盾的。

（一）整体感知

任务一：解析标题，分析标题中意象的关系。

答案预设：

《面朝大海，春暖花开》是一首现代诗，标题中出现两个具体场景：远望大海和春天赏花。仔细观察标题中的两组意象：在波澜壮阔的大海上，怎么会看到花开（在陆地上才能看到）的景象呢？据此可知，标题中的意象是互相矛盾的。

任务二：根据每小节的意象，提出疑问，找到赏析诗歌主题的切入点。

答案预设：

全诗一共有三个小节，每小节中出现的意象分别为"喂马，劈柴""关心粮食和蔬菜""周游世界""面朝大海，春暖花开"（第1小节），"幸福的闪电"（第2小节），"面朝大海，春暖花开"（第3小节）。根据这些意象，我们可以提出以下问题：

诗歌中的这些"象"有何特点，它们之间有什么关联？诗人选用这些"象"是怎样表达"意"的？又表达了怎样的"意"？

由标题引发的一系列问题可知，现代诗的"象"与"象"之间的个体特点和组合形式，可以构成赏析诗歌主题的切入点。

方法点拨 ━━━━━━━━━━━━━━━━━━━━━━━━◆

读诗歌，要抓住诗歌标题中的关键词，初步找到分析诗歌文本的切入口。

设计意图：在预习课中，学生已对文本有了初步感知。但这种感知是粗浅的、模糊的，甚至可能是偏颇的，只有对文本进行分析，才能使学生从感性的感知提升为理性的感知。但是学生通过自主阅读而获得的感知未必是准确的感受和深入的认识，但这是教学的出发点，如果教师对此处理得当，则可以借此生发研读的话题，大致确定研读走向。

（二）文本的局部分析

这首诗的层次清晰，每小节即为一个层次的切分，故重点落在每小节中"意"和"象"的特点及关系的分析上。

任务一：分析每小节"象"的个体特点与"意"的关系。

问题1：研读诗歌的第1小节，分析"象"所传达出来的"意"。

从明天起，做一个幸福的人

喂马，劈柴，周游世界

从明天起，关心粮食和蔬菜

我有一所房子，面朝大海，春暖花开

答案预设：

首先看诗歌的第1小节，海子明天要做的事情：做一个幸

316

福的人，喂马，劈柴，周游世界。在第1小节中，海子用简单的八个字告诉我们，他理解的幸福生活是"喂马，劈柴"和"关心粮食和蔬菜"——传统、质朴的田园生活；"周游世界"——自由洒脱的人生，这几组意象共同构建出诗人期待的生活场景。

第1小节的最后一句："面朝大海，春暖花开。"这样美好的期许又折射出他内心的浪漫追求。这些行为都属于"幸福"的表现，是诗人对"幸福"的生活状态的认知和想象。

问题2：研读诗歌的第2小节，分析本小节中的"象"所传达的"意"。

从明天起，和每一个亲人通信

告诉他们我的幸福

那幸福的闪电告诉我的

我将告诉每一个人

答案预设：

在诗歌的第2小节中，诗人不再罗列具体的"象"，仅用了一个暗喻——"幸福的闪电"，继而重点陈述"明天"要做的事情：他要和每一个亲人通信，传递自己的幸福，传递"幸福的闪电"是向亲人诉说自己的幸福，此刻诗人不再是幸福的接受者，而是化身为幸福的传递者。从诗人在诗歌中的角色的转变，可以看出，虽然这种平淡的农家田园生活，还没有真正的实现，但是诗人迫切地渴望明天的到来，且希望自己和身边的每个人都能被幸福所笼罩。

问题3：研读诗歌中的第3小节，分析诗人的写作目的。

给每一条河每一座山取一个温暖的名字

陌生人，我也为你祝福

愿你有一个灿烂的前程

愿你有情人终成眷属

愿你在尘世获得幸福

我只愿面朝大海，春暖花开

答案预设：

诗歌的第 3 小节，属于诗人的"象"只有一个："面朝大海，春暖花开。"这个"象"出现在这个小节的最后。

这个小节主要以对陌生人的美好祝愿为主。诗人对他人的祝福包括"灿烂的前程""有情人终成眷属""尘世获得幸福"，这与第 1 小节中诗人的期待截然不同。第 1、3 小节的"象"呈现出两种不同的生活状态，不同的人生追求，但是诗人做出的选择依旧如诗歌标题所示："面朝大海，春暖花开。"

方法点拨──────────────────────◆

抓住诗歌中每个小节出现的"象"，结合每个小节的内容分析"象"的特点，进而分析诗人在这个小节中的"意"。

设计意图：根据每个小节中"象"的特点，我们可以分析出每个小节中诗人的"意"。

（三）文本的整合分析

任务一：纵观整首诗，分析诗中"意象"的组合特点。

答案预设：

1. 诗歌中语义的重复："幸福"这个词在文中一共出现了四次，在诗歌的第 1 小节中，海子强调他要做一个"幸福"的人；在第 2 小节中，诗人要把自己的"幸福"通过写信的方式告知家人，并把"幸福"传递给每一个人；在第 3 小节中，诗人又祝愿陌生人"幸福"，通过语言的重复，我们可以看出，海子希望自己和他人都能获得幸福。

诗歌中反复出现的另一个词语是"从明天起"。诗歌的第1小节："从明天起"，诗歌的第2小节："从明天起"，诗人既然想获得幸福，为什么要从明天起，不从今天起？明天是什么时候？明天是一个虚指，是不确定的时间，诗人也不知道明天具体是哪一天，只能把时间隐藏在春暖花开的季节。

2. 诗歌中语义的矛盾：一组是"喂马，劈柴""关心粮食和蔬菜""周游世界""幸福的闪电""面朝大海，春暖花开"，另一组是"灿烂的前程""有情人终成眷属""尘世获得幸福"。两组矛盾的信息揭示出诗人与陌生人对"幸福"的理解不同，也暗示了诗人与世人是"陌生"的关系。

"面朝大海，春暖花开"的意象是矛盾的。在大海上能开出花吗？"只愿"二字表明诗人不愿与世人为伍，而在大海上并不会看到花开，那幸福必定没有办法实现。至此我们发现，这所有的明朗和温暖的背后恰恰是诗人孤独的绝望。

方法点拨━━━━━━━━━━━━━━━━━━━◆

1. 诗歌中反复出现的语义，是我们分析诗歌情感的重点。根据词语的意思，结合上下语境分析出诗人强调的重点。

2. 诗歌中出现的互相矛盾的语义，也与诗歌情感息息相关。我们要寻求矛盾中的统一，达成圆融的解释。

设计意图：对局部语义的分类归纳，可以准确地理解诗人的情感，这是文本分析的一种重要方法。

（四）文本主题探讨

任务一：结合整首诗的意象特点及关系，分析诗歌主旨。

答案预设：

诗歌意象的相似之处，告诉我们海子对质朴的、自由的生活的向往；诗中反复出现互相矛盾的意象，也暗示了我们，这种幸福的生活不会实现。诗中出现的陌生人可见的幸福，与诗人不可见的幸福形成对比，突出了诗人的不幸和孤独，也让我们读出诗人对物质幸福的不在意，和对精神世界的极度渴求。

设计意图：在发现每个小节中各个表意之间的关系的基础上，以正确的表达方式完成对主题结论的表述。

三、评价鉴赏课

生命的放逐，文学的突围
——贬谪文人的精神世界

成都石室中学·陈智凯

教学目标

研读、比较、感受古代文人在贬谪时的生命体验和价值追求。

教学过程

（一）导入

宋代严羽曾指出"唐人好诗，多是征戍、迁谪、行旅、离别之作，往往能感动激发人意。"（《沧浪诗话·诗评》）其实，岂止是唐人的诗歌，整部中国文学史，在很大程度上都是由迁客骚人的低吟浅唱所组成的。

今天就让我们走进"贬谪文人的精神世界"，一探他们的生命体验和价值追求。

设计意图：严羽认为迁谪诗能感动激发人意，让诗人在人生转折的关口，体验痛苦，感悟生命。我们可以以此为契机，引导学生更细致地深挖四篇诗文情感主题的异同，从而发现本单元的共同主题。

（二）"温故"：本单元文本分析课回顾

任务一：回顾单元所选的贬谪文学作品的内容，梳理诗人贬谪原因及贬谪地。

篇目	贬谪原因	贬谪地	内容
《将进酒》	被唐玄宗赐金放还八年	江淮盘桓	李白豪饮高歌，借酒消愁，抒发了其忧愤深广的人生感慨。
《酬乐天扬州初逢席上见赠》	罢和州刺史应召还京	回京途中	刘禹锡怀想往事，展望未来，心绪难平，而又不乏刚健昂扬之气。
《赤壁赋》	"乌台诗案"被贬黄州	湖北黄冈	苏轼由月夜泛舟的舒畅，到怀古伤今的悲咽，再到精神解脱的达观。
《游山西村》	"力说张浚用兵"从隆兴府通判任上罢官归里	浙江绍兴	陆游赞美家乡的自然美景和淳朴的民风，以及乡村农家的丰收景象。

方法点拨————————————————————◆

梳理研究对象贬谪的原因以及境况，描绘出一幅贬谪文学地图，在地图上标注好研究对象的贬谪时间、贬谪地。

设计意图：回顾贬谪文学作品，梳理研究对象贬谪的原因及境况是教学的关键环节。这要求学生提炼整和合文本中的关键信息，学会"语言建构与运用"的能力。

（三）"评价"：从人生体验和价值追求的角度对文本进行再品析

任务二：结合李白、刘禹锡、苏轼、陆游的贬谪经历和贬谪文学作品，总结贬谪文学的情感主题和常用的写作手法。

明确：贬谪文学的情感主题大致可分为愁苦愤懑、豁达潇洒这两种类型，这里面隐含了作者政治生命的被遗弃感。这两大类情感主题还可以进行细分，比如在贬谪文学中所表现的悲愤之情包括了对自我身世的悲叹、对君主的怨恨、对奸佞的愤懑等。

贬谪文学常用的写作手法有：直抒胸臆、比喻、寓托、寓言、借古讽今等。

任务三：通过对比李白和刘禹锡的贬谪文学作品，分析二者的异同及其产生的原因。

相同：1.在贬谪文学作品中寄寓了诗人的悲伤意绪和孤愤情怀，表现出坚定执着的情感追求，可谓"志士的执着"。2.情感倾向于感伤深沉。

原因：1.唐代基本相同的社会背景和政治经历。2.贬谪使他们感受到了地位和处境上的强烈落差，他们的精神受到了摧残。

相异：1.在贬谪文学作品中所呈现的文学风格和文化人格不同——李白的痛饮狂歌、苦闷自信，刘禹锡酬唱同僚、感伤昂扬。2.写意方式的不同——李白偏重于主观感受（"钟鼓馔玉不足贵，但愿长醉不愿醒"），刘禹锡偏重于哲理思考（"沉舟侧畔千帆过，病树前头万木春"）。

原因：1.性格不同——李白激切孤直，事功意识强烈，少了一份通脱达观。刘禹锡既能坚持自己的理想和初心，又能调整自己的心态并且积极进取。2.文学思想不同——李白主张浪漫主义、豪放飘逸（"黄河之水天上来"）。刘禹锡的文思与哲思并重（"莫道桑榆晚，为霞尚满天"）。3.对屈原的继承点和生发点不同——李白的儒道思想兼具，也继承了屈原的执着固守的骚怨精神。刘禹锡则在继承骚怨精神的基础上努力地稀释苦闷、自我拯救，实现对屈原精神的超越。4. 对贬谪原因的看法不同——李白受到朝中权贵的排挤而出京，刘禹锡因为卷入了激烈的党争而遭到了贬谪……

篇目	语句	评价	总结
《将进酒》	古来圣贤皆寂寞，惟有饮者留其名。天生我材必有用，千金散尽还复来。	既有生而有用的坚强信念，又有怀才不遇的巨大悲哀。"有用"而"必"，非常自信，是人的价值宣言。	唐臣谪声愁苦愤懑
《酬乐天扬州初逢席上见赠》	巴山楚水凄凉地，二十三年弃置身。沉舟侧畔千帆过，病树前头万木春。	充满了痛苦、焦虑和时间的折磨，这是一种发自内心的生命荒废的沉重感受。后两句诗中却没有表露出怨尤，表现为一种世事变迁和宦途谪升的豁达开朗。	

任务四：通过对比苏轼和陆游的贬谪文学作品，分析二者的异同及其产生的原因。

相同：都采用寄情自然的手法，可谓"达者的睿智"。

原因：在贬谪时期，贬谪文人常以游山访水的方式来消除心中的苦闷，并以之为灵感，进行文学创作，寄寓文人含蓄的贬谪情怀。

相异：1. 在贬谪文学作品中所呈现的文人形象不同——苏轼是一个乐天安命、无往不适的达人，陆游是一个忘情乡野、闲适自得的闲人。2. 文学风格不同——苏轼豪放旷达，陆游平静自适。3. 选取的景物不同——苏轼多选取常见的水月，在景物描写上随性而发，挥洒自如；陆游选择古朴自然的农家生活，淳朴热情的村民。

原因：1. 性格不同——苏轼乐观旷达，陆游刚直纯正。2. 信

324

仰不同——苏轼杂糅儒释道思想，随遇而安；陆游比较执着于儒家的入世思想，不忘初心。

篇目	语句	评价	总结
《赤壁赋》	盖将自其变者而观之，则天地曾不能以一瞬；自其不变者而观之，则物与我皆无尽也，而又何羡乎！且夫天地之间，物各有主，苟非吾之所有，虽一毫而莫取。	苏轼将自己的精神提高到了更加虚无的境地，在精神上与山水融为一体，达到了物我两忘的境界。苏轼通过忘情山水来释放自己被压抑的人格、获得了精神自由。	宋人新语平淡豁达
《游山西村》	山重水复疑无路，柳暗花明又一村。从今若许闲乘月，拄杖无时夜叩门。	山水成功慰藉了陆游失意的心灵，不论现实中的贬谪文人经历了怎样的艰难与困顿，他们一旦走进自然，就能从中找到一片属于自己的精神栖息之所。	

任务五：联系学过的贬谪文学作品，分析宋代贬谪文学对唐代贬谪文学的继承和发展。

明确：屈原和贾谊是贬谪文学的奠基者，他们开创了贬谪文学的"骚怨模式"，为后世的贬谪文人所效仿。唐代贬谪文人在处世态度和文学创作上大多继承了屈原的执着意识，白居易、刘禹锡等人开始探索在继承的基础上寻求对贬谪文学传统的超越，而宋代贬谪文人则在整体上形成了超越意识。

任务六：唐代文人所表现的"志士的执着"和宋代文人所表现的"达者的睿智"，你更欣赏哪一种？请谈谈你的理由。

明确：我比较欣赏刘禹锡。现实中的政治困境非但没有使刘禹锡退却，在某种意义上，反倒增强了他对自身的政治节操的信念。他在面临艰难和困顿之际，非但没有退却，反而生出了"穷且益坚"之志。

"志士的执着"是指贬谪文人即使身陷逆境、饱经苦难，仍然能保持坚定的信仰，不为生活所屈，表现出自己崇高的品质和悲壮的精神。

我也很喜欢苏轼。不管受到怎样的压迫，不管被贬到哪里，他总能找到生命中的美好。苏轼在生命的苦旅中摔倒后再爬起来，心中永怀理想，继续前行，这样的豁达乐观才是留给后世最珍贵的精神财富。

"达者的睿智"指的是贬谪文人在经历了苦难之后，接受了居安思危的忧患意识，获得了独立精神，达到了一种与世无争、无所挂碍的境界。

方法点拨————————————————◆

勾画并品析每篇诗文中所表现的作者的人生态度和价值追求的语句，写下你的阅读感受；从情感与理性的角度来评价思想情感的异同与思想境界的高低，并进行小组讨论与互评。

设计意图：理解贬谪文人复杂的生命体验和价值追求，是语文教学的一大重点。我们要把原文放在一定的历史、社会语境中，帮助学生理解古代的儒学价值思想与精神，建立起对"文化传承与理解"的认识。

（四）总结升华

那些被谪黜的文人脱离了宫廷庙堂，进入了僻远的江湖，走进了中国古代文明的蛮荒之地，陷入了终岁不闻丝竹声的传统文化困境。从另一方面来看，他们也脱离了尔虞我诈的官场，走进了民间，进入乡间，走进大自然，走进山水，走进了更为广阔的精神宇宙。而他们也由此寻回了自我，获得了复归天地的欣喜和超脱。于是，他们又进入了一个纯粹的艺术创作的广阔天地，诗意重新绽放，他们实现了文学的新生，也同时完成了生命从困顿到豁然开朗的突破，即诗意的大突破。

设计意图：教师通过总结，提炼新问题，引导学生在实际活动中逐步形成正确科学的人生观和价值观，进而达到"立德树人"的根本目的。

寻"象"会"意"，探究诗心

——从"意象"的角度鉴赏《归园田居（其一）》《将进酒》《酬乐天扬州初逢席上见赠》《渔家傲·秋思》《念奴娇·赤壁怀古》

成都市棠湖中学 · 彭粒

教学目标

正确理解"意象"的内涵，并掌握用它来鉴赏古代诗词作品的一般方法和具体操作步骤。

教学过程

（一）导入

导入问题：要说中国人最熟悉的古诗，非《静夜思》莫属了。那如果要问，《静夜思》的意象是什么，同学们会给出什么样的答案呢？

答案预设：

大部分学生的答案是"月亮"，可能有少部分学生的答案是"霜"等。答案的共同特点是，他们都认为"意象"等于诗词中的"名词"。

方法点拨━━━━━━━━━━━━━━━━━━━━━━◆

在文学理论中，"意象"被定义为在诗词等文学作品中，能够唤起人的特定联想或情感的主题或概念。

这里有几个点很重要，分说如下：

1. 主题。主题是文学作品所要探讨的中心议题，它在诗词中大多数表现为情感，也表现为某种沉思的感慨。但无论如何，主题都不是一种黏稠的东西，它必定会被作家处理成为一个发展的链条，并生成若干环节。这些环节表现为文学作品的层次。不同的层次，常常包含多个形象。我们称前者为"意"，而称后者为"象"。"意象"并不是一个个具体的形象，而是由不同层次的"意"统摄而成的若干"象"。诗歌的主题可以划分出若干层次，也就是若干"意"，"意"下则再包含了若干"象"，从而使读者领受到"意"。

2. 概念。在哲学意义上，概念是通过对特征的独特组合而形成的知识单元。这个说法也同样适用于文学。诗人的本领在于组合不同形象的特征，使它们形成特有的意趣，并将其统摄到不同的"意"下，进而表达出作品的概念。

3. 特定联想和情感功能。诗词之所以美妙而耐人寻味，在很大程度上是源于其可以激发人的联想，唤起某种特定的情感。绝大多数的修辞，也都是从这个意义上来的。鉴赏的关键在于要理性地探究这种引发联想和唤起情感的机制，看看它是如何工作的，并对其最终呈现的效果做出评价。

设计意图：本设计的目的在于让学生重新思考"意象"的概念，明确"意象"的内涵，并进一步分析其在诗词创作中的作用。

（二）诗歌意象的分类

设问1：通过对诗歌层次的划分，我们可从层次上鉴赏它的意象，并分析它在诗歌中是如何发挥作用的。老师首先以《酬乐天扬州初逢席上见赠》为例给大家作出示范，然后请大家按此方式自主地完成其他几个作品的分析。

示例：

《酬乐天扬州初逢席上见赠》		
层次	意	象
一层	总说自己遭到贬谪而客居、漂泊他乡	巴山楚水 凄凉地—弃置身
二层	岁月流逝 人事变迁	闻笛赋 烂柯人 （典故）
三层	自嘲 讽刺	沉舟—千帆过 病树—万木春
四层	劝勉	歌—酒

教师引导：

以下为参考答案。学生所填的内容不必与下表完全一致，能理解并体现一"意"摄多"象"，并言之成理即可。

《归园田居（其一）》		
层次	意	象
一层	总说迷途未远 今是昨非	丘山 尘网
二层	概说守拙归隐之志	羁鸟—旧林 池鱼—故渊 南野 园田
三层	述自家境况	方宅—草屋 榆柳—桃李
四层	述田园风光	远人村—墟里烟 狗—深巷 鸡—桑树
五层	总结全诗 再度明志	户庭—虚室 樊笼—自然

《将进酒》

层次	意	象
一、二层	光阴易逝 人生易老	黄河—海 高堂—明镜—白发
三层	豪放 （牢骚、悲愤）	我材（有用） 千金（复来） 烹羊宰牛 三百杯
四层	进一步渲染	岑夫子—丹丘生 钟鼓馔玉 圣贤—饮者
五层	仿效前贤	陈王—主人
六层	千金换美酒	五花马—千金裘 美酒—消愁

《渔家傲·秋思》

层次	意	象
一层	总说边塞秋景之异	衡阳—雁
二层	延州傍晚时分的战地景象	边声—角 千嶂—孤城 长烟—落日
三层	乡关之思 功业未成	浊酒—家 燕然未勒
四层	英雄气概 忧国情怀	羌管—霜 英雄—征夫 白发—泪

《念奴娇·赤壁怀古》		
层次	意	象
一层	世事沧桑、人世易变 联系赤壁之战 点出周瑜的形象	大江—风流人物 故垒—赤壁 周郎
二层	描写赤壁之景 进一步烘托周瑜的形象	乱石—惊涛 千堆雪 江山—豪杰
三层	描绘周瑜指挥作战时的气定神闲	公瑾—小乔 羽扇—纶巾 樯橹—灰飞烟灭
四层	转入人生感悟	故国—我 华发 江月

设计意图：在诗歌层次划分的基础上，进一步找出不同层次所对应的若干形象，完成对一"意"摄多"象"的理解和把握。

（三）鉴赏诗歌意象

1. 意象引发的联想

设问 1：《酬乐天扬州初逢席上见赠》这首诗的"沉舟—千帆过""病树—万木春"等意象引发了人什么样的联想，这在诗歌中具体是怎样表现的？

教师引导：

意象的基本作用就是将若干"象"按特定的方式组合在一起，引发对"意"的联想，当"象"与"意"之间形成了某种特定的关系时，此时象征现象就产生了。

为什么要把诗歌中的若干"象"，统摄到不同的"意"下呢，有一个重要的原因就是，诗歌中的"意"常常是不明显的，需要借助"象"来唤起人的意识，而这种唤起或暗示，常常会出现理解上的偏差。

"意"是诗歌主题链上的一环，不同的"意"环环相扣，使诗歌的情感得以彰显，使意志得以抒发。"意"的环节性确保了我们是在诗歌整体的主题框架下进行文本分析和评价鉴赏，诗歌前后的不同层次的"意"是互相对应的，"意"下的"象"是从属于"意"本身的。

《酬乐天扬州初逢席上见赠》一诗的颈联常常引发争议。一般的教参和鉴赏辞典都认为此联表现了刘禹锡的宽广胸襟和积极向上、充满豪情的生活态度，并用以激发人们对美好新事物的向往和努力前进的信念。但从全诗中的其他"意"来看，这种理解显然不太符合整体的主题框架。

本诗的第一"意"表达的是被贬漂泊的感慨，借助巴山楚水来唤起人们的联想，唤起人们的情感，而后直道"凄凉"；第二"意"往往是对第一"意"的继承和发展，此处的"象"属于典故，指的是战死的故友和对岁月流变、人事变迁的感慨。

"象"为了能准确地达"意"，它们的组合并非随意的，更不是简单地罗列。现在我们细究颈联，"千帆过"就发生在"沉舟"的侧畔，"万木春"也共存于"病树"的前头，它们之间没有发展的关系，而是共时共存的关系。从前两"意"的忧思、悲慨来看，此联的"沉舟""病树"显然是诗人的自比和自嘲，而"千帆"之"过"和"万木"之"春"与自己的凄凉处境，无疑是一种对比关系，而非对未来的美好展望。对比的一端既然是被贬谪的"自己"，那么共时共存的另一端只可能是指朝中新贵，此处充满了浓重的讽刺意味，而这个"意"是依赖于诗人对"象"的准确处理和巧妙组合，才得以唤起和实现的。

另外补充一句：一般，教师在教学生分析和鉴赏古代诗歌的时候，都会提及"四看"——看标题、看作者、看意象、看注释，但往往缺乏具体的方法指导。具体到这首诗，标题为《酬乐天扬州初逢席上见赠》，即知此作为酬答应和之作。那么，为了更好地佐证我们的理解，则有必要看一看白居易的原诗。

白居易赠予刘禹锡的诗为《醉赠刘二十八使君》：

为我引杯添酒饮，与君把箸击盘歌。

诗称国手徒为尔，命压人头不奈何。

举眼风光长寂寞，满朝官职独蹉跎。

亦知合被才名折，二十三年折太多。

通篇表现的是白居易对刘禹锡这二十三年来的坎坷遭遇的感慨和不平，看不出半点"新生事物必然战胜旧事物"的意思。

2. 意象与特定情感的关系

设问2：《渔家傲·秋思》中"衡阳雁"对应着什么样的情感，请结合诗句简要分析。

教师引导：

"衡阳雁"属于诗歌的特定形象，换言之，一旦这个形象出现，其对应的"意"是相对固定的。

古人很早就注意到了大雁春去秋来的生活规律，认为大雁于农历八九月间南来，十二月至翌年二月北归。古诗文中的"衡阳雁"的意象最早可追溯至张衡的《西京赋》："上春候来，季秋就温。南翔衡阳，北栖雁门。"古人不仅观察大雁迁徙的时令和习性，还对其迁徙的路线进行了思考甚至考察，只是他们受限于对九州地理边界的认识，认为衡山是"中国"的最南端，认为位于衡山七十二峰的最南面的回雁峰即为九州南端之极点，

334

进而认为鸿雁栖居于衡阳的回雁峰就不再南飞了。尔后，诸如王勃的"雁阵惊寒，声断衡阳之浦"（《滕王阁序》）、杜甫的"万里衡阳雁，今年又北归"（《归雁二首（其一）》）等，将"衡阳雁"稳定地与"迁徙""归"的含义联系起来，进一步引发了对"漂泊"和"思归"之意的稳定唤起。

细究本句，"衡阳雁去无留意"，"衡阳雁"的形象被赋予"无留意"的特征，再联系词中其他层次对边塞生活的描绘，由此我们能准确地判断，此处"衡阳雁"的形象是为了引发人们对乡关之思。

3. 意象与修辞

设问 3：试分析《归园田居（其一）》中"羁鸟—旧林""池鱼—故渊"的意象组合方式。

教师引导：

对诗人来说，最能突出显示其个性和风格的就是他在诗作中对"象"的拣择和独特的组合方式。这一点，在意象与修辞的关系中尤为显著。

"羁鸟恋旧林"和"池鱼思故渊"这两句，"恋"和"思"直接点出了"意"，几乎不会让读者的理解跑偏，但此二字前后的形象却耐人寻味。

这两句首先有起兴的意味，其表达技巧正与"山不在高，有仙则名。水不在深，有龙则灵"相似。但是"斯是陋室，惟吾德馨"这一句，陶渊明忍住了没有说出"意"，这种忍住不说而是让读者自己去领会的方法正是"含蓄"的表达手法。

这两句也还有比喻的意味。一般的比喻是将某物比作某物，本体和喻体都是具体形象，而较高级的比喻则是将一种情形比

335

作为另一种情形。此处，前一"意"，陶渊明刚刚表露过"性本爱丘山"，却"误落尘网中"的心迹，紧接着便以"羁鸟恋旧林""池鱼思故渊"设喻，以突出自己祈求回归自然的心情，正同于"羁鸟""池鱼"对"旧林""故渊"的"恋"与"思"一样。自己"一去三十年"的苦痛，正是"羁"和"池"所要譬喻的那种不得自由的苦痛。而自己向往的"丘山"与"自然"正是"林鸟"和"渊鱼"的生活之地。

自然不仅是大自然之谓，还是一种按其本性生活的自在状态。陶渊明用"鸟"和"鱼"的形象及其组合方式，生动地表达其"意"，也唤起了读者强烈的情感共鸣。

设问4：请从修辞的角度分析《念奴娇·赤壁怀古》的"乱石穿空，惊涛拍岸，卷起千堆雪"，谈谈其"象"与"意"的对应关系。

教师引导：

从修辞的角度来看，这是一个比喻句，更确切地说，这是一个借喻句。"惊涛拍岸"造成的结果是浪花会在激烈的震荡中产生大量的乳白色的泡沫，这些泡沫被后浪席卷，宛如"千堆雪"。但"乳白色的泡沫"这个本体并未出现，而是径直写出"千堆雪"这个喻体。

从描写手法来看，"乱石穿空""惊涛拍岸""千堆雪"这些形象的特征极其一致，均是险峻、壮美者，这是对赤壁周边环境的重点描绘，然其根本目的是为了烘托三国历史上有决定意义的战争——赤壁之战，以及这场战争的年轻的指挥者——周瑜。这些"象"越是宏大不凡，周瑜的形象就越是"雄姿英发"；这些"象"越是"壮美如画"，就越能吸引千百年来的英雄人物前赴后继，尽显风流。

　　设计意图：完成诗歌层次的划分和意象分类后，这一部分要着手分析诗歌意象的运行机制。主要从意象与联想、特定情感和修辞等方面来展开考察。

诗有三美，各美其美

——《天上的街市》《再别康桥》《面朝大海，春暖花开》鉴赏课

成都市棠湖中学·彭粒

教学目标

了解当代诗歌鉴赏的切入点该如何选择，掌握当代诗歌鉴赏的一般方法和具体操作步骤。

教学过程

（一）温故知新

设问1：我们曾学习过《秦风·蒹葭》，大家觉得《秦风·蒹葭》一诗中的"伊人"象征着什么呢？

答案预设："伊人"象征的含义，只要贴合原文的语意，就能被接受。如：理想，信仰，甚至是美丽的女子、心爱的女子。其目的是要概括出"美好的向往"的结论。

设问2：《秦风·蒹葭》一诗中的抒情主人公是如何表达对"伊人"的追寻的？其结果如何？

答案预设："溯洄从之""溯游从之"，"伊人"却"宛在水中央""宛在水中坻""宛在水中沚"。抒情主人公往顾四方，"伊人"却渺渺难觅，可见追寻"美好"并不容易。

方法点拨————————————————◆

由"追求'美好'并不容易"引发学生关注三首诗歌是如何表达这个主题的，其效果如何。

设计意图：导入《秦风·蒹葭》，引导学生体会诗人对美好

338

生活的向往。

（二）重点段落赏析

任务一：从"意象"的角度来赏析三首诗歌，并完成下列设问。

设问1：《天上的街市》中的前四句有哪些意象？它们在本诗中起到了什么作用？

远远的街灯明了，

好像闪着无数的明星。

天上的明星现了，

好像点着无数的街灯。

教师引导：

"意象"是诗歌的基本语言单位，是构成诗歌的要素，但也是被误解最多的概念。习以为常的是把"意象"与诗中的名词等同起来，据此能从一首诗中找出十几个，乃至几十个意象。

"意象"是由"意"和"象"构成。前者是指以情感和意义为中心的事物，后者是指能暗示前者，或联想起与前者相关的物象。前置统摄后者，也就是说，为了表达诗歌情感中的某种情感或意义，诗人可能在其下置若干个物象，正是这些物象的组合，才使得情感或意义得以凸显出来。

这里，"街灯"和"明星"应视为一组意象，不可将其拆分，二者因为同样遥远和明亮而被诗人联想到了一起。既然明星犹如街灯，街灯照亮了街市，那么，在明星的照耀下，天上也应该有街市，这就是后文所说的一切，将人间与天上联系在一起的原因。

这些意象奠定了全诗的基调，使之一开始就流露出了诗人乐观的情绪，他要将天上的事物在人间展现出来。

设问 2：《再别康桥》的首尾两个小节非常相似，请选择其中的典型意象加以赏析，诗人为何要强调自己不带走原本就带不走的"云彩"呢？

轻轻的我走了，

正如我轻轻的来；

我轻轻的招手，

作别西天的云彩。

……

悄悄的我走了，

正如我悄悄的来；

我挥一挥衣袖，

不带走一片云彩。

教师引导：

首尾两小节，"云彩"几乎是这两个小节的唯一物象。在最后一个小节中，诗人说"我挥一挥衣袖，不带走一片云彩"，诗人为何要强调自己不带走原本就带不走的"云彩"呢？

《再别康桥》几乎可以算作是诗人的旧梦重温，但保持旧梦的最佳办法就是切勿重温旧梦。"寻梦"而"梦碎"，绝非旧梦不美好，恰恰相反，是旧梦的美好反衬出现实太过于沉重。

"云彩"轻盈、飘摇而绮丽，这些特质都像极了旧梦的往昔，诗人所说的"不带走"更多是着眼于"留下来"，既然美好的旧梦发生在康桥，那么就将它永远留在康桥吧，"留下来"了，诗人才有可能在第 1 小节中与之"作别"。

"旧梦"是如何破碎的，诗人何以领悟出以上结论，这就是全诗的主体部分想要表达的内容，而首末两小节相似的意象则使得诗歌呈现出一种结构上的首尾呼应，显得完满自足。

设问3：请赏析《面朝大海，春暖花开》的第1小节，谈一谈本小节的"意"是什么？它统摄了哪些不同的"象"？

从明天起，做一个幸福的人

喂马，劈柴，周游世界

从明天起，关心粮食和蔬菜

我有一所房子，面朝大海，春暖花开

教师引导：

"明天"是一个极为明确的时间概念，它和"幸福"被诗人联系到了一起。接着，诗人又罗列了一系列行为："喂马""劈柴""周游世界""关心粮食和蔬菜""有一所房子""面朝大海，春暖花开"。这些行为都统摄于"幸福"之下，是诗人对"幸福"的生活状态的理解和想象。上述意象是迥乎不同的，但它们被诗人的妙笔联系在一起，多意象的协同使得诗歌呈现出别样的情致，主题也变得耐人寻味。

细究这些行为，我们很容易发现诗人所理解的"幸福"不仅不物质，而且非常传统。"喂马""劈柴""关心粮食和蔬菜""有一所房子"等，都是传统而基本的生活方式；"周游世界""面朝大海，春暖花开"则体现了诗人的心灵追求。

对应这些将发生在"明天"的"幸福"的事，我们不难想象出一个物质、功利、过于现代且并不幸福的"今天（现在）"。

任务二：《天上的街市》《再别康桥》《面朝大海，春暖花开》各有一些精彩段落，我们可以选择几个重点赏析，并回答下列设问。

设问 1：请赏析《天上的街市》中下列段落，说说"定然"二字有什么意味。

我想那缥缈的空中，

定然有美丽的街市。

街市上陈列的一些物品，

定然是世上没有的珍奇。

你看，那浅浅的天河，

定然是不甚宽广。

那隔着河的牛郎织女，

定能够骑着牛儿来往。

教师引导：

我们很容易第一时间看到一个高频出现的词汇"定然"。在这三首诗中，郭沫若的这首诗是最为乐观的，这种乐观在很大程度上表现在"定然"二字上。

诗人不是基于对现实的不满而去空想天上的神仙过着什么样的好日子，而是反过来觉得，天上的神仙生活"定然"和我们一样，即使是"世上没有的珍奇"也陈列在街市上，正如我们的街市上陈列着琳琅满目的商品。

设问 2：请赏析《天上的街市》一诗的结尾处的比喻，分析其作用。

我想他们此刻，

定然在天街闲游。

不信，请看那朵流星，

是他们提着灯笼在走。

教师引导：

诗人基于世间爱情的美好状态，想象牛郎织女"骑着牛儿"就能往来"浅浅的天河"，而不是"盈盈一水间，脉脉不得语"的悲苦隔绝。

将"流星"比喻为牛郎织女提着的"灯笼"，并且基于"流星"的动态特征，想象"他们提着灯笼在走"。这个比喻对前文的想象起到了佐证的作用，此刻，天上跟人间一样美好。

设问3：分析《再别康桥》中的第2小节运用了哪些修辞手法，其表达效果如何。

那河畔的金柳，

是夕阳中的新娘；

波光里的艳影，

在我的心头荡漾。

教师引导：

这个小节的前两句运用了比喻的修辞手法，且诗人精心设计了"嵌套"结构。那河畔的柳树之所以是金色的，乃是因为它此刻正笼罩在夕阳中，而河畔金色的柳树，璀璨、婀娜、临水自照，这样绝美的形象，除了"新娘"，再也想不到更好的喻体。

后两句则运用了"移就"的修辞手法。按理说，"波光里的艳影"只能在康河上荡漾，但诗人把它移就"在我的心头荡漾"，我的心动了，柔情似水，"荡漾"二字就据此而出。

设问4：请赏析《再别康桥》一诗中的第5、6两个小节。

寻梦？撑一支长篙，

向青草更青处漫溯；

满载一船星辉，

在星辉斑斓里放歌。

但我不能放歌，

悄悄是别离的笙箫；

夏虫也为我沉默，

沉默是今晚的康桥！

教师引导：

为什么"寻梦"要"向青草更青处漫溯"，这处语义暗示要逆流而上，回到源头。流水自古以来是时间的象征，溯流则是时间倒转的象征。这种"寻梦"行为被诗人处理得"似是而非"，"满载"的"一船星辉"和将要"放歌"的冲动，仿佛都在说诗人寻得了旧梦，转眼间，诗人又说"但我不能放歌"。这一句犹如杜甫惯用的"转沉"手法，蓄势已然十分充分，情感眼看就要爆发，却即刻转入低沉。诗人惊觉"但我不能放歌"，因为"我"是来"别康桥"的，告别即便有"笙箫"，也只能"悄悄"。此刻，夏夜喧嚣的虫鸣也仿佛陡然失声。

不是"寻梦"，而是"告别"，那么此际别离，唯有沉默。

设问5：《面朝大海，春暖花开》中的第2小节运用了什么修辞手法？试赏析。

从明天起，和每一个亲人通信

告诉他们我的幸福

那幸福的闪电告诉我的

我将告诉每一个人

教师引导：

"幸福的闪电"是一个偏正式的暗喻，"闪电"这个形象可能有很多特征，比如迅疾、耀眼、转瞬即逝，用它来比喻"幸福"非常新颖。此处的"幸福"不是一种确然的状态，而是"幸福"的消息，更准确地说，是"幸福"的启示。

诗人说"那幸福的闪电告诉我的／我将告诉每一个人"，这意味着诗人得到了"幸福"的启示，现在要经由他传递给每一个人。在此处诗人表现出鲜明的"圣徒情结"，"幸福的启示"正是"福音"，将之写成"福音书"，"通信"给"亲人"，给"每一个人"，这也是传播"福音"的过程。

设问6：请赏析《面朝大海，春暖花开》中的最后一个小节。

给每一条河每一座山取一个温暖的名字

陌生人，我也为你祝福

愿你有一个灿烂的前程

愿你有情人终成眷属

愿你在尘世获得幸福

我只愿面朝大海，春暖花开

教师引导：

此节写出了一种"功成身退"的感觉。天下万物的名字温暖，各安其位，众人亦能体悟幸福的真谛，在尘世的前程灿烂，爱情美满，而我就要回到那间房子里去了。那间房子"面朝大海"，且那时"春暖花开"。由于"面朝大海"不能看见"春暖花开"的景象（这是陆地上的景象），因而我们可以说，这表面的明朗和温暖的背后其实隐藏着孤独的绝望感。

任务三：从诗歌的结构和音韵的角度来赏析三首诗歌，并回答下列设问。

设问1：请从结构和音韵的角度来赏析《天上的街市》的前四句。

远远的街灯明了，

好像闪着无数的明星。

天上的明星现了，

好像点着无数的街灯。

教师引导：

本诗的前四句几乎是互文结构，其中"街灯"和"明星"两相呼应，为后文描写天上的街市设置了基点。

对天上街市的具体描写则属于诗歌的展开部分，是诗歌的主体。描写手法重在描绘不同的对象，或同一对象的不同侧面。诗人每换一次描写对象，就用"定然"二字进行叙说，使得全诗从形式和内容上都得到了统一。

末句以比喻收束全诗，是诗人想象的延伸，也是对读者关于天上街市做出想象的一种召唤。

本诗虽不押韵，但诗行的节奏极有特点。开头四句的结构一致，节奏舒缓，便于展开叙述，引发读者的想象；中间部分，"定然"二字音韵斩截，前后的句子娓娓道来，节奏富于变化；结尾的比喻，"不信"二字将其转为对话的口吻，叙述者与读者的距离变得更近了，叙述的语气也变得更加亲切而富有启发性了。

设问2：请从结构和音韵的角度来赏析《再别康桥》的首尾两个小节，探究全诗在押韵上有什么规律，其作用是什么。

轻轻的我走了，

正如我轻轻的来；

346

我轻轻的招手，

作别西天的云彩。

……

悄悄的我走了，

正如我悄悄的来；

我挥一挥衣袖，

不带走一片云彩。

教师引导：

《再别康桥》其实写得非常传统，例如诗人通过"换韵"来实现诗歌层次的划分。全诗自然地分为七个小节，每个小节有四句，偶数句押韵，且一个小节换韵一次，结构严谨。

全诗首尾呼应，两个小节的结构一致，文字相似，反映了《诗经》对它的影响。细究诗节内部：

相邻诗行中的"轻轻的""悄悄的"恰好置于一前一后的位置，状如脚步，读起来，也在声音中呈现出重复又延伸的效果，方便后文展开，也引发了文本结束之后的余韵。

设问 3：《再别康桥》一诗，以"但我不能放歌"为界，前后在情感上有什么变化？

教师引导：

诗歌以"但我不能放歌"为界，前后基于情感的变化，出现两种语气，前者灵动、轻快，充满了诗人故地重游的喜悦之感；后者低沉、哀婉，表现了诗人依依惜别的难舍之情。

设问 4：简述《面朝大海，春暖花开》一诗中的语言风格。

教师引导：

《面朝大海，春暖花开》在用字上显得十分质朴，既没有华丽的字眼，也没有刻意经营的音韵设计。全诗读起来既有诗人独自宣告的自信口吻，又有一种与读者对话的亲切感，表现出一种推己及人的生命情怀，但又显得大巧若拙，真挚、朴诚。

设计意图：此部分是对教学目标的具体实现，教师既要提供示例，又要注意方法。

（三）整体性鉴赏

以下是对三首诗的整体性鉴赏，供参考：

《天上的街市》

《天上的街市》的难能可贵之处在于其童真的一面。诗人几乎是用"童言童语"书写全诗，儿童天然地相信"天人感应"，也天然地觉得"天人对应"，天上人间原本就有相同的结构，一样充满喜怒哀乐、悲欢离合。本诗则独取其明亮温馨的一面，基于人间展现出天上的美好，同时表达对牛郎织女的祝愿和对美好生活的期许。这同样是一种寄托，他相信一定能把人间建设得如同天上一样美好，古今关于天宫的诸多浪漫的想象，都要一一落地，在人间实现。

天上人间就这样被诗人糅合在一起，天衣无缝，意境交融，令人向往。

《再别康桥》

《再别康桥》是现代诗歌史上不容忽视的一首杰作。诗人年纪轻轻就留学海外，其诗歌所写的也是异域风光，但是诗人却将其处理得非常传统，无比"中国"，这本身就具备了一种文化的互文关系。

全诗不是一幅西洋图画，而更像是一幅中国画，具有"散点透视"的流动感。我们稍加留心就能发现，诗中从"云彩"

到"夕阳"再到"星辉"，时间上有一个流动的过程，这是全诗的主轴，在此过程中，诗人再选择不同的场景，进行极力地描摹、细致地刻画，呈现出不同的景别。

全诗情感的变化与发展，就这样被诗人组织进了精心设计的画轴中，读来绮丽而又哀婉，但"哀而不伤"，反倒是体会到一种隽永的情愫。

《面朝大海，春暖花开》

海子写了一些极富价值的长诗和组诗，如《早祷与枭》《给母亲》《不幸——给荷尔德林》等，他的其他短诗也往往充满了佶屈的意象，诗歌语句也常被颠倒、错置，呈现出"朦胧感"，但《面朝大海，春暖花开》则是一首"洗尽铅华"之作。

全诗语句平实，造句质朴，饱含着对世人的深情祝福，其深受东西方文化的影响，两种文化在宗教、哲学、文学上都体现出了不同的异质性，却被他很好地协调进了诗中，达到了统一而完满的效果。

诗人渴望幸福，甚至超越了尘世的追求，但同时又认同世人对尘世幸福的愿望，表现出自己不注重物质而注重精神的幸福观。幸福在诗人笔底不是大而化之的概观，而是具体、琐碎的小事，这些小事拼凑出生活中的真实世界，诗人借此告诉世人，幸福不在于彼而在于此；不在于汲汲营营，而在于身心喜乐；不在于物质繁华，而在于心灵自由；不在于钢铁森林，而在于山川河流。

诗人期许自己和世人，在体认到幸福观的同时，还能做出行为上的响应。"从明天起"仿佛成为一种"觉今是而昨非"的决断，幸福要靠我们主动去追求。而将幸福传递给世人，这便是诗人的全部任务，这之后，他就要朝向自己的幸福奔去了。

设计意图：每个人对美好的向往都不一样，有的人表达得天真而纯粹；有的人表达得朦胧而含蓄；有的人表达得质朴而率真。短小的诗歌未必是单薄的，也有可能是丰腴的。追求美好本身就包含了对生命的理解和尊重，乃至对死亡的体认和思考。

此部分相对自由，能最大限度地调动学生的积极性。教师亦不必拘泥于答案的对错，或者答案是否符合已有的评价鉴赏，而应以鼓励学生积极思考和充分表达自己的观点为第一要务。

四、文学史课

文赋的特点
——辞赋类作品的表达特征

成都石室中学·陈智凯

教学目标

从文体和文学史的角度来理解辞赋类作品的语言特点和语体风格。

教学过程

导入：

在我国灿烂的民族文化中，有数以万计脍炙人口的诗词歌赋。本单元的两篇赋，都是中国文学史上杰出的代表作品。让我们一起走进《阿房宫赋》和《赤壁赋》，一探它们的形式特征和发展脉络。

（一）比较散文与赋体文的语言差异

任务一：请比较《史记·秦始皇本纪》和《阿房宫赋》中的内容，探究阿房宫的描述在表现手法和语言表达上有何区别。

篇目	文本	手法	特征
《史记·秦始皇本纪》（节选）	先作前殿阿房，东西五百步，南北五十丈，上可以坐万人，下可以建五丈旗。周驰为阁道，自殿下直抵南山。表南山之巅以为阙。为复道，自阿房渡渭，属之咸阳……	记叙手法	语言平实多用散句
《阿房宫赋》（节选）	覆压三百余里，隔离天日。骊山北构而西折，直走咸阳。二川溶溶，流入宫墙。五步一楼，十步一阁；廊腰缦回，檐牙高啄；各抱地势，钩心斗角。	铺排对偶	语言华美使用整句

方法点拨————————————————◆

完成《史记·秦始皇本纪》和《阿房宫赋》的阅读，找出纪传体散文和辞赋类作品的语言差异。用现代散文的笔调来描述阿房宫的形制，并比较两者在表达效果上的差异。

设计意图：在古代辞赋类作品的教学中，要注意培养学生的语言鉴赏和语言运用能力，体会赋"铺采摛文"的语言特色。

（二）了解文赋的发展脉络

任务二：明代的徐师曾在《文体明辨》中提出，赋可以分为四类：古赋（大赋）、俳赋、律赋和文赋。这一分类方法真实地反映了赋这一文学体裁在不同历史时期的变迁及特点，因而被后世学者所认可。《阿房宫赋》和《赤壁赋》出现在不同的历史时期，在赋的发展史上有何不同的特征？

篇目	文本	内容	特征
《阿房宫赋》	妃嫔媵嫱，王子皇孙，辞楼下殿，辇来于秦。朝歌夜弦，为秦宫人。明星荧荧，开妆镜也；绿云扰扰，梳晓鬟也；渭流涨腻，弃脂水也；烟斜雾横，焚椒兰也。雷霆乍惊，宫车过也；辘辘远听，杳不知其所之也。一肌一容，尽态极妍，缦立远视，而望幸焉。有不见者，三十六年。	秦宫奢靡豪华	语言铺张扬厉，极尽铺陈、夸饰之能事，是汉代大赋笔法在唐代文赋中的保留。
《赤壁赋》	壬戌之秋，七月既望，苏子与客泛舟游于赤壁之下。	时间、地点、人物、事件	拥有明确的情节以及贯穿全文的情感线索，这显然是散文的笔法，是宋代文赋的特色所在。
	其声呜呜然，如怨如慕，如泣如诉，余音袅袅，不绝如缕。	作者的情感由乐转悲，是情绪的第一次转折	
	是造物者之无尽藏也，而吾与子之所共适。客喜而笑，洗盏更酌。	客人的情感转悲为喜，主客兴尽而眠，是情绪的第二次转折	

方法点拨 ◆

介绍赋体知识，通过对两篇文赋的比较来了解文赋在唐宋时期的不同特点。

设计意图：帮助学生了解"赋"这一文学样式的发展脉络，初步确立文体文学史的概念。

（三）探究辞赋作品的表达特征

任务三：辞赋的语言源于诗歌而非诗歌，借鉴散文而非散文，其语言形式有什么独特之处呢？完成表格并填写内容。

篇目	文本	内容	特征
《滕王阁序》	时维九月，序属三秋。潦水尽而寒潭清，烟光凝而暮山紫。俨骖騑于上路，访风景于崇阿；临帝子之长洲，得天人之旧馆。层峦耸翠，上出重霄；飞阁流丹，下临无地。鹤汀凫渚，穷岛屿之萦回；桂殿兰宫，即冈峦之体势。	滕王阁的秋景	声律之美
《阿房宫赋》	嗟乎！一人之心，千万人之心也。秦爱纷奢，人亦念其家。奈何取之尽锱铢，用之如泥沙？使负栋之柱，多于南亩之农夫；架梁之椽，多于机上之工女；钉头磷磷，多于在庾之粟粒；瓦缝参差，多于周身之帛缕；直栏横槛，多于九土之城郭；管弦呕哑，多于市人之言语。	秦王朝的奢靡给人民带来的深重灾难	骈散结合
《秋声赋》	盖夫秋之为状也：其色惨淡，烟霏云敛；其容清明，天高日晶；其气栗冽，砭人肌骨；其意萧条，山川寂寥。故其为声也，凄凄切切，呼号愤发。	秋天来临之际的秋天的形貌以及秋气、秋声	讲究铺陈
《赤壁赋》	客曰："'月明星稀，乌鹊南飞'，此非曹孟德之诗乎？……知不可乎骤得，托遗响于悲风。" 苏子曰："客亦知夫水与月乎？……是造物者之无尽藏也，而吾与子之所共适。"	潇洒超脱、返归自然的情怀取代政治失意、人生无常的苦闷	主客问答

任务四：联系所学的《赤壁赋》和《阿房宫赋》，找出它们与欧阳修的《秋声赋》在文体上的共同特点，并尝试归纳出唐宋文赋在文体上的特点。

明确：

文赋的特点：①韵散相间，杂以骈偶；②多用问答，行文活泼；③以议论为主，兼顾抒情咏物；④从行文思路上看，它们都是通过描写景物，从而引发感悟或议论。尤其是《赤壁赋》与《秋声赋》，它们在行文结构上都是用简洁的文字交代时间、地点、人物。通过描绘景色、刻画人物的情感以及人物间的交流，使人物的观点得到了更深层次的探讨，最终达到人生和宇宙的真理。

方法点拨 ————————————————◆

小组合作总结辞赋类作品的文学特征和唐宋文赋的文体特点。

设计意图：从语言形态入手把握辞赋类作品的本质特征，提升其评价鉴赏能力。

（四）借鉴赋体语言的组织方法，拟写"整句"

1. 完成《声律启蒙》的句法填空。

云对雨，雪对风，晚照对晴空。来鸿对去雁，宿鸟对鸣虫。三尺剑，六钧弓，岭北对江东。人间清暑殿，天上广寒宫。两岸晓烟杨柳绿，一园春雨杏花红。两鬓风霜，途次早行之客；一蓑烟雨，溪边晚钓之翁。　　（《声律启蒙》）

明对暗，淡对浓，上智对中庸。镜奁对衣笥，野杵对村舂。花灼烁，草蒙茸，九夏对三冬。台高名戏马，斋小号蟠龙。手擘蟹螯从毕卓，身披鹤氅自王恭。五老峰高，秀插云霄如玉笔；三姑石大，响传风雨若金镛。　　（《声律启蒙》）

①来对往，密对＿＿＿＿，＿＿＿＿＿对莺飞。风清对＿＿＿＿＿，露重对烟微。霜菊瘦，＿＿＿＿＿，客路对渔矶。＿＿＿＿＿＿＿＿，朝

355

露缀珠玑。夏暑客思欹石枕，秋寒妇念寄边衣。春水才深，青草岸边渔父去；＿＿＿＿＿＿＿，绿莎原上牧童归。

②牛对马，犬对猫，旨酒对嘉肴。桃红对＿＿＿＿＿＿，竹叶对松梢，藜杖叟，布衣樵，北野对东郊。白驹形皎皎，＿＿＿＿＿＿＿＿。花圃春残无客到，＿＿＿＿＿＿。墙畔佳人，飘扬竞把秋千舞；楼前公子，＿＿＿＿＿＿。

2.根据整句原则，运用引用（明引、暗引均可），补全《风在哪里》和《风从哪里来》中的句子。

风在哪里？在天边的云丝雾影，在陌上的柳絮篙蓬；在春天偃伏的碧草，在秋天飘零的丹枫……

风在哪里？禅家告诉你：看，如云离月；道家告诉你：听，爽籁在天……苏东坡说，在木叶尽脱的树梢，在明月徘徊的江上。风在哪里？风在高渐离易水的寒筑，①＿＿＿＿＿＿，在汉高祖威加海内的战袍，②＿＿＿＿＿＿。

能以奴仆命风月的是孟郊，能③＿＿＿＿＿＿的是宗悫，能④＿＿＿＿＿＿的是苏东坡。

然而诗人的确爱风，所以称他们为"风人"……诗人又偶傥多情，所以说他们"风情"……大自然的风，飘向诗人的笔底……感知⑤＿＿＿＿＿＿；看到⑥＿＿＿＿＿＿；彻悟"愁风愁雨愁不尽，总是南柯"的是忧患的郑板桥，他听到凄切催泪的风。而"看尽繁华地、远绝是非乡"的苏东坡，不再迷恋喧嚣的人生，"回首向来萧瑟处，归去，也无风雨也无晴"。

听，白鹿之鸣，起于空谷，传来的山间清风；泠泠七弦，犹忆大雅，奏出了琴上古风；举世萧条，故国独秀，经济市场已孕育着宫商大调、浩然雄风。

运用赋体语言的组织方法，提高学生的语言表达能力。

设计意图：对偶是最典型的整句，《声律启蒙》是古代对偶训练的基本材料，对我们写好整句很有启发。贯彻整句原则，可以克服表达的随意性，有助于我们形成基本的赋体语言意识。

图书在版编目（CIP）数据

重塑语文课：结构化语文单元教学设计 / 罗晓晖主编. --长沙：湖南人民出版社，2024.4

ISBN 978-7-5561-3461-8

Ⅰ.①重… Ⅱ.①罗… Ⅲ.①语文教学—课堂教学—教学研究 Ⅳ.①H19

中国国家版本馆CIP数据核字（2024）第022372号

重塑语文课：结构化语文单元教学设计

CHONGSU YUWENKE: JIEGOUHUA YUWEN DANYUAN JIAOXUE SHEJI

主　　编：罗晓晖

出版统筹：陈　实

监　　制：傅钦伟

资源运营：湖南中教出版传媒有限公司

责任编辑：张玉洁

特邀编辑：袁　婷　陈　曦

产品经理：冯紫薇

责任校对：夏丽芬

封面设计：董严飞

出版发行：湖南人民出版社有限责任公司［http://www.hnppp.com］

地　　址：长沙市营盘东路3号　邮　编：410005　电　话：0731-82683357

印　　刷：湖南省汇昌印务有限公司

版　　次：2024年4月第1版　　　　　印　　次：2024年4月第1次印刷

开　　本：880 mm × 1230 mm　　1/32　　印　　张：11.625

字　　数：250千字

书　　号：ISBN 978-7-5561-3461-8

定　　价：58.00元

营销电话：0731-82221529（如发现印装质量问题请与出版社调换）